역사와 어원으로 찾아가는
우리땅
이야기

KI신서 6223

역사와 어원으로 찾아가는
우리 땅 이야기

초판 1쇄 발행 2015년 9월 24일
초판 3쇄 발행 2016년 12월 23일

지은이 최재용
펴낸이 김영곤 **펴낸곳** (주)북이십일 21세기북스
출판사업본부장 신승철
인문기획팀장 정지은
인문기획팀 장보라 김찬성 양으녕
디자인 표지 박선향 **본문** 디자인포름
영업본부장 신우섭
출판영업팀 이경희 이은혜 권오권
출판마케팅팀 김홍선 조윤정
프로모션팀 김한성 최성환 김선영 정지은
홍보팀장 이혜연 **제작팀장** 이영민

출판등록 2000년 5월 6일 제406-2003-061호
주소 (우 10881) 경기도 파주시 회동길 201(문발동)
대표전화 031-955-2100 **팩스** 031-955-2151 **이메일** book21@book21.co.kr

(주)북이십일 경계를 허무는 콘텐츠 리더

21세기북스 채널에서 도서 정보와 다양한 영상자료, 이벤트를 만나세요!
가수 요조, 김관 기자가 진행하는 팟캐스트 '[북팟21] 이게 뭐라고'
페이스북 facebook.com/21cbooks   블로그 b.book21.com
인스타그램 instagram.com/21cbooks   홈페이지 www.book21.com

역사와 어원으로 찾아가는

우리땅 이야기

최재용 지음

옛사람들은 우리 땅 이름을 어떻게 지었을까

제대로 알수록 깊이 새겨지는 우리 지명

고문는라수고곳

21세기북스

＊이 책은 방일영 문화재단의 지원을 받아 저술·출판되었습니다.

인문학적 시선으로
우리 땅 이름을 들여다보다

'서울'과 강원도 '철원鐵原', 그리고 '신촌新村'이 본래 같은 뜻을 갖고 있는 땅 이름이라고 하면 대개의 사람들은 "그게 무슨 말인가" 하는 반응을 보일 것이다.

그냥 보기에는 전혀 관계가 없는 것처럼 보이지만 사실 이들 이름은 모두 같은 꼴에서 출발해 지금은 서로 다른 형태를 갖고 있는 것이다.

잘 알려져 있듯이, '서울'은 삼국시대 신라의 수도였던 '서라벌徐羅伐' 또는 '서벌徐伐'에서 나온 말이다. 그리고 서라벌 또는 서벌이란 '새벌', 곧 '새로운 마을(벌판)'이라는 뜻의 우리말을 비슷한 발음의 한자로 바꿔 쓴 것이다.

철원군鐵原郡은 고구려 때 '철원군鐵圓郡'이라 불렸던 곳인데, '철원'이라 쓰이기 전 순우리말 이름은 역시 '새벌'이었던 것으로 본다. 그런데 이 이름을 한자로 바꿀 때 '새롭다'는 뜻의 '새~'를

'쇠[鐵]'라는 뜻으로 받아씀으로써 '철원鐵原, 鐵圓'이라는 이름이 생긴 것이다.

'신촌新村'은 한자 그대로 '새로운 마을'이라는 뜻이다. 옛날부터 어떤 마을이 새로 생기면 '새로운 마을'이라는 뜻에서 그냥 '새말(새마을)' 또는 '새벌'이라 불렀고, 이를 한자로 바꿔 쓴 이름이 '신촌'이다.

결국 서울과 철원, 신촌은 모두가 원래 '새로운 마을'이라는 뜻을 가진 같은 이름이다.

하지만 같은 꼴과 뜻에서 출발한 이름이 오랜 세월을 거치면서 각자 다양한 형태로 모양을 바꿈에 따라 지금은 마치 전혀 관계가 없는 것처럼 보이게 되었다.

이 책은 이처럼 전혀 다른 듯 보이지만 사실은 같거나 비슷한 뜻을 갖고 있는 우리나라의 여러 땅 이름을 주제어主題語에 따라 묶어 본 것이다.

앞에서 말한 서울, 철원, 신촌은 '새롭다'는 뜻을 갖고 있는 주제어 '새~'를 통해 한데 묶을 수 있는 땅 이름들이다.

반면 소래·수락산·속리산·설악산·차령·추전역 등은 높은 곳이나 산山을 뜻하는 우리 옛말 '수리'라는 단어를, 황산벌·논산·능동·답동·연평도 등은 '늘어졌다'는 뜻의 '늘~'을 공통의 주제어로 갖고 있는 이름들이다.

이처럼 여러 땅 이름의 공통 주제어를 밝혀서 묶는 작업은 결국 그 땅 이름들의 본바탕이 된 우리 옛말을 찾아가는 길이기도 하다.

땅 이름도 우리말의 일부분이기에 당연히 우리말의 역사와 함께 변해왔기 때문이다. 따라서 이 작업을 위해 가장 필요한 것은 고대어와 중세어를 포함하는 우리말에 대한 지식과 언어학적 감각感覺이다. 특히 한글이 나오기 이전에는 우리 땅 이름을 나타낼 때 한자의 뜻과 소리를 여러 방식으로 이용한 '한자 차용 표현'을 많이 썼기 때문에 그 해석을 위한 언어학적 지식이 없으면 절대로 다가갈 수가 없는 분야이다. 앞서 예를 든 것처럼 '徐羅伐'이 우리말 '새벌'을 나타낸 것이고, 당시에는 '서라벌'이 아니라 '새벌' 정도로 읽었으리라는 점과 그 뜻을 해석해낼 수 있어야만 하는 것이다.

하지만 이런 지식이나 감각은 전문 학자들도 제대로 갖추기 힘든 것이니, 일반인들로서는 사실 엄두도 낼 수 없는 일이라 할 수 있다. 이는 한자 차용 표현이 아닌 순우리말이라 할지라도 마찬가지다. 이를테면 '황소'라는 단어가 '몸집이 큰 소'라는 뜻의 중세국어 '한쇼'에서 발음이 바뀌어 생긴 말임을 아는 일반인은 많지 않을 것이다. 사람들은 대부분 지금의 글자 모양만 보고 황소가 '색깔이 누런 소'라는 뜻일 것이라 생각하기 십상이다.

'한쇼'가 '황소'로 바뀌었듯이, 우리 땅 이름들은 대부분 지금과는 상당히 다른 꼴에서 출발한 뒤 오랜 세월을 거치면서 바뀌어 오늘날의 이름이 된 것이다. 결국 우리말의 역사와 흐름을 알지 못하고는 땅 이름의 유래도 제대로 알아낼 수가 없다. 다행히 이 분야를 연구하는 학자가 적지 않고, 상당한 학술적 성과도 거두고 있다. 하지만 그 내용을 설명하는 책이나 논문 등이 대부분 너무나 어렵고 딱딱하다 보니 일반인들로서는 쉽게 다가갈 수가 없는 형편이다.

이 때문에 생기는 큰 문제가 '황소는 누런 소'라고 하는 것처럼 그냥 지금의 이름꼴을 보고 적당히 땅 이름의 유래를 설명하거나 그 땅에 얽혀 있는 전설에 따라 엉터리로 해석하는 것이다.

그 상징적인 예로 경기도 김포시와 인천광역시 강화군 사이에 있는 물길 '손돌목'을 들 수 있다.

'손돌목'의 '손돌'은 『용비어천가』 주석에 '착량窄梁', 즉 '좁은 목(물길)'이라는 뜻의 우리말 장소 이름이라고 분명히 설명되어 있다. 그럼에도 뒤늦게 생긴 '손돌공 전설'에 따라 이곳에 살던 '손돌'이라는 사공 때문에 생긴 이름이라는 설명이 정설처럼 굳어져 계속 전달되고 있다. 이뿐 아니라 해마다 손돌공을 위해 제사를 지내는 일까지 벌어지고 있다.

'손돌'의 전설이 그렇듯, 땅 이름 전설을 포함한 모든 전설은 내용이 재미있는데다 어렵거나 복잡하지 않다. 그만큼 사람들 사이에 쉽게 퍼질 수 있는 좋은 조건을 갖추고 있는 셈이다. 반면 언어학적 차원에서 땅 이름의 유래를 제대로 밝히고 설명하는 일은 상당한 전문성이 필요하고, 이를 전달하기도 쉽지 않다. 이 때문에 그 내용이 아무리 사실이거나 사실에 가까울지라도 사람들 사이에 퍼지기 어려운 한계를 갖고 있다. 수많은 지명 유래 전설이 실제 언어학적 변천과는 전혀 관계없이, 때로는 황당하기까지 한 내용을 담고 있음에도 마치 진실인 양 널리 퍼지고 있는 것은 바로 이 때문이다.

이 책은 북한을 포함한 우리나라 여러 땅 이름의 유래를 언어학적 차원에서 될수록 쉽게 풀어 소개하면서, 이처럼 사람들 사이에 퍼져 있는 잘못된 내용들을 바로잡기 위한 목적으로 쓴 것이다.

이를 위해 땅 이름에 얽혀 있는 전설도 두루 소개하며 실제 언어학적 변화에 따른 땅 이름 유래와 비교해보도록 했다. 또 땅 이름 변화의 언어학적 흐름을 좀 더 쉽게 이해할 수 있도록 하려고 우리 말 여러 단어의 유래를 땅 이름과 관련지어 설명하기도 했다.

그런데 여기서 땅 이름 전설을 여럿 소개한 것은 전설이 우리 구비문학의 소중한 자산이기 때문이기도 하다. 그 내용이 땅 이름 유래를 설명하는 면에서는 엉터리인 것이 대부분이지만 문학적으로는 나름대로의 가치가 있어 보존해야 할 것도 적지 않다는 얘기다. 특히 이제는 손주들을 무릎에 앉히고 도란도란 옛날이야기를 들려줄 할아버지 할머니들이 더 이상 존재하기 힘들고, 어릴 때부터 세상에 치여 갈수록 꿈과 낭만을 갖기 어려운 시대가 되고 있기에 이런 이야기들이 더욱 소중하게 생각된다.

학자들 사이에 의견이 엇갈려 몇 가지 뜻으로 해석이 되는 땅 이름이나 단어의 경우에는 서로 다른 의견들을 될수록 함께 소개해 읽는 사람이 판단해보도록 했다.

각 주제어에 따른 글은 각자 하나의 완결판이 될 수 있도록 독립적으로 썼기 때문에 어느 것부터 보든 상관이 없다. 그리고 '한자 차용 표현'이나 '상고음 재구'처럼 여러 곳에서 설명이 필요한 내용이나 『삼국유사』, 『훈몽자회』처럼 여러 번 인용된 자료들에 대해서는 일단 본문 앞쪽 「일러두기」에서 먼저 간략하게 설명을 했다.

땅 이름의 유래를 밝히는 것은 쉬운 일이 아니며, 연구를 통해 결론을 이끌어낸다고 해도 꼭 그것만이 맞는 것이라고 단정할 수 없는 원천적 한계가 있다. 이런 면에서 땅 이름 연구는 인문학의 전형적인 특징을 그대로 갖고 있다.

흔히 인문학을 정답이 없는 학문이라고 한다. 여기서 한 발 더 나아가면 당장 먹고사는 데 별 도움은 안 되고, 한가하게 말장난이나 하는 분야로 취급받기도 한다.

하지만 인문학은 정답이 없는 것이 아니라 다양한 논의 속에서 논리적으로 가장 보편타당한 결론을 이끌어내는 것이다. 그리고 그 과정을 통해 사고의 폭을 넓히고, 정신세계를 깊고 풍요롭게 만드는 학문이다. 땅 이름 연구도 마찬가지이다. 모든 말이나 이름이 그렇듯, 땅 이름에도 사람들의 집단적인 세계관이 담겨 있다. 이를 통해 우리가 갖고 있는 정신세계를 탐구해보는 것은 나름대로 재미있고 유익한 인문학의 한 줄기가 될 것이라 믿는다.

갈수록 세태가 각박해진다고들 한다. 여기에는 우리 사회에 인문학적 분위기나 바탕이 너무나 빈약한 것도 큰 이유가 되고 있다고 생각한다. 여러 분야에서 이를 채워나가려는 작은 노력들이 계속 이어지다 보면 상황이 조금씩 나아지지 않을까.

25년 넘게 신문기자 생활을 하면서 글이란 최대한 쉽고, 뜻이 명확하게 드러나도록 쓰는 것이 가장 중요하다는 점을 확신하게 되었다. 그럴수록 이 일이 정말 어렵고, 많은 노력이 필요하다는 것도 늘 느끼게 된다.

그런 점에서 굳이 문학적 수사修辭가 필요치 않고, 뜻을 제대로 전달하는 데 가장 중점을 둬야 할 여러 글과 자료들이 갈수록 불필요한 외국어나 억지스러운 신조어新造語, 또는 문법적 질서를 장난하듯 깨뜨리는 표현이나 끼리끼리만 통하는 단어로 가득 채워져가는 현실을 안타깝게 생각한다. 이러다가는 한글이 우리의 뜻을 표현하고 전달할 수 있게 하는 더없이 소중한 문화자산의 위치에서 밀려나 단순히 귀에 들리는 소리만을 적는 표기 수단으로 굴러떨어지게 될지도 모른다. 한글로 썼다고 무조건 우리말, 우리글이 되는 것은 아니기 때문이다. 이대로라면 우리 민족끼리도 우리말, 우리글이 통하지 않는 시대가 올 것만 같다.

책이란 "재미있고 유익하다"라는 말을 들을 수 있으면 최고의 찬사를 받는 것이라고 생각한다. 이 책도 그런 마음으로 썼지만 얼마나 뜻대로 되었는지 알 수가 없다. 언어학적 설명이 주는 지루함과 딱딱함을 덜기 위해 이런저런 내용을 많이 집어넣고 보니 '장르'가 불분명한 글이 된 것 같다는 생각도 든다. 무엇보다 막상 책으로 내려니 두찬杜撰에 불과한 글을 책이랍시고 내놓아 주위 사람들의 비웃음이나 사는 것은 아닌가 하는 걱정이 앞선다.

살다 보니 어느새 50대 중반이 되었다.

'불혹不惑'이라는 말을 처음 알게 된 10대 후반 무렵부터 아주 오랫동안 불혹을 믿었고, 기대했던 기억이 강하다. 도무지 방향을 잡지 못하고, 무엇 하나 확신이 없어 삶이 늘 어지럽던 그 시절에 불혹이 되면 정말이지 수평선을 바라보는 것처럼 마음이 평안해지는 것인 줄 알았다. 이제 불혹은 이미 십수 년 전 일이고, 지천명知天命을 넘어선 지도 오래인 나이가 되었다. 그런데도 평안은커녕 어떻게 사는 게 세상을 제대로 사는 것인지 여전히 혼란스럽고, 지나온 날들에 많은 후회가 남는다.

그래도, 다른 사람들이야 뭐라 평가하든, 나름 노력한 끝에 내는 이 책으로 그런 마음을 조금이나마 달래본다.

옅은 지식으로 글을 쓰려니 번번이 막힐 수밖에 없었다.

그럴 때마다 기꺼이 답변을 주시고, 귀한 자료들까지 넘겨주며 격려해주신 인천대학교 국어국문학과 김병욱 명예교수님과 인천시 역사자료관 강덕우·강옥엽 두 박사님께 진심으로 감사하다는 말씀을 드린다. 좀 더 부지런히 여쭤보아 잘못되거나 시빗거리가 될 만한 내용들을 줄였어야 했는데 여러 여건상 그러지 못한 것이 많이 아쉽다.

한동안 일상에 빠져 허우적거리며 시간을 낭비하고 있을 때 자신이 공들여 쓴 책을 들고 찾아와 정신이 번쩍 들게 해준 인하대학교 허우범 과장님, 귀한 사진들을 책에 쓸 수 있도록 도와준 한국관광공사와 경인일보사 임순석 기자님, 원고를 여러 차례 고치고 보충하며 번거롭게 만든 시간들을 무던히 참고 기다려 깔끔한 책으로 묶어주신 21세기북스 정지은 팀장님께도 깊이 감사드린다.

지난 10여 년, 우리 가족에게 여러모로 힘든 날이 많았다.

그 덕분에 '세상인심'이라는 것과 내 자신의 변변치 못한 주제를 좀 더 일찍 깨닫게는 됐지만 그 과정에서 특히 아내의 고생이 심했다. 그 날들을 참고 견뎌 행복한 가정을 만들어준 아내와 딸에게 남편과 아빠로서 마음에만 담아두었던 미안함과 고마움을 이 책으로 대신 전한다.

2015년 9월
최재용

차례

■ 일러두기

1. 한자 차용 표현

이 책에서 소개하는 옛날 땅 이름 가운데 상당 부분은 한자의 소리나 뜻을 이용해 우리말 이름을 나타낸 '한자 차용借用' 표현이다. 조선 세종 임금 때 한글(훈민정음)이 만들어지기 전까지는 우리 땅 이름을 표현할 우리 글자가 아예 없었기 때문에 한자를 빌려 쓸 수밖에 없었던 것이다. 하지만 이는 한글 창제 이후로도 오랫동안 계속되었다. 한글이 수백 년 동안 '언문諺文'이나 '암글' 등으로 불리며 천대받아 제대로 쓰이지 못했기 때문이다. 이 같은 '한자 차용'은 해당 한자의 뜻과는 관계없이 우리말과 음(音 : 소리)이 같거나 비슷한 글자를 가져다 쓰는 방법, 반대로 한자의 뜻만 빌려 쓰는 방법, 음과 뜻을 섞어서 빌려 쓰는 방법 등 다양하다. 그런데 이 방법에 통일된 원칙이 없기 때문에 한자 차용으로 생긴 이름이 당시 어떤 우리말 발음과 뜻을 갖고 있던 것인가를 밝혀내는 일은 무척 어렵다. 이 책의 각 장에서 '한자 차용' 표현에 대한 설명이 필요한 경우에는 일단 이 내용을 기반으로 삼고, 필요한 경우 보충 설명을 덧붙이기로 한다.

2. 상고음 재구

이 책에서 소개한 주제어들은 사실 한글로 표기해서는 안 되는 것들이라 할 수 있다. 이 주제어들은 한글이 나오기 훨씬 전부터 쓰였던 말들이고, 우리 고대어古代語는 중세어나 현대어와는 소리(음운)의 체계 자체가 상당히 달랐기 때문이다. 따라서 이 주제어들은 그 옛날에 그 말을 어떻게 발음했을까 추정해내는 이른바 '상고음上古音 재구再構'를 통해 소리를 밝혀낸 뒤 한글이 아닌 발음기호 방식으로 나타내는 것이 한결 타당하다. 이를테면 '달(<돌)'이 아니라 '[tal]'과 같은 방식으로 나타내야 한다는 말이다. 하지만 이 책에서는 일반 독자들이 알아보기 쉽도록 이들 주제어를 중세어나 현대어의 한글 표기 방식으로 나타냈다. 이는 무엇보다 '상고음 재구'가 워낙 어렵고 딱딱해 내용을 쉽게 전달하려는 이 책의 의도에 맞지 않기 때문이다.

3. 우리 고대어의 개음절어 현상

고구려·백제·신라의 삼국 통일 이전에 쓰인 우리 고대어는 '김치'를 '기무치'라 발음하는 지금의 일본어처럼 한 음절에 받침이 있는 경우 대부분 그 뒤에 모음을 붙여 두 음절로 발음하는, 곧 '자음+모음' 형식으로 이뤄진 개음절어開音節語였던 것으로 추정된다. 그랬던 것이 중국에서 쏟아져 들어온 한자어의 영향을 받아 8~9세기 이후로는 차츰 받침이 있는 '자음+모음+자음' 형식의 폐음절어閉音節語로 바뀐 것으로 보인다. 통일신라 경덕왕 때 전국의 주요 지역 땅 이름이나 관직 이름, 사람 이름을 순우리말에서 두세 글자의 한자어로 바꾸면서 이런 현상이 본격화했다. 이어 고려시대에 들어와 한자와 한문을 이용한 문자 생활이 보편화하면서 이 같은 폐음절어로의 변화가 완전히 자리를 잡았다고 본다. 이 책에서 소개한 주제어들은 앞의 2번 항목에서 밝힌 것처럼 대개 우리 고대어들이다. 따라서 이런 경우 개음절어에 대한 설명이 필요해지는데, 이를 모두 이 3번 항목으로 가름하고 꼭 필요한 경우에만 본문에서 조금 더 보충 설명키로 한다.

4. 주요 자료

『계림유사鷄林類事』

고려 숙종 임금 때 북송의 사신단으로 개성에 왔던 (서장관書狀官) 손목孫穆이 중국으로 돌아간 뒤 고려의 각종 제도와 풍속 등을 모아 편찬한 책이다. 특히 당시 고려인들이 쓰던 360여 개의 우리말 단어를 자신들이 쓰던 한자의 소리나 뜻을 빌려 적어놓음으로써 우리 고대어 연구에 빼놓을 수 없는 귀중한 자료 역할을 하고 있다. 예를 들어 '天曰漢捺'이라 하여 "(고려인들이) '천天'을 '한날漢捺'이라 한다"는 식으로 이들 단어를 소개하고 있다. 이를 통해 현대어 '하늘'을 당시의 고려인들은 '한날'과 비슷하게 발음했다는 것을 알 수 있다. 단, '한날漢捺'을 비롯해 이 책에 실려 있는 단어들은 현대의 한자음이 아닌 북송시대의 한자음을 이용해 적은 것이다. 따라서 『계림유사』를 정확하게 해독하고, 이를 통해 당시 고려어의 발음을 제대로 알아내기 위해서는 중국 성운학聲韻學에 대한 이해까지 필요하다는 큰 어려움이 있다. 그럼에도 이 책은 훈민정음이 나오기 전까지 우리 중세국어가 어떤 모습이었는지를 보여주는 거의 유일한 구어자료口語資料로서 독보적인 가치를 갖고 있다.

『삼국사기三國史記』

서기 1145년 무렵 김부식金富軾 등이 고려 인종 임금의 명을 받아 편찬한 삼국시대의 역사서. 현재 전하는 것 중 우리나라에서 가장 오래된 정사正史이다. 기전체紀傳體의 역사서로서 본기 28권(고구려 10권, 백제 6권, 신라·통일신라 12권), 지志 9권, 표 3권, 열전 10권으로 이루어져 있다. 김부식의 주도 아래 10여 명의 보조자가 『고기古記』, 『삼한고기三韓古記』, 『구삼국사舊三國史』 등 지금은 대개 전하지 않는 여러 국내 문헌과 『삼국지三國志』, 『후한서後漢書』, 『남북사南北史』, 『신당서新唐書』, 『구당서舊唐書』 등의 중국 문헌을 참고하여 재구성한 것이다.

『삼국유사三國遺事』

고려 충렬왕 때인 서기 1281년 무렵 승려 일연一然이 편찬한 역사서. 전체 5권에 왕력王歷, 기이紀異, 흥법興法, 탑상塔像, 의해義解, 신주神呪, 감통感通, 피은避隱, 효선孝善 등 9편목으로 구성되어 있다. '유사遺事'의 '遺'는 '잃어버리다, 남다'라는 뜻이고 '事'는 '사실', '사건' 등의 뜻이다. 따라서 '삼국유사'란 '삼국시대의 일 가운데 고려시대에 들어와 잊힌 것들이나 정사正史에서 빠진 사건들에 관한 기록'이라는 뜻을 갖는다.『삼국사기』와 달리 단군신화를 비롯한 우리 민족의 여러 신화와 설화를 담고 있다. 또 여기에 전하는 14수의 향가鄕歌는 우리 고대문학 연구에 더없이 중요한 자료가 되고 있다. 이 밖에 오늘날은 전하지 않는 50여 종의 고대 사료史料들을 인용함으로써 그들의 내용을 추측할 수 있게 해주는 역할도 하고 있다. 이 때문에 삼국유사는 한국 고대의 역사, 지리, 문학, 종교, 언어, 민속, 사상 등을 총체적으로 담고 있는 문화유산의 보물로 평가받는다.

『고려사高麗史』

조선조 세종 대인 1449년에 왕명王命으로 편찬하기 시작해 문종 원년인 1451년에 완성된 고려시대 역사서. 세가世家 46권, 열전列傳 50권, 지志 39권, 연표年表 2권, 목록目錄 2권 등 총 139권 75책으로 구성되어 있다. 고려시대의 정치, 경제, 사회, 문화, 인물 등의 내용을 기전체로 정리한 관찬사서官撰史書로, 고려시대 역사 연구의 기본 자료이다. 고려 왕조를 무너뜨리고 새로 들어선 조선의 건국을 합리화하려는 정치적 목적과 함께 고려 무신정권기부터 우왕·창왕 대에 이르기까지의 잘못된 정사政事를 밝혀 교훈을 찾고자 하는 목적에서 편찬되었다.

『훈몽자회訓蒙字會』

조선 중종 22년(1527년)에 통역관이자 국어학자였던 최세진崔世珍이 어린 이들을 위해 지은 한자 학습서. 상·중·하 3권에 각각 1,120글자씩 모두 3,360개 단어에 대해 우리말로 뜻과 음을 달아놓아 당시의 국어를 이해하는 데 더없이 중요한 자료가 되고 있다. 오늘날 한글 자음을 '기역, 니은, 디귿……'이라 부르는 것도 이 책의 '언문자모諺文字母' 부분에서 지은이가 한자로 처음 만들어 붙인 이름을 따르고 있는 것이다.

『신증동국여지승람新增東國輿地勝覽』

조선 중종 25년(1530년) 이행李荇, 윤은보尹殷輔, 신공제申公濟, 홍언필洪彥弼, 이

사균李思鈞 등이 기존에 있던『동국여지승람』을 보완하고 내용을 더해 펴낸 책. 지리地理뿐 아니라 정치, 경제, 역사, 행정, 군사, 사회, 민속, 예술, 인물 등 각 지방 사회의 여러 방면에 걸쳐 두루 소개하고 있는 백과전서식百科全書式 서적이다. 그만큼 조선 전기 사회의 여러 측면을 이해하는 데 필수불가결한 자료로 꼽히고 있다.

『택리지擇里志』

조선 중기의 실학자 이중환李重煥이 영조 27년(1751년)에 펴낸 우리나라 지리 서. 사농공상士農工商 신분의 유래와 사대부의 역할 등을 다룬「사민총론四民總論」, 조선 8도의 역사와 지리, 인물, 사건 등을 논한「팔도총론八道總論」, 살기 좋은 땅에 대해 설명해놓은「복거총론卜居總論」, 이 책을 쓰게 된 계기 등을 밝힌「총론總論」으로 구성되어 있다.「신증동국여지승람」처럼 군현郡縣별로 쓰인 이전의 백과사전식 지리지地理誌와는 다르게 우리나라 전체를 총체적으로 다루면서 8도의 인심人心을 자연환경과 결부시켜 설명한 점, 우리나라 촌락의 입지를 사회경제적 또는 풍수지리적 입장에서 해석한 점, 자연환경이나 생활양식이 같은 지방들을 하나의 지역으로 묶어 그 특성을 기술한 점 등에서 지리지의 새로운 서술 방식을 만들었다는 평가를 받고 있다.

『조선왕조실록朝鮮王朝實錄』

조선 태조 임금 때부터 철종 때까지 25대 472년간의 역사를 연월일 순서에 따라 편년체編年體로 기록한 책. 조선시대에는 왕이 죽으면 그다음 왕 때에 임시로 실록청實錄廳을 설치하고 전前 왕대王代의 실록을 편찬했다. 따라서 『조선왕조실록』은 한 번에 편찬된 사서史書가 아니라 대대로 편찬한 것이 쌓여서 이루어진 것이다. 실록 편찬 때는 조정의 각 기관에서 보고한 문서 등을 연월일 순으로 정리하여 작성해둔 춘추관 시정기春秋館時政記와 이전 임금이 왕위에 있을 때 사관史官들이 작성해둔 사초史草,『승정원일기』나『의정부등록』등 정부 주요 기관의 기록, 그 밖의 개인 문집 등이 자료로 활용되었다. 『조선왕조실록』은 그 분량이 워낙 많은데다 조선시대의 정치, 외교, 군사, 법

률, 경제, 산업, 풍속, 사상, 윤리, 종교 등 각 방면의 내용이 두루 담겨 있어 세계적으로 유례를 찾기 힘든 귀중한 기록물이다. 이 때문에 국보國寶뿐 아니라 유네스코 세계문화유산으로도 등록되어 있다. 지배층의 시각에서 편찬한 기록이라는 한계는 있지만 조선시대의 역사와 문화를 연구하는 데 있어서 가장 기본이 되는 자료다.

더없이 크고 높고 귀하다

말고개에서 절두산까지

1

말/머리~

마산 • 말바위 • 말티고개(말치고개) • 마래기재 • 물금산
마니산(마리산) • 마이산 • 건지산 • 두악산 • 두척산

'말'은 '마력馬力'이라는 힘의 단위를 만들어낼 만큼 강하고 튼튼한 동물이다.

특히 몽골을 비롯한 아시아 북방 지역의 말들은 큰 덩치와 멋진 갈기, 탄탄한 몸매로 강렬한 인상을 준다. 이 때문에 말은 우리 조상들의 옛이야기 속에서 흔히 상서로운 일, 특히 제왕帝王의 탄생을 알리는 전령사傳令使 역할로 나오곤 한다.

북부여왕 해부루는 늙도록 아들이 없었다. 어느 날 산천에 제사를 지내 대를 잇게 해달라고 빌었다. 이때 타고 가던 말이 큰 연못에 이르러 큰 돌을 마주 보고는 눈물을 흘렸다. 왕이 괴이하게 여겨 사람을 시켜

그 돌을 옮기자 금빛 개구리 모양의 어린아이가 있었다. 왕이 기뻐하며 말하였다. "이것은 바로 하늘이 나에게 내려주신 아들이로구나!" 곧 그 아이를 거두어 기르면서 이름을 금와金蛙라 하였다. 그가 성장하자 태자로 삼았다.

전한前漢 지절地節 원년元年 임자년 3월 초하루에 진한辰韓 땅 여섯 부部의 조상들은 각기 그 자제들을 거느리고 알천閼川 남쪽 언덕에 모여 의논하였다. "우리들은 위로 군주가 없이 백성들을 다스리기 때문에 백성들이 모두 방자하여 자기가 하고 싶은 대로 하고 있다. 덕 있는 사람을 찾아 군주로 삼아 나라를 세우고 도읍을 정하는 것이 어떻겠는가?" 그러고는 높은 곳으로 올라가 남쪽을 바라보니 양산楊山 아래 나정蘿井 옆에 번갯불과 같은 이상한 기운이 땅에 드리우고, 백마 한 마리가 꿇어앉아 절을 하는 모습이 보였다. 그곳에 가보니 자주색 알이 하나 있었다. 말은 사람들을 보더니 길게 울고는 하늘로 올라가버렸다. 그 알을 깨뜨려 사내아이를 얻었는데, 모습과 거동이 단정하고 아름다웠다. 사람들이 놀라고 이상히 여겨 동천東泉에서 목욕을 시키니, 몸에서 빛이 나고, 새와 짐승들이 춤을 추며, 천지가 진동하고, 해와 달이 맑아졌다. 그래서 혁거세왕赫居世王이라 이름하고, 위호位號는 거슬한居瑟邯*이라고 하였다.

....

*『삼국유사』에는 거슬한이라는 말 뒤에 "또는 거서간居西干이라고도 한다. 처음 입을 열었을 때 스스로 '알지 거서간이 한 번 일어났다'고 하였으므로 그 말에 따라 일컬은 것인데, 이후부터 왕의 존칭이 되었다"라는 주석이 붙어 있다. '거서간'은 '처음 왕이 된 사람'이라는 뜻의 우리말 '갓한'을 한자로 나타낸 것으로 해석된다.('干'이 왕을 뜻하는 것에 대해서는 이 책 「16 이름은 달라도 '크다'는 뜻은 같다」 참고)

『삼국유사』 속의 이 두 신화에서 말은 북부여의 왕 금와나 신라의 시조 혁거세의 탄생을 이끌어내는 신성한 존재로 그려져 있다. 그런데 이 같은 신성함은 '말'이라는 이름 자체에 이미 들어 있다.

말[馬]은 중세국어에서 '??'이었다.

고대에 만주어滿洲語에서 들어온 것으로 추정되는 이 단어는 짧은 음절인 만큼 중세국어 이전에도 발음에 큰 차이가 없었을 것이다. 중국 북송시대 사람 손목이 『계림유사』에서 "馬曰末(마왈말 : '馬'는 '末'이라 한다)"이라 적어놓은 것을 보아도 이를 알 수 있다. 그런데 우리 고대국어는 한 음절에 받침이 있는 경우 대부분 그 뒤에 모음을 붙여 두 음절로 발음하는 개음절어 체계여서 지금과 달랐다. 그런 만큼 고려보다 훨씬 앞선 시대에 '말'은 '??'이 아니라 '???' 정도로 발음되었을 가능성이 크다.

이 단어가 아주 오랜 옛날부터 쓰였다는 것은 지금도 남아 있는 윷놀이의 '도·개·걸·윷·모'라는 사위 이름을 통해서도 알 수가 있다.

윷놀이는 고대 인도印度에서 처음 시작되어 중동과 아시아 지역에 퍼져나간 것으로 알려져 있다. 그런데 지금 우리가 쓰고 있는 이 '도·개·걸·윷·모'라는 이름은 우리 고대국가인 부여夫餘의 벼슬 이름에서 나왔다는 견해가 꽤 유력하다. 즉 부여의 관작官爵이었던 저가豬加, 구가狗加, 우가牛加, 마가馬加 등에서 비롯되었다는 것이다. 이들은 각각 동물과 연결되어 있는데 '도'는 돝(돼지·豬), '개'는 개[狗], '윷'은 소[牛], '모'는 말[馬]을 말한다. '걸'은 노새를 가리킨다는 주장도 있고, '모'와 같이 말을 가리킨다는 주장도 있다.*

어쨌든 여기서 '모'는 '???' 또는 '??'에서 '?' 또는 'ㄹ'이 떨어져나간 형태이며, 말[馬]을 뜻한다는 것이 학계의 거의 공통된 견해로 보인다. 다섯 가지 동물 중 가장 크고 빠르기에 '도·개·걸·윷·모'의 제일 윗자리를 차지한 것이다.

이런 이유 때문인지 자료를 통해 파악할 수 있는 중세국어를 보면 '물'은 '말[馬]' 말고도 'ᄆᆞᄅᆞ', 즉 '마루[宗]'라는 뜻도 갖고 있다. '마루'는 지금도 (건물의) '마루', '용마루'나 '산마루' 같은 단어에 쓰이는 것처럼 '높은 곳'이나 '꼭대기'를 뜻한다. 이와 같은 계통의 단어로 '뭇'도 있는데, 이는 '가장, 최고'라는 뜻으로 썼다. 오늘날 '맏아들'과 같은 단어에 쓰는 '맏~'과 같은 의미다. 그리고 이들 단어의 바탕은 '머리[頭]', 즉 '으뜸가는 것'이라는 뜻으로 연결된다.

결국 '말'은 꼭대기나 머리를 나타낼 만큼 높고 신성한 존재라는 뜻을 가진 이름이기도 한 것이다. 아마도 우리 조상들은 이 동물의 크고 당당한 모습에 압도되어 이런 뜻을 가진 이름을 붙여주었을 것이다.

그래서 지금도 '말~'이라는 접두사가 들어간 단어는 '크다'는 뜻을 갖는다. 말벌, 말잠자리 등이 그 예다. 신라시대 초기에 왕王을 뜻했던 말인 '마립간麻立干'이나 고구려의 최고위 관직인 '막리지莫離支'의 '마립'이나 '막리'도 그 발음이 어땠을지는 분명치 않지만 뜻은

---

* 단재 신채호 선생은 이 두 가지 의견과는 또 다르게 '걸'이 '크다[大]'라는 뜻이라고 해석했다.(『조선상고사』, 신채호, 박기봉 옮김, 비봉출판사, 2013년, 57~58쪽) 반면 국어학자 조항범 교수는 윷놀이의 사위 이름을 개나 소 등의 짐승과 연관 지을 근거가 거의 없다면서 "놀이 이름이 가장 높은 등급 '모'를 쓴 '모놀이'가 아니라 왜 '윷놀이'인지도 궁금하다"고 상당히 의미 있는 질문을 던졌다.(『다시 쓴 우리말 어원 이야기』, 조항범, 한국문원, 1997년, 236~238쪽)

이 '말'과 같은 범주다.

큰 고개에 붙여진 이름

이는 땅 이름에서도 마찬가지다.

우리나라에는 전국 곳곳에 말고개, 말재, 말바위, 말무덤 등으로 불리는 곳이 널려 있다. 이를 한자로 바꾼 마현馬峴, 마산馬山, 마령馬嶺, 마분리馬墳里 등의 이름도 많다.

이런 곳들에는 흔히 "그 모양이 말처럼 생겼다"거나 "죽은 말을 묻은 곳"이라는 식의 설명이 따르곤 한다. 하지만 실제로 그렇게 인정할 수 있는 경우는 많지 않으며, 대부분 '크다'는 뜻으로 '말(마)~'을 쓴 것에 불과하다.

예를 들어 충청남도 공주시 신풍면에는 '말바위'라는 바위가 있는데 이런 전설이 엮여 있다.

옛날 이곳 마을에 석승이라는 부자가 살고 있었다. 돈 욕심이 많았던 그는 동네에 흉년이 들면 먹을 것이 떨어진 마을 사람들에게 장리쌀을 놓았다. 한 해 농사가 끝나면 원래 빌려간 쌀에다가 그 절반만큼의 쌀을 이자로 더해서 갚는 방식이었다. 게다가 그는 다른 사람들에게 쌀을 꾸어줄 때는 작은 되와 말을 이용해 쌀을 달고, 돌려받을 때는 이보다 큰 되와 말을 사용했다. 어느 날 또 이런 식으로 쌀을 달고 있는데 하늘에서 갑자기 큰비가 내려 석승의 집은 모두 물속에 가라앉았다. 그리고 그 물속에서 커다란 바위가 솟아올랐다. 그 바위에는 석승이 쓰던 되와 말이 새겨져 있었다. 그 뒤로 이곳 사람들은 그 바위를 되와 말이 새겨진 바위라고 해서 말바위라 부르게 되었다.

이는 '말'이라는 단어를 곡식의 부피를 잴 때 쓰는 기구 '말'로 생각해 만들어낸 이야기이다. "되로 주고 말로 받는다"는 속담 속의 그 '말'이다. 하지만 앞에서 말했듯 '말바위'에서의 '말'은 '크다'는 뜻일 뿐이다.

또 강원도 고성군 간성읍에 있는 '마산馬山'은 산의 생김새가 말과 같이 생겨 마산이라 부른다고 한다. 하지만 객관적으로 볼 때 이를 인정할 수 없으며, 다만 '큰 산'이라는 뜻에서 마산(<말산, 말뫼)이라는 이름을 갖게 된 것일 뿐이다.

경상남도 김해시 생림면에 있는 '말티고개'는 "풍수지리상 고개의 모양이 천마天馬가 바람을 가르며 우는 모습이어서 붙은 이름"이라고 한다. 하지만 이 역시 그저 '큰 고개'라는 뜻의 '말티'에 다시 '고개'가 덧붙어 이루어진 이름으로 보는 것이 한결 타당할 것이다. '말티'의 '티'는 우리 땅 이름에서 고개를 뜻하는 순우리말 '재'와 같이 고개를 뜻하는 말이다. 이 '티'가 들어간 고개 이름을 한자로 바꿀 때는 '峙(고개 치)' 자를 썼다. '티'라는 소리를 가진 한자가 없기 때문에, 발음이 비슷하면서 고개라는 뜻도 갖고 있는 이 글자를 쓴 것이다.

이에 해당하는 예 중 하나가 경상남도 밀양시 부북면에 있는 '말치고개(말채고개)'이다.

이곳은 "말채(채찍)를 휘둘러야 넘어갈 수 있을 만큼 험한 고개여서 생긴 이름"이라는 얘기를 갖고 있다. 하지만 이는 이름을 보고 만들어낸 것일 뿐이며, 실제로는 '큰 고개'라는 뜻의 '말치'에 '고개'가 덧붙은 형태다. 그리고 '말치'는 위에서 말한 것처럼 '말티'에서 생긴 말이다. 똑같은 뜻에서 '말치'라는 이름을 가진 고개가 충청북도 보은군에도 있고, 충청남도 공주시나 청양군에는 '마치馬峙'라는 고개가 있다.

충청남도 태안군에 있는 '마래기재'는 '마력馬力재', '마루기재' 또는 '큰 고개'라는 여러 다른 이름을 갖고 있다. '마력재'라는 이름 때문에 "옛날 이 고개가 높고 길어서 사람은 물론이고 말[馬]이 넘으려고 해도 힘[力]이 빠지기 때문에 생긴 이름"이라는 해석도 있다. 하지만 '큰 고개'라는 우리 이름만으로도 '마래기재'의 원뜻을 쉽게 알 수 있다.

또 북한의 평안남도 회창군에는 '물금산物金山'이라는 높은 산이 있는데, 이 이름도 '몰+금+산'에서 나온 것으로 보인다. '크고 신성한 산'이라는 뜻이다.('금'에 대해서는 이 책 「4 기왕이면 더 좋은 뜻을 가진 이름으로」참고)

마리산인가, 마니산인가

앞서 밝힌 바와 같이 '말'은 '머리'로 이어진다.

'몰', 즉 '마루'는 '마리'나 '머리'라는 단어들과 거의 같은 뜻에서 출발했다. 그런데 시간이 지나면서 차츰 뜻이 갈라져 지금은 다른 뜻으로 쓰이고 있는 것이다.

또한 '머리'와 '마리'는 16세기까지도 우리말에서 거의 같은 뜻으로 쓰였다.

'마리'가 '머리'보다는 오래된 형태로 추정되는데, 둘이 같은 단어로 쓰이다가 모음이 다른 것 때문에 뜻도 달라진 것이다. '맛'과 '멋', '살(나이)'과 '설(설날)' 등의 단어가 같은 뜻이었다가 'ㅏ'와 'ㅓ'의 차이 때문에 뜻이 갈라진 것과 똑같은 경우다. 그래서 오늘날 '마리'는 사람의 머리라는 뜻은 없고, '개 한 마리' 할 때처럼 짐승의 머리 숫자를 세는 단위로만 쓰이고 있다. 하지만 '실마리' 같은 단어에 아직도 그 원뜻이 남아 있다.

이와 관련해 우선 따져봐야 할 유명한 이름이 단군왕검의 전설이 얽혀 있는 강화도의 '마니산摩尼山'이다.

마니산은 『고려사 지리지』나 『세종실록 지리지』에 '마리산摩利山'이라 나와 있다. 하지만 그 뒤의 자료인 『여지도서』나 「대동여지도」 등에는 '마니산摩尼山'이라 표시되어 있다. 이 때문에 '마리산'과 '마니산' 중 어떤 이름이 옳은 것인가 하는 논쟁이 지금까지도 계속되고 있다.

하지만 이는 사실 논쟁거리가 될 만한 일도 아니다.

'摩利山'이든 '摩尼山'이든 한자의 뜻과는 관계없이 그 소리만을 빌려 원래의 우리말 이름을 적은 것이기 때문이다.

그 원래의 우리말 이름은 위에서 밝힌 자료들의 연대만 따져보아도 당연히 '마리산'임을 알 수 있다. 그리고 당시 '마리'와 '머리'는 같은 말로 쓰였으니 그 뜻은 결국 '머리산'이다. 이 산을 다른 이름으로 '두악산頭岳山', 즉 머리산이라 불렀다는 사실도 이 결론을 뒷받침한다.

따라서 '마니산'은 당연히 '마리산'으로 이름을 바꾸어야 한다.

강화도 주민들과 한글학회 등이 중심이 된 '마리산 이름 되찾기

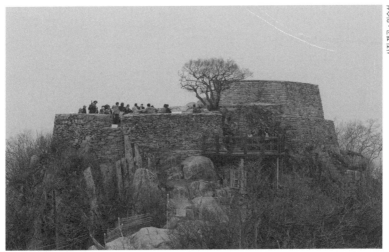

단군왕검이 쌓았다는 전설이 전해오는 강화도 마니산 정상의 참성단. 마니산은 그다지 높지 않지만 이처럼 우리 민족 시조의 전설이 얽혀 있기에 '머리산'이라는 뜻의 이름을 갖게 되었다.

추진위원회'가 이미 20년이 넘도록 이를 위해 노력하고 있지만 여전히 마니산이라는 이름이 쓰이고 있다. 이처럼 한번 굳어진 땅 이름은 잘못되었어도 바꾸기가 무척 어려운 것이다. 잘못된 이름일지라도 사람들이 그를 계속 쓰면 입에서 입으로 끝없이 전달되며 자리를 잡기 때문이다.

마리산은 그 높이(469미터)로만 따져서는 사실 그다지 높은 산이라고 할 수 없다. 하지만 우리 민족 시조始祖 단군왕검의 이야기가 얽혀 있는 성스러운 산이기에 머리산, 즉 '크고 높은 꼭대기 산'이 될 수 있는 것이다.

이 '마리산'이 '마니산'으로 바뀐 것은 단지 '리'와 발음이 비슷한 한자를 빌려 쓰다 보니 '尼'를 써서 생긴 일일 수도 있고, 불교의 영향 때문이라 볼 수도 있다.

학자들 사이에서는 불교의 영향 때문에 생긴 일로 보는 경향이 강하다.

불교에서 말하는 '마니mani'는 원래 산스크리트어로 '여의주如意珠'를 뜻한다고 한다. 여의주는 용왕의 머리에서 나온 구슬[珠]인데, 나쁜 일들을 없애고 모든 일을 자신의 뜻대로[如意] 풀어갈 수 있게 해준다는 물건이다. 이 말을 중국 사람들이 자신들이 쓰는 한자의 소리를 빌려 '摩尼' 또는 '末尼'라고 적었다.

이렇게 해서 생긴 단어 '摩尼'가 우리나라에도 들어왔고, 마침 그 발음이 '마리'와 비슷하다 보니 '마리산'이라는 이름 대신에 뜻이 무척 좋은 이 단어를 갖다 붙여 '摩尼山'이 생긴 것이 아닐까 한다.

이처럼 '마니산'이 불교의 영향 때문에 생긴 이름으로 보는 큰 이유는 우리나라 곳곳에 '관음산', '도솔산', '미륵산', '문수산', '불암산'처럼 불교와 관련된 땅 이름이 많기 때문이다. 이는 삼국시대 이후 불교가 융성하면서 이 땅을 부처님이 보살펴주는 곳이라고 생각한 '불국토지리관佛國土地理觀'이 퍼지며 생긴 일이다. 이에 따라 당초 '마리산'이었던 것이 '마니산'이라는 이름으로 바뀌게 되었다고 보는 것이다.

강화도의 마니산과 똑같은 이름을 쓰는 마니산이 충청북도 옥천군에도 있는데, 해발 640미터 높이의 이 산 역시 '머리산'이라는 뜻으로 해석된다.

그 모양이 말의 귀와 같다 하여

마리산과 같은 뜻의 이름으로 '마이산'이 있다.

마이산은 충청북도 음성군, 충청남도 금산군, 북한의 평안남도 증산군 등 전국에 몇 곳이 있다. 그중 가장 유명한 곳은 전라북도 진안군에 있는 마이산馬耳山이다.

이 산은 두 개의 거대한 바위가 우뚝 솟은 모양으로, 각각 '암마이봉'과 '수마이봉'으로 불린다. 모양이 특이한 만큼 당연히 전설이 딸려 있다.

옛날 이 산에 남녀 두 산신山神이 아기와 함께 살고 있었다. 둘은 열심히 도를 닦으며 하늘에 올라가길 바랐는데, 마침내 그 때가 되었다. 이에 남자 신은 하늘에 올라가는 모습을 사람들이 보면 부정 타니까 한밤중에 올라가자고 했다. 하지만 여신은 밤은 무서우니 낮에 올라가자고 했다. 서로 의견이 맞지 않자 둘은 조금씩 양보해 낮도 밤도 아닌 새벽에 올라가기로 했다. 그런데 새벽에 물을 길러 나왔던 동네 아낙네가 마침 그 모습을 보았다. 그녀가 "어머! 산이 하늘로 올라가네" 하고 놀라는 바람에 부정을 타서 두 산신은 하늘로 올라갈 수가 없게 되었다. 이에 화가 난 남자 신이 여신에게서 아기를 빼앗아 자기 옆에 놓고는 주저앉아버렸다. 그래서 지금 수마이봉 옆에 애기봉이 있게 되었고, 토라진 여신은 뒤로 돌아앉아 지금의 암마이봉이 되었다.

이 전설은 물론 마이산의 모양을 보고 만들어낸 이야기지만, 그 생김새의 유래를 말하는 것일 뿐 이름의 유래와는 상관이 없는 내용이다.

이곳 마이산은 한자 이름 그대로 그 모양이 말[馬]의 귀[耳]와 같아서 생긴 이름이라고 한다.

그 실제 모양을 보면 이런 주장이 억지가 아니라고 할 만큼 비슷하게 생겼다고도 할 수 있다. 이는 전국 곳곳의 매봉, 수리봉, 말고개, 학산, 와우산 등 동물 이름이 들어가 있는 다른 땅 이름들과는 사뭇 다른 점이다. 다른 곳들도 매, 수리, 말, 학, 소 등 그 이름에 들어 있는 동물과 닮은꼴이어서 생긴 이름이라는 얘기를 많이 한다. 하지만 객관적으로 볼 때 거의 모두가 이를 인정할 수 없는 반면, 이곳 마이산은 말의 귀와 닮은꼴이라는 점을 어느 정도 인정할 수 있기 때문이다.

마침 이를 뒷받침하는 이야기도 전해온다.

이중환의 『택리지』에 이런 내용이 나온다.

덕유산德裕山에서 서쪽으로 나온 한 줄기가 전주의 동쪽에 이르러 마이산馬耳山의 두 봉우리로 되면서 우뚝 솟아 하늘에 꽂혀 있는 듯하다. 옛날에 공정대왕(恭靖大王·조선 2대 정종)이 호남에서 무술을 강습하면서 이 산의 모양이 말의 귀와 비슷하다 하여 마이馬耳라 이름 지었다 한다.

반면 마이산이라는 이름을 정종의 이복동생인 조선 3대 태종 임금이 지었다는 얘기도 있다.

『세종실록 지리지』에 보면 이런 대목이 나온다.

말의 귀 모양으로 생겼다는 진안의 마이산. 실제 말의 귀 모양을 닮았다고 볼 수 있지만 그 이름은 '머리산'에서 나온 것으로 본다.

마이산馬耳山은 진안鎭安에 있는데, 두 봉우리가 우뚝 솟아 동서로 마주서서 모양이 깎아 세운 듯하며, 높이가 천 길이나 되고, 그 꼭대기에 나무가 울창하다. 속설에 전하기를 '동쪽 산꼭대기에 작은 못이 있다'고 하나 바라만 보일 뿐이요, 올라갈 수는 없다. 우리 태종太宗 13년 계사년에 임금이 산 아래에 행차行次하여 관원을 보내어 제사를 지냈다.

여기에는 태종이 이름을 지어주었다는 내용이 직접적으로 나오지는 않는다. 하지만 『신증동국여지승람』 '진안현' 편에 보면 이 내용을 따서 이런 이야기가 나온다.

현의 남쪽 7리에 돌산이 하나 있는데 봉우리 두 개가 높이 솟아 있기 때문에 용출봉湧出峯이라 이름하였다. 높이 솟은 봉우리 중에서 동쪽을 아버지, 서쪽을 어머니라 하는데, 서로 마주 대하고 있는 것이 마치 깎아서 만든 것 같다. 그 높이는 천 길쯤 되고, 꼭대기에는 수목이 울창하고 사면이 준절峻絶하여 사람들이 오를 수 없고 오직 모봉母峯의 북쪽 언덕으로만 오를 수가 있다. 전하는 이야기에 동봉東峯 위에는 작은 못이 있고, 서봉西峯의 정상은 평평하고 샘이 있어서 적병賊兵을 피할 수 있고, 날이 가물어 비를 빌면 감응感應이 있다고 한다. 신라시대에는 서다산西多山이라고 불렀는데 소사小祀에 올렸다. 본조 태종太宗이 남행南幸하여 산 아래에 이르러서 관원을 보내어 제사를 드리고 그 모양이 말의 귀와 같다 하여 마이산馬耳山이라는 이름을 내려주었다. 김종직金宗直의 시에 '기이한 봉우리가 하늘 밖에서 떨어지니, 쌍으로 쭈뼛한 것이 말의 귀와 같구나. 높이는 몇천 길인지 연기와 안개 속에 우뚝하도다. 우연히 임금의 행차하심을 입어 아름다운 이름이 만년에 전하네. 중원中原에도 또한 이런 이름이 있으니 이름과 실제 모습이 서로 비슷하도다. 천지조화의 공교함은 끝이 없으니, 길이 천지가 혼돈했던 처음 일을 생각하도다. (이하 생략)'

이들 내용을 보면 '마이산'이라는 이름을 정종과 태종 중 누가 지어주었는지는 엇갈리지만, 이름을 지은 이유는 같게 나와 있다.

하지만 언어학적 입장에서는 마이산이 '마리산'에서 나온 것으로 본다.

처음에는 '마리산'이었는데, 시간이 지나면서 가운데 음절 '리'의 'ㄹ'이 떨어져나가 '마이산'이 되었으리라는 분석이다. 그리고 그다음에 이름에 맞춰 '말의 귀' 이야기가 덧붙었으리라는 추정이다.

38

이렇게 본다면 마이산은 결국 강화도의 '마니산'과 똑같이 원래는 '머리산', 즉 '크고 높은 산'이라는 뜻을 갖는다. 바위산이 높고, 특이한 모양을 갖고 있어 보는 사람들에게 경외감 같은 느낌을 불러일으키기 때문에 이런 뜻의 이름을 갖게 된 것이 아닐까 한다.

경기도 이천시에도 똑같은 이름의 마이산馬耳山이 있다.

이 산은『해동지도』,『여지도』등의 옛 자료에 '망이산望夷山'으로 표시되어 있는데, 그대로 해석하면 '오랑캐[夷]가 오는지 망望을 보는 산'이 된다. 실제로 이 산의 정상에 봉수대 터와 성곽 터가 남아 있다고 하니 틀린 얘기라 할 수만은 없다. 이처럼 '망이산'의 발음이 바뀌어 '마이산'이 되었다고 한다면 '말의 귀' 모양이라는 뜻의 지금 이름은 원래 유래와는 전혀 관계없이 붙은 셈이다. 물론 이 산 역시 원래는 진안의 마이산처럼 '머리산'이라는 뜻에서 생긴 이름일 수도 있다. 그런데 그 발음이 바뀌어 '망이산'(마리산>마이산>망이산)이 되자 거기에 오랑캐 얘기가 덧붙여졌을 가능성이 적지 않은 것이다.

달라 보여도 같은 이름

이 '물' 또는 'ᄆᆞᄅ'에서 비롯된 산 이름은 한자로 바뀌는 과정에서 원뜻과는 전혀 다르게 '건지산乾芝山'이라는 이름을 갖기도 했다. '높다'는 뜻을 가진 이 'ᄆᆞᄅ'를 '물기가 없다'는 뜻의 '마르다'로 생각해 '乾(마를 건)' 자를 쓴 탓이다. 이는 우리 중세국어에서 '마르다[乾]'를 'ᄆᆞᄅ다'라고 했기 때문에 생긴 일이다.

경기도 이천시와 용인시 사이에 걸쳐 있는 건지산을 비롯해 경기도 양평군과 부천시, 충청남도 공주시와 서천군, 광주광역시 등에도 각각 똑같은 한자를 쓰는 건지산이 있다. 북한의 평양시에도 같은 이름의 산이 있다.

'건지'의 '지芝'는 영지靈芝처럼 버섯 종류의 식물을 말하는 글자이다. 하지만 여기서는 별다른 뜻이 없이 그냥 장소를 나타내는 말로 보아야 할 것이다. 마치 강원도 정선의 '아우라지'에서 '~지'와 같은 것이다.

이들 건지산의 이름은『세종실록 지리지』등의 옛 자료에 '巾之山', '乾止山'처럼 전혀 다른 한자로도 나온다. 이것만 보아도 '건지산'이라는 이름에서 한자 자체는 별 의미가 없다는 것을 알 수 있다. 경상북도 안동시에 있는 '건지산'은 '蹇芝山'이라는 다른 한자 이름을 쓰고 있지만 이 역시 다른 건지산들과 같은 이름 유래를 갖고 있을 것이다.

이처럼 건지산이 원래 'ᄆᆞ래'에서 나온 이름임을 인정한다면 그 뜻은 역시 '크고 높은 산'이 된다. 옛날 이들 산에서 산신제山神祭 같은 것을 지냈거나, 이들 산이 그 동네의 주산主山 역할을 했을 가능성이 있다.

충청북도 단양군에 있는 '두악산斗岳山'은 '斗(말 두)' 자를 쓰고 있지만 이전의 이름은 '두혈산頭穴山'이었고, 이를 통해 '머리산'에서 나온 이름임을 알 수가 있다.

경상남도 창원시에 있는 무학산舞鶴山의 이전 이름인 두척산斗尺山도 마찬가지다. 이 산에 대해서는 옛날 이곳에 세금으로 받은 쌀을 보관해놓는 창고(조창:漕倉)가 있었는데, 그 쌀의 양을 재는 말[斗]과 쌓아놓은 높이를 재는 자[尺] 때문에 두척산이라는 이름이 생겼다는 얘기가 전한다. 하지만 이는 별다른 근거가 없는 얘기일 뿐이다.

여기서 '斗(말 두)'는 '크다, 높다'는 뜻의 우리말 '말(마루)'을, '尺(자 척)'은 성城이나 마을 또는 고개를 뜻하는 우리 옛말 '자'를 한자로 바꿔 나타낸 것이다.* 이들 '말[斗]'과 '자[尺]'의 뜻이 '말(크다)'이나 '자(성)'와는 다르지만 발음이 같다는 점에서 끌어다 쓴 것이다. 따라서 '두척'은 원래 '말재' 또는 '말자', 즉 '큰 고개'나 '높은 고개'라는 뜻으로 볼 수 있다. 창원시로 통합되기 이전에 이 산이 있는 도시의 이름이었던 마산馬山도 이 '말재'라는 이름에서 나왔을 것이다.

이처럼 '머리'와 연결된 땅 이름 중에 '건지산'이나 '두악산', '두척산'보다 더욱 특이하게 바뀐 경우로 서울 마포구 합정동 한강변에 있는 '절두산切頭山'을 들 수 있다.

이곳 절두산은 벼랑이 한강 쪽으로 튀어나와 머리를 들고 있는 모양이므로 '들머리' 또는 그 발음이 조금 변한 '덜머리'라 불렸던 곳이다. 그런데 그 이름을 한자로 바꾸는 과정에서 '덜머리'의 '덜'을 표현할 글자가 없으니까 그 대신 구개음화口蓋音化한 발음 '절'로 받고, 그를 나타내는 글자로 '切(끊을 절)' 자를 갖다 붙였다. '切' 자에 특별한 뜻을 두어서가 아니라 소리만 빌린 것이다. 그리고 '머리'는 글자의 뜻 그대로 '頭(머리 두)'를 썼다. 이래서 '머리를 자른

---

*성이나 마을을 나타내는 우리 옛말로 '자' 이외에 '잣'이 있다. 옛사람들은 성을 중심으로 마을을 이루고 살았기에 성과 마을이 이처럼 같은 의미를 갖게 되었을 것이다. 또 고개를 뜻하는 옛말로는 '질마재'에서처럼 '재'도 많이 쓰였다.

다'는 뜻의 '절두산'이라는 이름이 생겼다.

그런데 공교롭게도 조선 말기에 천주교 신자들에 대한 병인박해(1866년)가 일어나 이곳 양화진 절두산에서 수많은 천주교인들이 목이 잘려 죽는 참수형을 당했다. 이 때문에 절두산이 정말로 '머리를 자르는 곳'이 되었지만, 원래 그 이름은 전혀 다른 뜻에서 생긴 것이다.

한번 부르기도 황송한 사람, 마누라

'ᄆᆞᄅᆞ' 이야기가 나온 김에 이 말과 연관이 있는 단어 '마누라' 얘기를 덧붙인다.

국어사전은 '마누라'를 '중년이 넘은 아내나 여자를 허물없이 부르는 말'이라고 설명한다. 우스갯소리로 '마주 보고 누워라'의 준말이라고 하던 시절도 있었다.

지금은 이처럼 낮춰 부르거나 농담의 대상이 되는 말이 되어버렸지만, 우리 옛말에서 '마누라'는 아주 높은 사람을 일컬을 때 쓴 단어였다.

문헌 기록상 마누라는 15세기 『삼강행실도』에 '마노라'로 처음 보이는데, 그 출발에 대해서는 대략 두 가지 해석이 있다.

첫째는 이를 '마루하'에서 나온 말로 보는 것이다.

'마루하'는 '마루+하'의 구조로, '마루'는 앞에서 말한 '꼭대기, 머리, 으뜸'의 뜻이다. '~하'는 윗사람을 부를 때 쓰는 존칭 호격조사이다. 따라서 '마루하'는 '마루(높은 사람)이시어'라는 뜻이다.

둘째는 이 단어가 원래는 몽골에서 쓰던 말로 '(궁중에 사는) 귀한 사람'을 뜻하던 것인데, 고려 후기 몽골 침략 시절에 우리나라에 들어와 쓰이게 되었다는 것이다.

이 중 어느 쪽이 맞는지는 단정할 수가 없지만, 어느 쪽이든 공통점은 이 단어가 신분이나 지위가 높은 사람을 가리키는 말이었다는 것이다. 그래서 이 말이 처음에는 주로 궁중에서 왕이나 왕비, 왕대비 등을 부를 때 '상감 마노라', '대비 마노라', '웃전 마노라' 하는 식으로 쓰였다. 특히 '상감 마노라'에서 보듯 이때는 여성뿐 아니라 남성에게도 존칭으로 쓰였다.

그런데 이 말이 궁중뿐 아니라 일반 사회에까지 퍼져 널리 쓰이게 되면서 차츰 높임의 뜻이 없어지게 되었다. 일반에서는 노비가 주인, 특히 주인의 부인이나 양반의 부인을 부를 때 썼다. 무속巫俗에서는 '터주 마노라'처럼 신神을 부를 때도 썼다. 그러던 것이 19세기에 들어와서는 '마노라'가 '마누라'로 바뀌면서 존칭의 뜻이 완전히 없어졌다. 또한 여성에게만 쓰는 말로 굳어져 오늘에 이른 것이다. 하지만 그 말의 근원을 따져보면 '마누라'란 한갓 남편들이 함부로 부르고 대할 존재가 결코 아님을 알 수 있다. '남편男便'이야 고작 남자라는 뜻밖에 더 있는가.

'영감'이라는 말도 옛날에는 당상관堂上官인 종이품從二品과 정삼품正三品의 높은 벼슬아치들에게만 붙이던 말이었다. 그러던 것이 점차 말의 값어치가 떨어져 '나이가 든 남자'를 일컫게 되었다. 이제는 '마누라'의 상대어처럼 되어 있는데, 이렇게 된 때도 대략 19세기부터로 추정된다고 한다.

땅 이름이 사람 이름으로 둔갑하다

울돌에서 노량진까지

~돌 / 량

명량 • 우레(천둥) • 울산바위 • 명성산
손돌목 • 송도松島 • 노들강변

今臣戰船尚有十二 出死力拒戰 則猶可爲也 (중략) 戰船雖寡 微臣不
死 則賊不敢侮矣(지금 신에게는 아직 전선 열두 척이 있으니, 죽을힘을 내
서 맞서 싸우면 오히려 할 수 있습니다. (중략) 전선 숫자가 비록 적지만 제가
죽지 않는 한 적은 감히 우리를 업신여기지 못할 것입니다.)

서기 1597년, 정유재란이 일어난 그해 7월 원균 장군이 이끄는
조선 수군이 칠천량漆川梁에서 왜군의 기습을 받아 참담한 패배를
당한다. 전선戰船 대부분이 파괴되었고, 수군은 다시 일어서기 어려
운 지경이 되었다. 이에 놀란 조정은 백의종군白衣從軍 중이던 이순
신 장군을 다시 불러 삼도수군통제사를 맡긴다. 이때 조선 수군에

게 남아 있던 전선은 칠천량 전투 도중 상황이 나빠지자 경상좌수사 배설 장군이 이끌고 후퇴한 열두 척이 전부였다. 이에 수군의 형편이 너무 열세라고 생각한 조정은 이순신 장군에게 수군을 없애겠으니 육군에 들어오라는 명령을 내린다. 이에 이순신 장군은 이 유명한 글을 통해 수군의 필요성을 다시 일깨우면서, 적을 맞아 죽기로 싸우겠다는 뜻을 밝힌다. 그리고 다시 전장에 나간 이순신 장군은 바로 그 열두 척의 전선으로 133척의 적선을 맞아 물리치고, 이 중 31척을 깨뜨리는 대승을 거둔다. 이른바 '명량대첩'이다.

이 명량대첩에는 한 가지 꼭 따라다니는 논쟁거리가 있는데 당시 이순신 장군이 바다 밑에 쇠사슬(철쇄)을 설치했는가 안 했는가 하는 점이다.

일반적으로 알려져 있는 내용은 명량 바다 아래 쇠사슬을 걸쳐 놓았고, 이를 모르고 진격하던 왜군 배들이 이에 걸려 서로 부딪히고 깨질 때 공격을 해 대승을 거뒀다는 것이다. 이 내용은 이중환의 『택리지』 등에 실리면서 정설처럼 자리를 잡았다.

『택리지』의 기록은 이렇다.

해남현 삼주원三洲院에서 돌맥脈이 바다를 건너 진도군珍島郡이 되었는데 물길로 30리이며, 벽파정碧波亭이 그 목이 된다. 삼주원에서 벽파정까지 물속에 가로 뻗친 돌맥[石脈]이 다리 같으며, 다리 위와 다리 밑은 끊어 지른 듯한 계단으로 되었다. 바닷물이 밤낮없이 동東에서 서西로 오며 폭포같이 쏟아져서 물살이 매우 급하다. 임진년에 왜적의 중 현소玄蘇가 평양에 와서 의주 행재소行在所에 편지를 보내면서 '수군

10만 명이 또 서해로 오면 마땅히 수륙水陸으로 함께 진격할 터인데 대왕(大王 : 선조 임금)의 수레는 장차 어디로 갈 것입니까' 하였다. 왜적의 수군이 남해에서 북쪽으로 올라가던 참이었다. 그때 수군 대장 이순신이 바다 위에 머물면서 쇠사슬을 만들어 돌맥 다리에 가로 뻗쳐 놓고 기다렸다. 왜적의 전선이 다리 위에 와서는 쇠사슬에 걸려 이내 다리 밑으로 거꾸로 엎어졌다. 그러나 다리 위에 있는 배에서는 낮은 곳이 보이지 않으므로 거꾸로 엎어진 것은 보지 못하고 다리를 넘어 순류順流에 바로 내려간 줄로 짐작하다가 모두 거꾸로 엎어져버렸다. 또 다리 가까이엔 물살이 더욱 급하여 배가 급류에 휩싸여 들면 돌아나갈 여가가 없으므로 500여 척이나 되는 전선이 일시에 전부 침몰했고 갑옷 한 벌도 남지 않았다.

하지만 학계에서는 『선조실록』 등 당시의 공식 자료에 쇠사슬에 대한 내용이 나오지 않는 것으로 미뤄 이를 후대에 덧붙여진 얘기로 보는 경향이 강하다.

『선조실록』 30년 11월 10일자 기사에 보면 명량해전에 대해 이렇게 나와 있다.

삼도수군통제사 이순신의 치계에 의하면 '한산도가 무너진 이후 병선과 병기가 거의 다 유실되었다. 신이 전라우도 수군절도사 김억추 등과 전선 13척, 초탐선哨探船 32척을 수습하여 해남현海南縣 해로의 요구要口를 차단하고 있었는데, 적의 전선 130여 척이 이진포梨津浦 앞바다로 들어오기에 신이 수사水使 김억추, 조방장助防將 배흥립, 거제현령匸

濟縣令 안위 등과 함께 각기 병선을 정돈하여 진도珍島 벽파정碧波亭 앞바다에서 적을 맞아 죽음을 무릅쓰고 힘껏 싸운 바, 대포로 적선 20여 척을 깨뜨리니 사살射殺이 매우 많아 적들이 모두 바닷속으로 가라앉았으며, 머리를 벤 것도 8급이나 되었다. 적선 중 큰 배 한 척이 우보(羽葆 : 새털로 만든 의장)와 홍기紅旗를 세우고 청라장(靑羅帳 : 푸른 비단 휘장)을 두르고서 여러 적선을 지휘하여 우리 전선을 에워싸는 것을 녹도만호鹿島萬戶 송여종宋汝宗·영등만호永登萬戶 정응두丁應斗가 잇따라 와서 힘껏 싸워 또 적선 11척을 깨뜨리자 적이 크게 꺾였고 나머지 적들도 멀리 물러갔는데, 진중陣中에 투항해온 왜적이 홍기의 적선을 가리켜 안골포安骨浦의 적장 마다시馬多時라고 하였다. 노획한 적의 물건은 화문의畫文衣·금의錦衣·칠함漆函·칠목기漆木器와 장창長槍 두 자루다'라고 하였는데, 이미 절차대로 자보咨報하고 사실을 확인하였습니다.

이를 보면 전투가 끝난 뒤 이순신 장군이 직접 조정에 올린 장계狀啓 내용에 대포를 쏘며 힘껏 싸웠다는 말이 있을 뿐 쇠사슬 얘기는 나오지 않은 것으로 보인다. 쇠사슬을 사용한 전술을 써서 왜적에게 큰 피해를 입혔다면 승리한 내용을 보고하면서 한마디쯤은 거론할 만도 한데 전혀 그 말이 나오지 않는 것이다.

이는 서애 유성룡(1542~1607년) 선생이 임진왜란이 끝난 뒤에 쓴 『징비록懲毖錄』에서도 확인되는 내용이다.

유성룡은 이순신의 품성이나 업무 능력에 대해 평소 잘 알고 있었고, 이에 따라 임진왜란이 터지기 1년여 전 그를 전라좌도 수군절도사 자리에 추천해서 앉힌 사람이다. 그는 『징비록』에서 임진왜란

서울 광화문 광장에 우뚝 서 있는 이순신 장군 동상. 하지만 『징비록』의 기록에 따르면 이순신 장군은 강인한 인상의 무장이기보다는 단아한 선비 스타일이었다고 한다.

당시의 여러 상황들을 자세하게 그렸는데, 그중에 이순신 장군과 관련해서 꽤 많은 분량을 써놓고 있다. 특히 "그의 사람됨은 말과 웃음이 적었고, 용모가 단아하고 수려하여 근엄한 선비와 같았다"라고 묘사해놓은 점이 눈에 띈다. 이대로라면 이순신 장군은 적어도 겉모습만으로는 서울 광화문 광장에 서 있는 동상의 모습처럼 눈매와 체구만으로도 상대를 압도하는 무장武將 스타일은 전혀 아니었던 것이다. 그런데 이 중 명량대첩에 대해 쓴 내용을 보면 이렇다.

이순신이 진도珍島에 이르러 병선兵船을 수습하니 겨우 10여 척에 지나지 않았다. 이때 연해沿海에는 배를 타고 피난하는 백성들이 무수히 많았는데, 이순신이 왔다는 소문을 듣고 반가워 어쩔 줄을 몰랐다. 이순신은 이들을 여러 길로 불러 맞이하니, 원근遠近에서 구름처럼 모여들었다. 이들을 뒤에 거느려 아군의 형세를 돕게 하였다. 적장 마다시馬多時는 수전水戰에 매우 능한 자로서 200여 척의 배를 거느리고 와서 서해를 침범하려다가 양군이 서로 벽파정碧波亭 아래에서 부딪쳤다. 이순신은 겨우 배 열두 척에 대포를 싣고 조수潮水를 이용해 순류順流를 타고 적을 쳤다. 적이 패하여 달아나매, 이로부터 군중의 사기가 크게 떨쳤다.

당시의 상황을 자세히 알고 있던 그의 입장에서 만약 이순신 장군이 명량대첩 때 쇠사슬을 사용하는 전술을 썼다면 이 글을 쓰면서 그 내용을 빼놓았을 리 없을 것이다. 하지만 조류潮流를 이용했다는 말만 있을 뿐 쇠사슬 얘기는 전혀 나오지 않는다.

반면 동양학 연구자인 조용헌 씨는 《조선일보》에 연재한 칼럼 중 '명량해전의 철쇄' 편(2014년 9월 1일자)에서 자신은 "쇠사슬을 설치했다는 쪽의 편을 들고 싶다"면서 이런 내용을 쓰기도 했다.

신안군 섬에 사는 향토사학자 이야기로는 섬과 섬 사이 좁은 해협에 줄을 걸어놓고 지나가는 배를 사냥하는 방법을 '배널이'라 불렀다고 한다. 완도, 진도 그리고 신안군 일대에는 1,000개가 넘는 많은 섬이 밀집해 있다. 해상왕 장보고가 죽은 이후에는 그 잔존 세력이 이 지역에서 해적이 되었을 가능성이 높다. 이 해적들이 일찍부터 '배널이' 방법을 이용해 개성, 한양으로 곡식을 싣고 올라가던 조운선漕運船들을 가끔 털었다는 것이다. 울돌목(명량)의 철쇄는 '배널이'의 확대판이지 않았을까?

'영웅英雄'이라는 말로도 부족해 '성웅聖雄'으로 추앙받는 이순신 장군의 탁월한 전술을 조무래기 해적 따위들의 수법과 관련짓다니 지극히 무엄한 말이기는 하다. 하지만 필요한 것이면 무엇이든 상황에 맞춰 잘 활용할 수 있는 능력이야말로 뛰어난 사람들만이 가질 수 있는 것이 아니겠는가.

큰 소리로 우는 바다의 도랑

쇠사슬을 쓴 것이 사실이든 아니든, 언제 들어도 신이 나는 이 기적 같은 승리의 무대는 지금의 전라남도 해남군 화원반도와 진도 사이에 있는 바다 '명량鳴梁'해협이다. 가장 좁은 곳의 너비가 294미터인 물길로, 밀물이나 썰물 때면 우레와 같은 파도소리를 내면서 물살이 빠르게 흐르는 곳이다. 이순신 장군은 이 빠른 물살을 함포艦砲보다 훨씬 더 강력한 무기로 활용해 누구도 예상치 못한 승리를 일궈낸 것이다.* 이 이야기는 영화로도 제작되어 1,000만 명이 넘는 관객을 동원하며 2014년 여름 극장가를 뜨겁게 달구기도 했다. 아마 이 같은 역사적 사실이 없이 그냥 이런 내용을 머리로 생각해내서 영화로 만들었다면 실현 가능성이 없는 황당무계한 이야기를 섣부른 애국주의로 포장한 것이라 해서 관객들에게 외면당했을지도 모른다.

---

*이처럼 어렵고도 엄청난 승리를 거뒀지만 이순신 장군을 경계하고 시샘했던 당시 임금 선조만은 명량해전에 대해 대수롭지 않다는 반응을 보였다. 『조선왕조실록』 선조 30년 (1597년) 10월 20일자 기사에 보면 선조는 명나라 경리 양호를 접견하면서 명량해전을 놓고 "통제사 이순신이 사소한 왜적을 잡은 것은 바로 그의 직분에 마땅한 일이며 큰 공이 있는 것도 아니다"라고 말한다. 이에 오히려 양호 경리가 "이순신은 좋은 사람입니다. 다 흩어진 전선을 수습하여 (원균이) 패배한 후에 큰 공을 세웠으니 매우 가상합니다"라고 대답한다.

이 '명량'은 우리말 이름인 '울돌(목)'의 한자 표현이다.

'鳴'은 '울 명' 자이니, 빠르게 물살이 흐를 때 시끄럽게 우는[鳴] 것 같은 소리가 난다는 우리말 뜻을 그대로 한자로 옮긴 것이다.

'돌'이 '梁'으로 바뀐 것은 설명이 필요하다.

'梁'은 드나드는 '문門' 또는 '도랑(좁은 개울)'이라는 뜻을 갖고 있는데, 중세국어에서는 '돌ㅎ'로 읽었다. 이는 『삼국사기』권 44 '사다함斯多含 열전列傳'에 "가라(가야) 말에 문門을 량梁이라 한다加羅語謂門爲梁云"고 한 것이나, 조선 중종 때 나온 한자 학습서 『훈몽자회』에 '돌 량梁'이라 밝힌 것에서 분명히 드러난다. 지금도 문을 여닫는 데 쓰기 위해 붙이는 쇠붙이를 '돌쩌귀'라고 하는데, 여기서의 '돌'이 바로 이 말의 흔적이다. '울돌'에서의 '돌'은 물론 문門보다는 도랑의 뜻으로 썼고, '돌=梁'이므로 '명鳴'과 합쳐 '명량'이 된 것이다. 이렇게 보면 '울돌'은 결국 '우는 돌(도랑)'이라는 뜻이 된다.

'목'은 사람의 목처럼 잘록하면서 두 지역을 이어주는 좁은 곳을 말한다.

이곳 바닷길의 형태를 보면 '울돌'이라고만 해도 '물살이 세고 좁은 해협'이라는 뜻이 모두 담긴다. 따라서 굳이 '목' 자를 붙이지 않아도 되지만 이것이 들어가서 마치 '역전앞驛前앞'처럼 같은 말이 두 번 반복된 형태가 되었다.

'울돌'은 물살 흐르는 소리가 '우레'와 같아서 생긴 이름이라고 했는데, 이 '우레' 역시 '울다'에서 나온 말이다. 한동안 '우레'가 천둥을 뜻하는 한자어 '우뢰雨雷'에서 나온 말로 잘못 알고 '우뢰'를 표준어로 삼았던 적이 있었다. 하지만 '우레'는 이미 15세기에 '울에'

라는 말로 쓰인 자료가 남아 있는 순우리말이다.

'울에'는 그 이전에 '울게'였던 말의 발음이 바뀐 것으로 보인다. '울게'는 '울다[鳴]'의 어간 '울~'에 명사를 만드는 접미사 '~게'가 연결된 형태다. 즉 '(하늘이) 우는 것'이라는 뜻을 갖고 있으며, '울게＞울에＞우레'로 바뀌어온 말이다.

산이 우는 것처럼 들린다

이 '울돌'과 같은 뜻에서 생각해볼 수 있는 이름이 설악산에 있는 '울산바위'이다.

둘레가 4킬로미터에 이르는 거대한 이 울산바위의 '울산'에 대해서는 세 가지의 해석이 있다.

첫째는 전설에 따라 광역시인 '울산蔚山'으로 보는 것이다.

조물주가 금강산을 아름답게 만들기 위해 전국에 있는 잘생긴 바위들에게 모두 금강산으로 모이라고 했다. 울산에 있던 이 바위도 그 말에 따라 금강산으로 길을 떠났다. 그런데 워낙 덩치가 크고 몸이 무거워서 느릿느릿 갈 수밖에 없었다. 그러다가 힘들게 설악산에 도착해보니 너무 늦어서 금강산은 이미 다 만들어져 있었다. 이에 그냥 설악산 한쪽에 눌러앉고 말았다.

이런 내용의 전설인데, 당연히 재밋거리로 지어낸 얘기일 뿐이다.

둘째는 '울산'을 '울타리와 같은 산'이라 해석하는 것이다.

『신증동국여지승람』에 보면 울산바위에 대해 "기이한 봉우리가

거대한 바윗덩어리들이 길게 이어져 있는 설악산의 울산바위.

꾸불꾸불하여 마치 울타리를 쳐놓은 것처럼 보인다”라는 기록이
나온다. 이와 같은 판단에서 ‘울산’을 해석한 것인데 나름대로 타당
성이 있는 얘기다.

　셋째는 ‘울산’을 ‘우는 산’으로 해석하는 것이다.

　이는 비가 심하게 내리고 천둥까지 칠 때면 이곳에서 크게 울려
퍼지는 소리 때문에 마치 산이 우는 것처럼 들린다는 뜻에서 나온
말이다. 앞의 ‘울돌’과 연관 지어 보면 이 해석이 가장 타당한 것으
로 보인다. 이 산이 크고 깊다 보니 산에서 나는 바람소리나 빗소리
가 크게 우는 것처럼 들려 ‘울산’이라 부르고, 그곳에 있는 바위이
기 때문에 ‘울산바위’라 이름 붙였다는 것이다.

　강원도 철원군에 있는 ‘명성산鳴聲山’도 ‘명량’과 같은 경우로 볼

수 있다.

험준한 산세에 특히 가을 억새로 유명한 이 산에는 후삼국시대 태봉국을 세운 궁예에 얽힌 전설이 있다.

서기 918년 왕건에게 쫓긴 궁예가 이 산에서 최후의 결전을 벌이다가 패색이 짙어지자 통곡하면서 군대를 해산시켰는데 그 뒤부터 산에서 울음소리가 들려 명성산이라 부르게 되었다는 얘기다. 이 산에는 싸움에 진 궁예가 혼자 도망친 길이라고 하는 '패주골'이니, 왕건이 궁예의 군사들에게 항복 문서를 받았다고 하는 '항서밭골'처럼 궁예와 얽힌 다른 땅 이름도 많다. 하지만 이는 모두 철원이 궁예가 도읍을 세웠던 땅이어서 생긴 전설일 뿐 사실은 아닐 것이다. 이보다는 명성산이 '울음산'이라는 우리말 이름도 갖고 있다는 점을 생각해볼 필요가 있다. '울돌'이 그런 것처럼, 이곳 험한 산속에 있는 폭포의 힘찬 물소리나 울창한 숲 사이로 윙윙 지나는 바람 소리가 마치 울음소리처럼 들려 '울음산'이라는 이름이 생겼을 가능성이 크기 때문이다. 그리고 그 이름을 그대로 한자로 바꾼 것이 '울음[鳴] 소리[聲] 산', 곧 '명성산'일 것이다.

'손돌'은 사람 이름이 아니다

'울돌'과 같은 구조이지만 해석이 훨씬 더 어려운 땅 이름이 '손돌목'이다.

강화도 덕진진~광성보와 경기도 김포시 사이에 있는 여울인데, 울돌 못지않게 물살이 세고 암초가 많기로 유명한 곳이다.

앞에서 말한 이중환의 『택리지』에 보면 손돌목에 대해 이렇게 적고 있다.

한강은 통진通津의 서남쪽에서 굽어져 갑곶甲串 나루가 되고, 또 남쪽으로 마니산 뒤로 움푹 꺼진 곳으로 흐른다. 돌맥이 물속에 가로 뻗쳐서 문턱 같고, 복판이 조금 오목하게 되었는데 여기가 손돌목[孫石項]이고, 그 남쪽은 서해 큰 바다이다. 삼남三南지방에서 거둔 세조稅租를 실은 배가 손돌목 밖에 와서는 만조滿潮 되기를 기다려서 목을 지나는데, 배를 잘 다루지[周旋] 못하면 문득 돌맥에 걸려 파선破船하게 된다.

이 때문에 고려 말부터 조선조에 이르기까지 손돌목을 지나지 않고 인천 앞바다에서 바로 한강으로 이어지는 운하를 만드는 계획이 추진되었다. 세금으로 거둔 곡식을 서울로 안전하게 나르기 위함이었는데, 이것이 오늘날 '경인아라뱃길(경인운하)'의 출발이다.

'손돌목'에는 이런 전설이 전해온다.

고려 고종 때 몽골군이 침입해(또는 조선 인조 때 '이괄의 난' 때문이라고도 한다) 임금이 강화도로 피난을 가게 되었다. 이때 한강에는 손돌孫乭이라는 뛰어난 사공이 있어 그가 임금이 탄 배의 노를 젓게 되었다. 그런데 바다를 건너다가 물살이 무척 센 곳에 이르렀다. 배가 심하게 흔들려 임금은 무척 불안했는데 손돌은 "조금만 더 가면 된다"며 계속 배를 몰았다. 이에 임금은 그가 자신을 물에 빠뜨려 죽이려는 흉계를 꾸미고 있다고 생각하고 신하들에게 그의 목을 베라고 명령했다. 이에 손돌은 임금 앞에 바가지를 하나 내놓으며 "이곳은 물살이 세니 바가지를 물에 띄우고 그것만 따라 물살을 저어가면 무사할 것"이라고 말한 뒤 죽임을 당했다. 손돌이 죽자 맑던 하늘에 구름이 덮이고 바람이 세게 불기 시작했다. 하지만 손돌이 말한 대로 따라 해 일행은 살아날 수 있었다. 이에 임금은 뒤늦게 손돌의 억울함을 깨닫고 그를 후하게 장사 지내주었다. 또 무덤가에 사당을 짓고 해마다 제사를 지내도록 했다. 그 뒤로 그가 죽은 날이 되면 꼭 심한 바람과 추위가 몰려왔다. 이에 사람들은 이날 부는 바람을 손돌풍이라 하고, 그가 죽은 곳을 손돌목이라 부르게 되었다.

이 이야기가 꽤 그럴듯하다 보니 김포시에서는 요즘도 해마다 손돌이 죽은 날이라는 음력 10월 20일이 되면 그의 영혼을 위로하는 제사를 지내고 있다.

하지만 손돌은 사람의 이름이 아니라 '좁은 목'이라는 뜻을 가진 순우리말 단어일 뿐이다.

조선 세종 때 나온 『용비어천가』 권 6에 이를 분명히 보여주는 내용이 나온다.

여기에는 고려 말 우왕 때 강화도에 쳐들어온 왜구에 대한 이야기가 나오며, 그중에 이런 내용이 적혀 있다.

왜적이 강화부江華府에 침입하여 전함戰艦을 불질렀다. 또 착량(窄梁·손돌)에 들어가 전함 50여 척을 불사르니 바다가 대낮같이 밝았다. 죽은 사람이 1,000여 명이 되었다. 만호 손광유孫光裕가 화살에 맞았는데 간신히 살았다. 서울이 크게 두려워했다. 착은 좁다는 뜻이다. 착량은 강화부 남쪽 30리쯤 되는 곳에 있다.

이 기록에서 바로 알 수 있듯이 '착량', 즉 '손돌'은 사람이 아니라 지역 이름이다. 그리고 그 뜻은 '착=좁다', '량=돌'에 따라 '좁은 도랑(물길)'이 된다.

그런데 한자 '착량'이 우리말 '손돌'과 같다고 했으니 '窄=손'이라는 말이다. 여기서 '손'은 '솔다'라는 우리말 형용사의 어간 '솔'이 관형형으로 바뀐 것이다. 즉 '솔은 돌'이 줄어 '손돌'이 되었다. '솔다'라는 말은 '가늘다', '좁다', '뾰족하다', '작다' 등의 뜻을 갖고 있다. 이 뜻의 '솔'은 지금도 소나무(<솔나무), (옷의) 솔기, (바람이) 솔솔, 송곳(<솔곳), 오솔길 등의 단어에 흔적을 남겨놓고 있다. 사람의 '손[手]'도 여기서 나온 말일 가능성이 크다. 손은 몸통에서 가늘게 뻗어 나온 부분이기 때문이다.

이리 보면 '손돌'은 결국 '솔은 돌', 즉 '(바닷물이 빠져 나가는) 좁은 도랑'이라는 뜻임을 알 수 있다.

그런데 이 '손돌'이 사람의 이름으로 둔갑한 것은 '손'이 사람의 성씨 '손'과 같고, '돌'은 '쇠돌이'나 '차돌이'처럼 옛날 우리 이름에 많이 쓰인 글자였기 때문일 것이다. 국어학자 정재도 선생에 따르면 '손돌'이라는 땅 이름은 이곳 말고도 강원도 영월군 상동면 연상리와 충청남도 서천군 장항읍 장암동(금강 어귀)뿐 아니라 북한의 평안북도 의주에도 있다. 사람 이름이 아니고, 전설과도 관련이 없기 때문에 지형에 따라 이처럼 곳곳에 같은 이름이 있을 수 있는 것이다.

결국 손돌은 사람이 아닌데 해마다 이에 제사를 지내고 있는 것이다. 사실이 정확하게 전달되지 않으면 이처럼 웃지 못할 일까지 일어날 수도 있음을 알아둘 필요가 있다.

울돌이나 손돌처럼 이렇게 '돌=량'의 구조를 갖고 있는 땅 이름은 바다나 강을 끼고 있는 곳에 많을 수밖에 없다. 이순신 장군이 전투 도중 적의 총탄을 맞고 순국한 '노량露梁'이나, 이에 앞서 원균 장군이 이끄는 조선 수군이 왜군에게 대패한 '칠천량漆川梁' 등이 모두 이에 해당한다.

앞에서 손돌이 '솔다'라는 우리말에서 나온 이름임을 밝혔다.

이 '솔다'의 뜻 '솔~'에서 비롯한 땅 이름 중에 가장 흔한 것이 '송도松島'이다.

부산과 인천을 비롯해 전국 곳곳에 있는 '송도'는 상당 부분이 '솔섬', 즉 '작은 섬'이라는 뜻의 우리말 이름이 한자로 바뀐 것일 가능성이 크다. 한자로 '소나무 송松'을 쓰니까 '소나무가 많은 섬'으로 해석되곤 하지만 이는 솔섬의 '솔'을 소나무로 잘못 생각해 붙인 이름일 뿐이다. 물론 '송도'라는 땅 이름 중에는 실제로 소나무가 많아서 붙은 경우도 있을 것이다. 또는 일제 식민지 시절에 일본인들이 자신들이 좋아하는 이름인 송도松島를 여기저기 붙여놓아 생긴 경우도 많다. 일본인들은 19세기 말 이후 그들의 제국주의 침략 전쟁 때 줄곧 선봉에 섰던 군함 '송도함松島艦'을 기리는 뜻에서 우리나라 곳곳에 '송도'라는 동네 이름을 낙인처럼 남겨놓았다.

서울 동작구의 '노량진鷺梁津'도 같은 경우다.

'노량진'은 원래 우리말 이름이 '노돌나루'였고, 이 말의 발음이 조금 바뀌어 '노들나루'라고도 했다. '노돌'은 '너른(넓은) 돌'이라는 뜻의 '너돌'이 바뀐 것으로 보인다. 이곳이 한강의 물길 가운데서 넓은 백사장이 펼쳐져 있는 곳에 있는 도랑이었기에 생긴 이름일 것이다.

옛날 이곳에 한강을 건너 한양으로 들어가는 나루[津]가 있었는데, 조선 초기에는 이 나루를 '露渡(노도)'라 불렀다. 그런데 『태종실록』과 『세종실록』에는 이 이름으로 나오던 것이 『연산군일기』에서는 '鷺梁'으로 바뀌고, 『중종실록』에는 '路梁(노량)'이라는 다른 한자로 나온다. 그 뒤로도 '露梁', '鷺梁'이 섞여 나오다가 『고종실록』에 와서야 '鷺梁津'이라는 지금의 이름이 처음 나타난다.

이를 보면 지금의 이름 노량진에서 한자 '鷺(백로 로)' 자는 백로라는 뜻과 아무 관계가 없음을 알 수 있다. 이는 다만 '넓다'는 뜻의 '노(<너<너른)'를 나타내기 위해 글자의 소리만 빌려 쓴 것이다. 이 '넓다'는 뜻 '노'에 '돌=梁'과 '나루 진[津]'이 붙어서 '노량진'이라는 이름이 생겼다.

이곳 백사장이 넓고 나루가 있어 사람들이 많이 모이게 되다 보니 권력자들은 그것을 자신들의 정권 유지에 유용하게 써먹었다. 바로 이곳에서 대역죄인 등을 참혹하게 처형함으로써 백성들에게 자신들을 거역하면 같은 꼴이 될 것이라는 공포감을 심어주었던 것이다. 그 처형 장소가 바로 그 유명한 '새남터'이다. 새남터는 노량진 건너편에 있다.

한편 "노들강변 봄버들, 휘휘 늘어진 가지에다가……" 하는 가사를 가진 경기민요 「노들강변」이 꽤 유명한데, 여기서의 '노들' 역시 노량진의 '노돌/노들'과 같은 뜻으로 보인다.

도루묵과 말죽거리

앞에서 '손돌목'에 얽힌 전설을 소개했다.

전혀 사실이 아닌 얘기를 만들어낸 것이고 보니 그 시기가 고려 고종 때라고도 하고 조선 인조 때라고도 하면서 오락가락한다. 이와 똑같이 근거가 없는 전설이 마치 사실인 것처럼 널리 알려져 있는 다른 경우 중에 '도루묵'과 '말죽거리'에 대한 것을 소개한다.

'말짱 도루묵'이라는 말로 잘 알려진 생선 '도루묵'에는 이런 전설이 딸려 있다.

임진왜란 때 선조('이괄의 난' 때 인조라는 얘기도 있다)가 피난을 가다가 처음 보는 생선을 먹게 되었다. 피난길이라 맛있게 먹은 선조가 신하들을 시켜 그 동네 사람들에게 생선의 이름을 물어보니 '묵'이라고 했다. 그 맛에 비해 이름이 너무 보잘것없다고 생각한 선조는 그 생선을 높이는 뜻에서 이름을 '은어銀魚'라고 바꿔 부르도록 했다. 그 뒤 왜란이 끝나고 궁궐로 돌아온 선조가 그때 생각이 나서 '은어'를 가져오게 해 다시 먹어보았다. 하지만 생선은 예전의 그 맛이 아니었다. 같은 생선이지만 배고픈 피난길에서 먹었을 때와 좋은 음식이 많은 궁궐에서 다시 먹어보았을 때 같은 맛을 느낄 수가 없었던 것이다. 이에 그 맛에 실망한 선조는 '은어'라고 부르도록 했던 그 생선을 다시(도로) 원래 이름인 '묵'이라 부르도록 했다. 여기서 '도루묵'이라는 이름이 생겼다.

하지만 이는 재미로 만든 얘기일 뿐이며, '도루묵'은 원래 이름이 '돌목'이었던 생선이다. 16세기 문헌에 '돌목'으로 나오는데 이 이름이 '돌목>도르목>도로목>도로묵>도루묵'으로 변한 것이다. 이때 '돌'은 '돌미나리', '돌배' 등의 단어에 쓰인 것처럼 '가치가 떨어진다'는 뜻의 접두사로 풀이된다. 또 '목'은 분명치는 않지만 한자 '目(눈 목)'과 관계가 있는 말로 볼 수 있다. '과메기'의 원말인 '관목어貫目魚'나 '눈이 붉은색'이라는 '열목어熱目魚'에서처럼 일부 물고기 이름에 이 '목' 자가 쓰인 사례들이 있기 때문이다. 이렇게 본다면 '돌목'은 그다지 귀한 대접은 못 받은 생선인데, 이는 '말짱 도루묵'이라는 말 자체에서도 드러난다.

서울 서초구 양재동에 있는 '말죽거리'에도 두 가지 전설이 얽혀 있다.

하나는 조선 인조 임금이 '이괄의 난' 때문에 충청남도 공주로 피난을 가던 중 이곳을 지날 때 배가 무척 고팠는데 지역 유생들이 팥죽을 쑤어주자 말 위에서 그 죽을 먹어서 말죽거리라는 이름이 생겼다는 것이다.

또 하나는 병자호란 때 청나라 장수 용골대가 남한산성을 공격한 뒤 군사들과 함께 이곳에서 교대로 말에게 죽을 쑤어 먹였기에 생긴 이름이라고도 한다.

하지만 둘 다 확인할 수 없는 얘기다. 이보다는 이곳이 조선시대에 양재역이 있던 곳인 만큼 그냥 여러 지역을 오가는 역마驛馬나 여행자들이 타고 다니던 말에게 말죽을 먹이던 곳이라 붙은 이름으로 봄이 한결 타당할 것이다.

산이 땅으로 늘어지며 내려오다

황산벌에서 연평도까지

늘~

늘뫼 • 황탄 • 황등면 • 논산 • 논현동 • 노은면
눈치고개 • 능골 • 능동 • 능곡동 • 논골 • 답동 • 늦재
느절령(어자령) • 장동獐洞 • 장항동(獐項洞 : 노루목)
노루재(황치 : 黃峙) • 장도獐島 • 노루메기 • 어의도於義島

신라의 '화랑花郎'이라 하면 흔히 임전무퇴臨戰無退의 정신으로 적
과 싸우는 용맹한 청년 용사의 모습을 떠올리게 된다.

그리고 그런 면에서 대부분 사람들의 머릿속에 가장 먼저 떠오
르는 화랑은 아마도 '관창官昌'일 것이다. 김유신이나 사다함 등 유
명한 화랑 출신이 많지만 '화랑'이라는 호칭이 붙어 다니는 인물로
는 역시 '관창'이 으뜸일 것이다.

서기 660년 7월, 16세 소년 관창은 황산벌에서 계백 장군이 이끄
는 백제의 결사대 5,000명과 마주했다. 아버지인 신라의 좌장군 품
일로부터 "오늘 싸움에서 삼군三軍의 표본이 되라"는 명을 받은 그
는 지체 없이 홀로 백제군 진영에 뛰어들어 싸우다 장렬하게 죽음

을 맞는다.

초등학교 때부터 듣고 배운 이 이야기가 머릿속에 각인되어 있다 보니 '화랑'이라 하면 용맹함만을 떠올리게 되는 것도 무리는 아닐 것이다.

하지만 세상일이라는 게 대개 그렇듯, 화랑도 그 속내를 알고 보면 일반의 생각과는 전혀 다른 면을 많이 갖고 있다. 그중 특히 재미있는 것은 '화랑'이 '화냥년'이라는 말의 기원이라는 견해이다.

'음탕한 여인'을 뜻하는 '화냥년'이라는 말은 '병자호란 때 청나라에 끌려가 몸을 망치고 다시 고향으로 돌아온 여자'들을 뜻한다는 것이 정설처럼 되어 있다. 원래는 '정절을 잃고도 고향[鄕]으로 돌아왔다[還]'고 해서 '환향還鄕년'이라 했던 것이 발음이 바뀌어 화냥년이 되었다는 얘기다.

이와는 조금 다르게 화냥년이 '음탕한 계집'이라는 뜻의 만주어 'hayan(하얀)'이 변한 말이라는 해석도 있다. 청나라 사람들이 병자호란 때 우리나라에서 끌고 간 여자들을 성적 노리개로 취급하면서 비아냥거리며 쓴 말이라는 것이다. 그리고 이 말이 우리나라에 들어와 쓰이면서부터는 '년' 자까지 덧붙여 '하얀년'이라 했고, 이 말의 발음이 바뀌어 '화냥년'이 되었다는 설명이다.

하지만 '화냥'이라는 말의 유래를 무엇으로 보느냐에 따라 이 단어가 병자호란 이전부터 쓰였다는 설명도 가능하기 때문에 이 두 가지 해석을 그대로 받아들이기에는 다소 문제가 있다. 이처럼 '화냥년'이라는 단어의 기원을 병자호란과 연관 짓지 않고 다른 단어에서 찾는 해석으로 대략 세 가지가 있다.

첫째는 중국어 '화랑(花娘 : 중국 발음 화냥huaniang)'에서 나온 말이라는 해석이다. 잘 쓰이지는 않지만, 이 말은 지금도 중국어에서 기녀妓女나 창기娼妓를 뜻한다. 1690년에 나온 통역通譯 관련 문헌으로, 중국어의 발음과 뜻을 한글로 적어놓은 『역어유해譯語類解』에 이 단어가 나온다니 역사가 꽤 오래된 단어라 하겠다.

둘째는 남자 무당(박수)을 가리키는 옛말 '화랑이(화랭이)'에서 나왔다는 주장이다.

'화랑이'는 옷을 화려하게 꾸며 입고서 춤추고 노래하며 돈을 받던 광대의 일종으로, 대개 무당의 남편이었다. 최세진의 『훈몽자회』에 보면 이를 가리켜 '覡 : 화랭이 격'이라고 쓴 설명이 나온다. '覡(격)'은 남자 무당을 일컬으니, 이 말 화랑이(화랭이)의 발음이 바뀌어 화냥이 되었다고 보는 것이다.

세 번째가 바로 화랑도의 '화랑'이 변해 '화냥'이 생겼다는 견해다.

화랑은 일반적인 생각과는 달리 얼굴이 고운 남자들로 구성되어 여왕과 성적 관계를 맺기도 했고, 서민층의 아름다운 여인들로 구성된 '유화遊花'들과도 같은 관계를 맺은 것으로 보인다.

『삼국사기』 「신라본기」 '진흥왕 조條'나 '김흠운 열전'에 보면 "미모의 남자를 데려다 곱게 꾸며 화랑花郞이라 칭하고 그를 떠받들게 하니 도중徒衆이 구름처럼 모여들었다"라는 내용이 나온다.

또 '진성여왕' 조에는 "왕이 몰래 소년 미남자 두세 명을 끌어들여 음란淫亂하며, 그 사람에게 요직을 주어 국정을 위임하니 이로 말미암아 아첨하는 무리가 뜻을 펴고, 뇌물이 공공연히 거래되어 상과 벌이 공평치 못하고, 기강이 해이하였다"라는 대목이 나온다. 여기 나오는 미남자들이 화랑이었을 것으로 보기도 한다.

고대사 연구자인 이종욱 교수(전 서강대 총장)에 따르면 신라시대 학자 김대문金大問이 쓴 『화랑세기花郎世紀』에 화랑과 관련한 성적 이야기가 많이 등장한다고 한다. 그가 자신의 책 『화랑세기로 본 신라인 이야기』에서 소개한 『화랑세기』의 내용들 중에 이를테면 이런 것들이 있다.

태자가 밖으로 나가 놀 때 유화(遊花 : 서른 살 이전의 서민의 딸로 구성된 집단) 중 아름다운 사람을 많이 천거하였다. 태자와 더불어 화랑 미생의 낭도(화랑의 아래 계급)가 밖에서 황음한 짓을 일삼았다.

화랑 미생은 일찍이 태자와 더불어 여색女色을 탐하러 다녔다. 그때 자신이 거느리고 있는 한 사람의 처가 아름답다는 말을 들었다. 미생은 태자와 함께 밤에 그 집을 찾아가 불러서 관계를 맺었다.

원화源花의 제도는 폐한 지 29년 만에 다시 부활하였다. (중략) 낭도와 유화들로 하여금 새벽까지 돌아다니며 노래하고, 서로 예를 갖추지 않고 결혼하게 하였다.

이 같은 화랑들의 행위에서 '화냥'이라는 말이 나왔다는 주장이다.

이들 여러 견해 중에 어느 것이 '화냥년'의 유래로 가장 그럴듯해 보이는가.

마지막 것을 받아들인다고 해서 화랑들에게 굳이 미안해할 이유는 없을 것이다. 1,500여 년 전 사람들의 의식구조나 가치관이 지금 사람들의 그것과 똑같을 수 없는 일이고, 당시 그런 면이 있었다고 해도 화랑은 누가 뭐래든 역시 용맹한 남성들의 군사 집단 역할을 충실히 수행했으니 말이다.

황산벌은 피로 물든 누런 벌판일까?

화랑 관창이 계백 장군과 맞선 황산벌은 지금의 충청남도 논산論山시 연산면 송정리와 천호리 일대에 퍼져 있는 넓은 들을 말한다.

백제의 패망을 눈앞에 둔 당시의 치열한 전투 때문인지 '황산벌'이라 하면 왠지 석양이 지는 누런 벌판에서 양쪽 군사들이 처절하게 싸움을 벌이고 있는 장면이라든지, 온통 붉은 피로 물든 벌판 같은 것이 머릿속에 떠오르게 된다. 그리고 이 때문에 '황산벌'은 '(석양이나 피로 물든) 누런[黃] 벌판'이라는 뜻에서 생긴 이름일 것이라 생각하기 쉽다.

하지만 사실은 이와 전혀 다른 곳에 있다.

이곳은 북쪽에서 계룡산 줄기가 완만하게 뻗어 내려오다가 생긴 천호산(해발 377미터)과 이어져 있는 지역이다.

『고려사 지리지』 '연산군連山郡' 편을 보면 이런 내용이 나온다.

연산군은 본래 백제의 황등야산군黃等也山郡으로 신라 경덕왕 때 황산군黃山郡으로 고쳤다. 고려 초에 지금 이름으로 고쳤다. (중략) 개태사開泰寺가 있다. 태조가 백제를 평정하고 난 뒤 큰 절을 황산黃山의 골짜기에 짓고, 산 이름을 천호天護라 고치고, 절의 이름을 개태開泰라고 하였다.

또 『신증동국여지승람』 '충청도 연산현連山縣' 편에는 이런 내용
이 나온다.

황산黃山은 일명 천호산天護山이라고도 하는데, 현 동쪽으로 5리 떨어
진 곳에 있다. 신라의 김유신金庚信이 군사를 거느리고 당나라 소정방
蘇定方과 더불어 백제를 공격하니, 백제의 장군 계백階伯이 황산 벌판에
서 신라의 군사를 방어할 적에, 세 개의 병영을 설치하고 네 번 싸워 모
두 이겼으나, 끝내 군사가 적고 힘이 모자라서 죽었다. 견훤甄萱이 고
려 태조를 따라 그의 아들 신검神劍을 토벌하니, 신검이 싸움에 패하여
항복하였다. 견훤이 번민하고 근심하다가 등창이 생겨서 수일 만에
황산 절에서 세상을 마쳤다.

이들 기록에서 알 수 있듯이 지금의 '천호산'은 이전에 '황산'이
라 불렸으며, 그 산줄기 끝에 펼쳐져 있는 들판이기 때문에 '황산
벌'이라 한 것이다. '천호산天護山'이라는 지금의 이름은 앞의 기록
에 나오듯 후백제를 평정한 고려 태조 왕건이 "하늘[天]이 도와서
[護] 싸움에 이겼다"는 뜻에서 붙인 것이다.

한편 『삼국사기 지리지』에 보면 앞의 『고려사 지리지』가 인용한
이 내용이 나온다.

황산군黃山郡은 본래 백제 황등야산군黃等也山郡인데 경덕왕 때 고친 이
름이다. 지금의 연산현連山縣이다.

결국 천호산, 즉 '황산'은 '황등야산'이라 불리던 산이고, '황산군黃山郡=연산현連山縣'임을 알 수 있다. 그런데 여기서 '황산'이나 '황등야산', '연산'은 그 당시에 불리던 어떤 우리말 이름을 한자의 음과 뜻을 이용해 옮긴 '한자 차용' 표현이다. 그렇다면 당시의 우리말 이름이란 무엇이었을까.

'느르뫼'나 '늘뫼' 정도였을 것으로 보는 견해가 가장 유력하다.

제일 먼저 사용된 이름인 '황등야산군'에서 '等也(등야)'는 우리말 '(ᄃᆞᄅᆞ>들>)달'을 표시하기 위해 쓴 한자이다.* '달'은 '높은 곳'이나 '산山', 즉 '뫼'를 뜻하는 우리 옛말이다.('달'에 대해서는 이 책 「10 높은 곳에 넓은 터를 잡다」 참고)

따라서 핵심은 '黃(누를 황)' 자의 해석이 된다.

이에 대해서는 대체적으로 '(길게) 늘어지다'라는 말의 어근 '늘'을 나타낸 글자로 본다. '늘어졌다'는 뜻을 나타내는 우리말 '늘>느르'를 표시해야겠는데 그 소리에 맞는 한자가 없다 보니 발음이 비슷한 '누렇다[黃]'는 말의 '누렇>누르'를 이용해 이를 나타낸 것이다. 이는 한글이 없던 시절에 한자를 이용해 우리말을 나타낸 '한자 차용' 방식 중 하나다.

결국 '황등야'는 '늘달/는달→늘뫼/는뫼', 즉 '늘어진 산'이라는 뜻이다. 여기에 '산'이 다시 덧붙어 '황등야산(는달산/는뫼산)'이 된

---

* '等'은 15세기 중세국어에서 '들'로 읽혔다. 또 '也'는 우리말 모음 'ㅑ'를 표기하는 데 주로 쓰였지만 앞에 오는 단어의 모음에 따라 발음이 조금 달라지기도 했다. 이에 따라 '等也'는 우리말 'ᄃᆞᄅᆞ'를 표기한 것으로 본다. 이에 대해서는 『한국 고대 국명지명의 어원 연구』(이병선, 이회문화사, 2012년, 269~270쪽), 『한국의 지명』(도수희, 아카넷, 2004년, 337~348쪽) 등을 참고할 수 있다.

것이다. 그리고 이는 그대로 '황산'의 뜻도 된다.

황산이 그다지 높지 않으면서, 그 산줄기가 길게 늘어져 평야에까지 이르렀기 때문에 '늘어진 산'이라는 뜻의 이름을 갖게 된 것이다.

충청북도 청원군에 있는 '황탄黃灘'이나 전라북도 익산시의 '황등면黃登面'도 이와 같은 뜻으로 '黃' 자가 쓰인 경우다. '황탄'이란 이곳 서쪽을 돌아 흐르는 미호천美湖川에 길게 늘어진 개울[灘]이 있어서 생긴 이름이고, '황등면'도 해발 50미터 정도의 낮은 언덕지대가 퍼져 있어 생긴 이름이다. 북한의 양강도 운흥군에 있는 '누른봉'(해발 2,033미터)이나 같은 도道 풍서군에 있는 '노란봉'(해발 2,032미터)도 모두 '황봉黃蜂'이라고도 불린다는 점으로 볼 때 같은 뜻에서 나온 이름임을 알 수 있다.

한편 '황산黃山'의 다음 이름으로 고려시대에 쓰인 '연산連山'도 '황산'과 같은 뜻을 다른 글자로 나타낸 것이다.

'連山'의 '連'은 '쭉 잇닿다, 이어지다'라는 뜻인데, 산줄기가 낮게 이어지면서 늘어져 있는 모습을 나타낸 것이기 때문이다.

이 '연산현連山縣'은 조선시대까지 이어져 오다가 일제 강점기인 1914년 인근의 은진, 노성, 석성 등 3개 군郡과 합쳐져 '논산군論山郡'이 된다. 이 논산군이 1996년 논산시로 승격했다.

'논산'이라는 이름은 이곳에 있던 '논미'라는 땅 이름에서 비롯된 것이다. 그런데 이 '논미'는 바로 '늘어진 산'이라는 뜻의 '늘뫼'에서 생긴 이름이다. '늘뫼>늘미>는미>논미'와 같은 과정을 거쳤을 것이다. 결국 '論山' 역시 '黃山'이나 '連山'의 뜻을 그대로 이어받은 이름이다.*

길게 늘어진 모양의 땅 이름

이곳 논산과 똑같은 뜻에서 비롯된 이름이 서울 강남구와 인천 광역시 남동구에 있는 '논현동論峴洞'이다.

이 중 서울 강남구 논현동은 '논고개'라는 이전의 동네 이름에서 생겼다.

1960년대까지만 해도 지금의 서울 지하철 7호선 논현역과 9호선 신논현역 등지를 중심으로 한 지금의 논현동 일대는 온통 논밭이었다. 그리고 이 벌판이 주변의 완만한 구릉지대와 연결되어 있었다. 이렇게 논밭과 주변의 조금 높은 지대가 연결되어 있었기 때문에 '논고개(논[畓]+고개)'라 불렸다는 것이 일반적인 해석이다.

하지만 이보다는 논산論山의 경우처럼 '논고개'를 '논[畓]+고개'가 아닌 '늘어진(논) 고개'로 해석하는 것이 땅의 모양으로 보아 한결 타당할 것이다. '는고개〉능고개〉논고개'로 발음이 바뀌었고, 이를 한자로 바꿀 때 '論(의논할 론/논)' 자를 쓰는 바람에 '論峴洞'이라는 이름이 생겼다고 본다.

이는 인천의 논현동을 함께 따져볼 때 더욱 명확해진다.

인천의 논현동 역시 구한말까지 '논고개마을'로 불리다가 1914년 일제의 전국적인 행정구역 개편 때 '논현리'가 된 곳이다. 그런데 이곳은 서울의 논현동과는 달리 '논고개'라는 이름의 유래에 대해 몇

*우리말 땅 이름에서 산이나 고개 등의 경사가 완만할 때는 이처럼 '늘어지다'라는 표현을 흔히 쓰며(늘뫼, 늘재, 는골……), 반대로 기울기가 급할 때는 '되다'라는 표현을 많이 쓴다. 충청남도 공주시 계룡면에 있는 '되재고개'처럼 되재 또는 된고개, 된재와 같은 모양으로 나타나곤 한다.

가지 설명을 갖고 있다.

첫째는 "이 마을의 논들이 고개[峴] 위에 있다"고 해서 붙은 이름이라는 것이다. 이에 따른다면 '고개[峴]'는 한자 그대로의 뜻을 갖지만, '논論'은 한자의 소리만 빌려 쓴 것이 된다. 하지만 이곳의 실제 지형을 보면 고개 위에 논이 있을 수가 없는 상황이다. 따라서 이는 누군가가 그냥 이름을 보고 지어낸 말일 뿐임을 알 수 있다.

둘째는 옛날 이 동네 포구에서 중국으로 배가 다녔는데, 가족이 중국으로 떠날 때 배웅 나온 식구들과 '이것저것 의논[論]하며 넘은 고개[峴]'여서 이런 이름이 생겼다는 얘기다. 이와 비슷한 내용으로 옛날 이 마을에서 중요한 일이 생겼을 때 주민들이 마을 뒷산 공터에 모여 의논을 했기 때문이라거나, 선비들이 이 고개를 넘어갈 때 쉬어가면서 시詩를 논했기 때문에 생긴 이름이라는 얘기도 있다. 하지만 이런 이야기들은 근거를 따질 것도 없이 그냥 들어도 억지로 갖다 붙인 것임을 쉽게 짐작할 수 있다.

이곳 논현동은 북쪽에 있는 오봉산에서 보았을 때 남쪽의 소래 포구 갯골을 향해 길게 늘어져 내려온 산줄기가 평지를 만든 곳에 동네가 들어선 형태다. 이렇게 오봉산에서부터 아래로 길게 늘어진 곳에 있는 동네여서, 서울의 논현동과 마찬가지로 '늘어진 고개'라는 뜻의 논현동이라는 이름을 갖게 된 것이다.

충청북도 충주시에 있는 '노은면老隱面'이나 충청남도 당진군에 있는 '눈치고개'도 같은 경우다.

이 중 노은면에 대해서는 "조선 영조 임금 때 청안 현감을 지낸 정경연이라는 사람이 산이 우거진 이 동네에 들어와 외부와의 접족을 끊고 늙은 어머니[老]를 봉양하며 숨어살았기[隱] 때문에 생긴 이름"이라고 해석을 한다. 하지만 이 동네에 있는 고개를 '논고개' 또는 '노은고개'라고 불렀다는 사실을 알고 보면 이 역시 '는고개〉논고개〉노은고개'의 과정을 거친 것이 틀림없고, 여기서 노은면이라는 동네 이름이 나온 것임을 알 수 있다.

'눈치고개'는 '고개가 높고 길어서 늦봄까지 눈이 녹지 않기 때문에 붙은 이름'이라고 해석을 한다. 하지만 이 고개에 '노운치老雲峙' 또는 '노은치老隱峙'라는 한자 이름도 있다는 점을 보면 바로 앞의 '노은면老隱面'과 똑같은 경우임을 짐작할 수 있다. 다만 '는고개'가 '눈고개'로 발음이 바뀌고, 이 중 고개가 다시 한자 '치峙'로 바뀌어 '눈치'가 되자, 여기에 다시 '고개'라는 말이 들러붙어 뜻을 확실히 하게 된 것이다.

이처럼 '늘어진 동네'라는 뜻을 갖고 있는 땅 이름은 우리나라 곳곳에 무척 많다.

국토의 70퍼센트가 산지山地인데다가 그다지 높지 않은 산이 많다 보니, 이 작은 산들의 줄기가 길게 늘어지며 평지로 이어진 곳이 많을 수밖에 없기 때문이다.

앞에서 살펴보았듯 황산벌이나 논산, 논현동이 모두 여기서 생긴 이름이다. 하지만 이와 관련해 가장 흔한 땅 이름은 '능골', '능동', '논골' 같은 것들이다.

'능골'은 바로 짐작할 수 있듯이 '늘어진 골', 즉 '는골'의 발음이 바뀐 것이다. 이 '능골'이 동洞이 되면 이름이 '능동'이 된다.

그런데 '능골'이나 '능동'이라 이름이 붙은 동네에는 흔히 "어떤 능(陵:무덤)이 있어 생긴 이름"이라는 얘기가 딸려 나오곤 한다.

이런 경우 왕이나 왕비의 무덤 같은 능이 실제로 있다면 그 때문에 '능골', '능동'이 되었다는 해석을 받아들일 수 있다. 하지만 이런 구체적 '물증'이 없는 경우는 거의 모두가 '느골'에서 나온 이름이라고 볼 수가 있다.

이를테면 서울 광진구의 능동은 이곳에 조선왕조의 마지막 왕순종의 비妃인 순명황후 민씨의 무덤 '유릉裕陵'이 있었기 때문에 생긴 이름이다. 유릉은 지금 이 동네가 아닌 경기도 양주군에 있다. 1926년 순종이 사망한 뒤 양주군에 만든 순종의 무덤으로 순명황후의 유해를 옮겨 합장을 했기 때문이다. 따라서 '능동'이라는 이동네 이름의 유래는 유릉 때문에 생긴 것이 분명하다고 할 수 있다.

이는 서울 성북구에 있는 '정릉동貞陵洞'이 조선 태조 이성계李成桂의 계비繼妃인 신덕왕후 강씨의 묘 '정릉'이 있기 때문에 생긴 이름인 것과 같다. '정릉'도 원래는 지금의 서울 중구 정동 영국대사관자리에 있던 것이다. 그런데 태종 이방원이 왕이 된 뒤에 이 무덤을도성 밖으로 옮기도록 지시함에 따라 지금의 위치로 밀려나왔다. 이는 이성계의 본부인 신의왕후의 아들인 이방원이 아버지의 둘째부인인 신덕왕후 강씨를 싫어했기 때문에 벌어진 일이다. 하지만지금도 원래 그 무덤이 있던 동네는 '정동貞洞'이라 하여 '정릉'의 이름을 반쪽이나마 간직하고 있다.

반면 경기도 화성시의 능동(능골)에는 어떤 유명 인사의 무덤은없이 그저 "고려시대 이곳에 아기 무덤이 있었다"는 얘기만 전해온다. 또 경기도 고양시 '능곡동陵谷洞'은 이 일대에서 가장 큰 마을이었던 '능골 마을'에서 따온 이름인데, 이곳에도 "옛날에 이곳에 큰 무덤이 많았고, 작은 언덕이 있었다"거나 "어떤 왕의 무덤(능)으로 쓰려 했던 적이 있다"고 해서 '능골'이라는 이름이 생겼다는 얘기가 전해온다. 하지만 이런 얘기들은 모두 나중에 갖다 붙인 것이고, 사실은 '는골'에서 비롯된 이름들이라 봄이 훨씬 타당할 것이다. 다른 지역에 있는 능동이나 능골도 대부분 이런 경우로, 이름이 생긴 뒤에 "무덤이 있었다"는 얘기가 따라붙은 것이다.

'논골'도 마찬가지인데, 인천광역시 중구 '답동畓洞'의 옛 이름인 논골을 통해 이를 알 수 있다. 답동은 근처인 율목동의 조금 높은 지대에서 바다 쪽 낮은 곳인 신포동 방향으로 길게 내려가는 땅에 동네가 있다. 그래서 '는골'이었던 것이 발음이 바뀌어 '논골'이 된 것인데, 이 이름을 한자로 바꾸면서 '논'을 농사짓는 논으로 생각해 '畓(논 답)' 자를 썼다.

이 밖에도 '는골'의 변형은 '느랫골', '느랭이', '느락골', '느랏골' 등의 다양한 형태로 전국 곳곳에 퍼져 있다. 경상북도 봉화군에 있는 '늦재'도 이런 변형 중 하나이다. '늦재'는 태백산 줄기의 하나인 청옥산의 남쪽에 있는 고개다. 해발 900미터에 가까운 높은 지역이지만 고개가 길고 평평하게 늘어져 있어 '늘어진 고개'라는 뜻의 '늦재(<늘재)'가 되었다. 이곳에는 현재 '넛재터널'이 지나고 있는데, '넛재'는 물론 '늦재'의 변형이다. 북한에도 평안북도 운산군에 '느절령'이라는 높은 고개가 있는데, 이 역시 '산 능선이 밋밋하게 늘어져 있어' 붙은 이름으로 해석된다. 그래서 이곳은 한자 이름도 '於(늘 어)' 자를 써서 '어자령於自嶺'이라 부른다.

앞에서 '늘어진 땅'에 한자 이름을 붙일 때 '황산벌'처럼 '黃(누를 황)' 자를 쓴 경우가 있음을 밝혔다. 이와 마찬가지인데 더 흔하게 사용된 글자가 '獐(노루 장)' 자이다.

"길게 늘어졌다"는 말의 '늘'을 나타낼 한자가 없으니까 발음이 비슷한 '누를[黃]'로 대신한 것처럼 역시 발음이 비슷한 '노루[獐]'로 대체한 것이다. 더욱이 '노루'는 실제로 목이 긴 짐승이고, 넓은 들에서 다른 곳으로 이어지는 좁은 지역을 일컫는 '노루목'이라는 단어도 있어 이 글자를 많이 쓰게 된 것으로 보인다.

이렇게 '獐' 자를 쓴 곳으로 충청남도 서산시의 장동獐洞이나 경기도 고양시 일산구의 장항동獐項洞 등을 우선 들 수 있다.

서산시 장동은 흔히 "동네 모양이 노루가 누워 있는 모습과 같아서 생긴 이름"이라고 말한다. 하지만 이는 객관적으로 전혀 인정할 수 없는 말이다. '간월호'의 북쪽 끝자락에 있는 이 동네는 예전에는 호수 쪽으로 길게 뻗어 나온 곶 형태의 땅이었다. 지금은 간척사업으로 그 모양이 달라졌지만, 이렇게 길게 뻗은 동네 모양 때문에 '늘어진 동네'라는 뜻을 나타내기 위해 '노루 장獐' 자를 쓴 것이다.

일산구의 장항동도 '노루목'이라는 뜻의 한자 이름 '獐項'이 말해주듯이 물가를 따라 길게 늘어져 있는 모양이었기 때문에 생긴 이름이다.

이는 경기도 안산시安山市의 예를 통해 더욱 분명하게 알 수가 있다.

안산시의 고구려시대 이름이 바로 '장항구현獐項口縣'이었고, 이 이름이 통일신라 경덕왕 때 '장구군獐口郡'으로 바뀌었다가 고려 초기에 '안산군安山郡'으로 다시 바뀐 것이기 때문이다. 지금은 시화호 간척사업으로 모양이 많이 달라졌지만, 안산은 서해 바다 쪽으로 삐죽하게 튀어나온 모양의 동네였다. 이처럼 곶串 형태의 기다란 땅 모양 때문에 '노루(목)+곶', 즉 '獐項口' 또는 '獐口'라는 이름을 갖고 있었던 것이다.('口'가 '곶'의 뜻인 것에 대해서는 이 책 「7 삐죽하게 튀어나오다」 참고)

전라남도 영암군에 있는 '노루재'는 월출산의 한 줄기로, 역시 산줄기가 늘어져 있어 생긴 이름이다. 이 고개는 한자 이름이 '황치黃峙'여서 '노루=黃=늘어지다'의 관계를 잘 보여주고 있다. 이 밖에 인천광역시 남동구 논현동 소래포구 근처에 있는 '장도獐島'나 충청남도 청양군 정산면에 있는 '노루목고개', 인천광역시 옹진군 북도면 시도에 있는 '노루메기'와 같은 땅 이름들도 모두가 '길게 늘어진 모양의 땅'을 말하는 것이다.

'黃', '獐' 외에 '於(늘 어)' 자를 써서 '늘어진 땅'을 나타내는 경우도 있다.

앞에서 말한 '어자령於自嶺'이나 전라남도 신안군에 있는 섬 '어의도於義島' 등이 이에 속한다.

꽃게잡이 철만 되면 중국 어선들의 영해 침범으로 소란해지고, 남북한 해군 간에 두 차례의 전투가 벌어지기도 했던 인천광역시 옹진군 연평도延坪島도 '늘어진 땅'의 명단에 이름을 올릴 수 있는 곳이다.

연평도는 원래 그 이름에 '坪(들 평)' 자가 아니라 '平(평평할 평)' 자를 썼고, 때로는 이 두 글자를 섞어 쓰기도 했다.

그 한 예로『세종실록 지리지』'황해도 해주목海州牧' 조에 보면 연평도에 대해 이런 기록이 나온다.

토산土産은 석수어(石首魚 : 조기)가 주州의 남쪽 연평평延平坪에서 난다. 봄과 여름에 여러 곳의 고깃배가 모두 이곳에 모여 그물로 잡는데, 관官에서 그 세금을 거두어 나라 비용으로 쓴다.

연평도延平島는 대진大津 남쪽에 있는데 물길이 30리이다. 산연평도山延坪島는 대진 남쪽에 있는데 물길이 45리이다.

여기서 '산연평도'는 지금의 '소연평도'를 말한다.

이들 기록을 보면 연평도의 '평'으로 '平'과 '坪'이 같이 쓰이고 있음을 알 수 있다. 이는『훈몽자회』에 "드르(들) 평坪은 큰 들을 말하며, 평平과 통한다"고 밝혀놓은 데서도 알 수가 있다.

결국 '연평'은 '延+坪(平 : 들)'인데, 여기서 '延(늘어질 연)' 자는 '늘어졌다'는 뜻이다. 이 섬에서는 가운데 있는 해발 114미터의 '봉화재'를 중심으로 그 주변에 '구릉노루큰산', '대나루큰산' 등 100여 미터 높이의 봉우리들이 사방으로 이어지는데 그 이어짐이 비교적 평탄하다. 또 남동쪽 해안에 주거지가 모여 있는 평지는 산줄기가 늘어져 내려오다가 끝나는 곳에 펴져 있다. 따라서 이런 지형을 보면 '연평'이라는 한자 이름이 생기기 전에 틀림없이 '늘드르(늘어진 들)' 정도의 우리말 이름이 있었고, 이것이 한자로 바뀌어 '연평'이라는 이름이 생겼을 것이라 추론해볼 수가 있다. 들[坪]은 우리 중세어에서 '드르', '드르(ㅎ)'라 했는데 지역에 따라 '드리', '다리', '더리' 등으로 발음이 바뀌어 나타나기도 했다. 결국 이 섬의 지형이 대체로 평탄하고, 들판이 넓게 늘어져 있어 '늘드르' 또는 '늘드르' 정도로 불리다가 한자로 이름이 바뀌어 '연평'이 되었다고 본다.

무책임한 조정이 뒤집어씌운 굴레, 화냥년

앞에서 '화냥년'이라는 말의 유래에 대해 여러 가지 주장을 소개했다.

병자호란과 관련짓는 설명이 정설처럼 되어 있지만 확실한 문헌 증거가 없기 때문에 어떤 주장이 정답인지는 결론 낼 수 없는 일이다. 하지만 이 말이 널리 쓰이고, 사람들에게 알려지는 데 병자호란이 큰 역할을 했으리라는 추정은 쉽게 해볼 수 있다. 당시의 집권층이나, 그들의 뜻을 떠받들며 '가문의 명예' 운운한 양반들이 전란이 끝나고 청나라에서 돌아온 여인들을 박대薄待하면서 '화냥년'이라는 딱지를 끌어다 붙였을 가능성이 무척 크기 때문이다. 이에 어떤 여인들은 목숨을 끊기도 했을 것이고, 차마 그렇게 못한 대부분의 여인들은 평생 죽을죄를 지은 사람처럼 괴로워하며 숨죽이고 살았을 것이다.

조선 조정은 당시 표면적으로는 이 여인들의 일을 문제 삼지 않겠다는 태도를 보였다. 이들에게 도성 바깥에 있는 홍제동 개울에서 몸을 씻게 하고, 이로써 지난 일은 모두 없어진 것이니 누구든 정절을 따지지 말라고 했던 것이다. 이 여인들이 정절을 잃었다는 수치심이나 죄책감 때문에 자결하는 일을 막기 위함이었다.

하지만 예나 지금이나 늘 그렇듯, 이는 그저 '보여주기식' 정책에 불과했다.

'화냥년'이라는 표현이 나오지는 않지만, 『조선왕조실록』 인조 16년 3월 11일자 기사만 봐도 당시의 실제 분위기를 짐작할 수가 있다.

'신풍부원군 장유가 포로로 잡혀갔다 돌아온 부녀자들의 이혼 문제에 대해 계하다'라는 내용의 이 글에는 당시 양반들이 청나라에 끌려갔다가 돌아온 아내와 함께 살 수 없다며 이혼하게 해달라고 요청한 일들을 놓고 조정에서 임금과 신하들이 논의하는 이야기가 나온다.

먼저 예조禮曹에서 임금에게 "청나라에 잡혀갔다가 돌아온 사족士族의 부녀가 한둘이 아니니 대신들에게 이 문제를 제대로 논하도록 하자"고 청한다. 그러자 좌의정 최명길崔鳴吉이 이 여인들을 변호하고 나선다.

그는 "임진왜란 때도 이런 일이 있었는데 어떤 종실宗室이 상소하여 이혼을 청하자 선조께서 허락하지 않았다"며 "어떤 문관이 이미 다시 장가를 들었다가 아내가 돌아오자 선조께서 나중에 결혼한 부인을 첩으로 삼으라고 명하였으며, 그 처가 죽은 뒤에야 비로소 정실부인으로 올렸다고 한다"고 말한다. 이어 "이외에도 재상이나 조관朝官으로 사로잡혀 갔다가 돌아온 처를 그대로 데리고 살면서 자식을 낳고 손자를 낳아 명문거족名門巨族이 된 사람도 왕왕 있으니, 예禮는 정情에서 나오는 것이므로 때에 따라 마땅함을 달리하는 것으로서 한 가지 예에 구애되어서는 안 되기 때문이 아니겠느냐"고 지적한다. 또 "(자신이) 전에 청나라 심양에 갔을 때 돈을 주고 아내를 데려오기 위해 따라간 사람들이 매우 많았는데 남편과 아내가 서로 만나자 부둥켜안고 통곡하기를 마치 저승에 있는 사람을 만난 듯이 해서 길 가다 보는 사람들이 눈물을 흘리지 않는 사람이 없었다"며 "지금 돈이 부족해 데려오지 못하는 사람들은 앞으로 차례대로 가서 데려올 것인데, 만약 이혼해도 된다는 명이 있게 되면 데려오려는 사람이 없게 될 것이고, 이는 허다한 부녀자들을 영원히 이역異域의 귀신이 되게 하는 것이니 여러 번 생각해보고 물정으로 참작해봐도 도저히 이혼하는 것이 옳은 줄은 모르겠다"고 말한다.

이에 임금도 최명길의 말이 옳다며 그의 말대로 하라고 답한다. 하지만 이 뒤로 사대부 집 자제들은 모두 새로 장가를 들고, 원 부인과 합하는 사람이 없었다고 쓰여 있다.

이런 내용을 볼 때, 당시 사대부 집 자제들은 자신들이 새로 장가드는 것을 합리화하기 위해서라도 청나라에 끌려갔던 여인들에게 어떻게든 화냥년이라는 딱지를 붙이려 했을 것임을 짐작할 수 있다. 이 기사의 끝에 붙어 있는 사관史官의 논평을 보면 이런 생각이 틀리지 않을 것임을 확신하게 된다.

충신은 두 임금을 섬기지 않고 열녀는 두 남편을 섬기지 않는다. (중략) 사로잡혀 갔던 부녀들은 비록 그녀들의 본심은 아니었다 하더라도 변變을 만나 죽지 않았으니 절의를 잃지 않았다고 할 수 있겠는가. 절개를 잃었으면 남편의 집과는 의리가 이미 끊어진 것이니 억지로 다시 합하게 해서 사대부의 가풍을 더럽힐 수는 절대로 없는 것이다. (중략) 절의를 잃은 부인을 다시 취해 부모를 섬기고 종사宗祀를 받들며 자손을 낳고 가세家世를 잇는다면 어찌 이런 이치가 있겠는가. 아, 100년 동안 내려온 나라의 풍속을 무너뜨리고, 삼한三韓을 들어 오랑캐로 만든 자는 최명길이다. 통분함을 금할 수 있겠는가.

이 논평을 보면 관념으로만 세상을 사는 책상물림의 한계가 고스란히 드러나고, 사관史官이라고 모두 제대로 된 사관史觀을 갖고 있는 것은 아님을 알 수가 있다.

청나라에 끌려갔던 그 힘없는 여인들이야말로 외적으로부터 백성들을 지켜주지 못한, 무능력하고 무책임한 정부 때문에 생긴 '피해자'임은 말할 필요도 없는 일이다. 진정 '통분함을 금할 수 없는' 사람이 누구이겠는가.

그런 여인들에게 마땅히 해야 할 사죄와 보상 대신 화냥년이라는 굴레를 뒤집어씌운 지배층의 행태는 부도덕과 뻔뻔함의 극치라 아니할 수 없다.

개국 이후 200여 년 동안 비교적 큰 전란을 겪지 않은 조선왕조는 임진왜란과 병자호란을 겪으면서 엄청난 사회적 변화를 겪게 된다. 신분 질서가 심하게 흔들리고, 정권에 대한 백성들의 불신은 극에 달했다. 이런 상황에서도 조정은 충성과 효도, 정절 등의 유교적 질서를 백성들에게 강요함으로써 자신들의 기득권을 유지하기에만 급급했다. 치열한 자기반성을 통해 안에서부터 문제를 풀어가는 것이 아니라 모든 책임을 바깥으로 돌리며 희생양을 만들어내는, 잘못된 정권의 전형적 행태를 보인 것이다. '화냥년'들은 그렇게 해서 생긴 희생양일 뿐이다.

그럼에도 이렇게 어처구니없는 일들은 시대를 뛰어넘어 늘 다시 벌어지곤 한다.

6·25전쟁 초기에 북한군이 쳐들어오자 서울을 버리고 부산까지 달아났다가 돌아온 정권의 행태가 그 대표적 사례 중 하나이다. 당시 정부는 서울을 끝까지 지키겠다면서 "안심하고 생업에 종사하라"는 라디오 녹음방송을 틀어놓아 국민들을 속이고는, 뒤에서 사람들이 따라오지 못하게 한강 다리까지 끊어가며 남쪽으로 달아났다. 그랬던 인물들이 3개월여 만에 다시 서울을 수복하자마자 사죄는커녕 공산당 치하에서 그들에게 협조했다는 죄목을 붙여 많은 사람들을 처벌했던 것이다.

이와 같은 일들이 오늘날에는 또 어디서 어떤 모습으로 나타나고 있는지 잘 살펴볼 일이다.

기왕이면 더 좋은 뜻을 가진 이름으로

검단에서 부산까지

4

곰 ~

곰내 • 탄천 • 공주(웅천) • 곰나루 • 금강 • 가마골 • 감골 • 개마고원
개마대산(백두산) • 김포 • 임금 • 상감 • 대감 • 토함산 • 단군왕검
곰말 • 곰골 • 곰치(웅치) • 고모령 • 꿈말 • 몽촌토성
몽탄강(영산강) • 흑성산 • 칠갑산 • 칠성봉(검남산) • 부곡동 • 현명산

우리 민족의 건국신화로 자리 잡은 '단군신화'에는 누구나 다 알
고 있는 곰과 호랑이 이야기가 나온다. 대략 이런 내용이다.

하느님(환인)의 아들 환웅이 인간을 널리 이롭게 하기 위해 무리
3,000명을 거느리고 태백산 꼭대기 신단수神壇樹 아래로 내려왔다. 이
곳을 신시神市라 하고, 인간 세상을 다스렸다. 그때 곰 한 마리와 호랑
이 한 마리가 같은 굴속에 살고 있었는데, 환웅에게 사람이 되고 싶다
고 했다. 이에 환웅이 신령스런 쑥 한 다발과 마늘 스무 개를 주면서
"너희가 이것을 먹으면서 100일 동안 햇빛을 보지 않으면 사람의 형
상을 얻을 것"이라고 했다. 호랑이는 이를 지키지 못했지만, 곰은 이를

지켜 여자(웅녀 : 熊女)의 몸이 되었다. 웅녀가 매일 신단수 아래서 아기를 갖게 해달라고 빌었다. 이에 환웅이 잠시 사람으로 변해 그녀와 혼인하고 아이를 낳았으니 단군왕검檀君王儉이라 불렸다.

『삼국유사』에 실려 전해온 이 신화는 학자들에 따라 여러 가지 내용으로 해석이 되며, 그만큼 논란도 많다.

그런데 그 논란을 조금 비껴 서 있는 부분에서 한 가지 궁금함이 생긴다.

세상에는 온갖 동물들이 있는데 왜 굳이 곰이 선택되어 등장하고, 그녀가 마침내 단군왕검의 어머니가 되었을까.

로마제국은 1,000년 넘게 세계를 지배한 나라였지만 그 건국신화에는 고작(?) '늑대'의 젖을 먹고 자란 로물루스와 레무스 형제가 나라를 세워나가는 것으로 나온다. 호랑이, 특히 한반도의 북부에서 시베리아에 걸쳐 사는 호랑이는 늑대와는 비교할 수도 없을 만큼 '품격'이 있는 동물이다. 그런 호랑이가 곰보다 무엇이 부족해 경쟁에서 밀려나는 것으로 이야기가 끝을 맺었을까.*

물론 이에 대해서는 천신(天神 : 하느님)을 숭배하는 부족과 곰을 토템totem으로 삼고 있던 부족이 결합해 고조선을 세운 통치 집단이 되었음을 신화적으로 표현한 것이라는 전통적인 해석이 있다. 이 과정에서 호랑이를 토템으로 삼고 있던 부족은 전쟁이나 경쟁에 져서 밀려났다는 것이다. 이는 상당히 타당성이 있는 얘기다.

----

*곰이 아니라 호랑이가 단군왕검의 어머니가 되는 단군신화도 있다고 한다. 이에 대해서는 이 책 「7 삐죽하게 튀어나오다」에서 간략하게 소개했다.

단군신화는 원래 오늘날 북한의 평양 일대에 살던 부족들 사이에서 그들의 조상 신화로 전해 내려오던 것이었다고 한다. 그것이 고려 말 이후 몽골이나 왜구와 같은 외적들의 빈번한 침입 속에서 강렬해진 민족의식과 결합하며 점차 우리 민족 전체의 건국신화로 '업그레이드'되었다는 것이다. 이런 관점에서 보면, 우선 산이 많은 그곳의 지형상 옛날 이곳에 실제로 곰을 신성하게 여기며 토템으로 삼은 부족이 살고 있었을 가능성은 충분하다. 그리고 그 뒤 그들이 자신들보다 한결 우월한 군사력이나 문화를 가진 천신 숭배 부족의 침략에 굴복함으로써 연합을 이룬 뒤 고조선의 새로운 지배 계층으로 거듭났을 가능성은 얼마든지 있기 때문이다.

하지만 언어학적 측면에서 보면 이와 순서를 바꿔서 해석할 수도 있다.

단군왕검의 어머니가 되는 신분이니 당연히 신성한 존재여야 할 것이고, 이 때문에 '신성함'을 뜻하는 말과 같거나 비슷한 이름을 가진 동물을 선택해 이야기를 꾸몄다는 얘기다.

우리 옛말에 신神이나 그 정도로 신성하고 높은 존재를 뜻하던 '금'이라는 순우리말 단어가 있었던 것으로 추정된다.

그런데 이 단어는 시간이 흐르면서, 지역에 따라 다른 발음을 가진 변형을 여럿 만들어냈다. '감', '검', '곰', '굼', '금', '고마', '구마', '가마', '가모', '개마', '거미', '거물', '거북' 등이 그것이다. 현대 일본어에서 신神을 뜻하는 '가미'나 '곰[熊]'을 뜻하는 '구마'도 고대에 이 말이 우리나라에서 건너가 생긴 말로 본다.

현대어에서 우리가 쓰고 있는 '고맙다'는 말도 여기서 나온 것이다. '고맙다'는 '고마+ㅂ다'로 분석되며, '~ㅂ다'는 '학생답다' 등의 표현에서 보듯 '(무엇과) 같다'는 뜻을 갖는 말이다. 따라서 '고맙다'는 말은 원래 '(당신은) 고마 같은 존재'라는 뜻이다. 그래서 중세어까지만 해도 '고맙다'는 말은 '감사하다'는 뜻이 아니라 '존귀하다, 높이다, 아끼다'와 같은 뜻을 갖고 있었다. 그러다가 뒤늦게 '감사하다'는 뜻이 생겨 요즘은 이 뜻만 남고 나머지는 없어져버린 것이다.

이런 내용들을 종합해볼 때, '굼'이나 그 변형 중 하나인 '곰'과 마침 비슷한 소리를 이름으로 가진 동물 '곰'이 있고,* 그 생김새나 덩치 또한 사람들에게 경외감을 줄 만하니 이 동물에 '굼'의 뜻을 담아 신화 속에서 선택받는 동물로 그려냈으리라 해석힐 수도 있겠다는 말이다.

뒤쪽에 있는 땅

그런데 '감', '검', '곰', '고마'와 같은 '굼'의 변형들은 '신성하다'는 본래의 뜻 외에도 점차 범위가 넓어져 '크다', '많다', '뒤쪽', '구멍' 등의 다양한 뜻을 갖게 된다. 이 말이 뒤쪽(북쪽)을 뜻하게 된 것은 '신神' 중에서도 여성 신의 의미를 갖고 있기 때문이다. 단군신화

---

* 『삼국유사』가 쓰일 당시에 우리말로 곰을 무엇이라 발음했는지는 분명치 않다. 손목이 쓴 『계림유사』에 보면 '雄曰鶻試', '雌曰暗'이라고 나온다. 당시 고려 사람들이 "수곰을 鶻試(골시), 암곰을 암뺌이라 불렀다"는 말이다. 그런데 여기서 '鶻試'와 '暗'은 수컷과 암컷을 일컫는 '수-암'을 나타낸 것일 뿐 곰 자체를 말한 단어는 아닌 것으로 해석되고 있다. 따라서 '곰'의 당시 발음을 알 수는 없지만 짧은 글자의 단어인 만큼 지금과 큰 차이는 없었을 것으로 보인다.

에서 보듯 '곰'은 여성으로 변신한다. 여성은 음양陰陽에서 음, 방위方位에서 북쪽을 뜻한다.(뒤쪽이 북쪽을 뜻하는 것에 대해서는 이 책「5 북쪽 시베리아에서 남쪽 한반도로 향하다」참고)

이 말에는 또 본부인이 아닌 '첩妾'을 가리키는 뜻도 생겨서 중세 국어에서는 첩을 '고마'라고 불렀는데, 여기서 오늘날 '조그맣고 귀여운 아이'를 뜻하는 말 '꼬마'가 나왔다.

땅 이름에서도 '금'은 이런 여러 가지 뜻으로 두루 사용되었다.

'신성한 땅'이나 '뒤쪽(북쪽)에 있는 땅', '넓은 땅' 등의 의미로 이 '금' 계열 땅 이름이 전국 곳곳에 퍼져 있는 것이다.

그런데 이런 땅 이름들은 한자로 바꿔 쓴 경우가 많고, 이 때문에 언뜻 보아서는 대부분이 원래의 이름 유래를 알아채기 어렵다.

이 '금' 계열 땅 이름을 나타내기 위해 쓴 한자들을 보면 '儉(검)', '劍(검)', '金(금)', '甘(감)', '巨門(거문)', '金馬(금마)', '甘勿(감물)', '固麻(고마)', '古莫(고막)', '加莫(가막)', '駕幕(가막)', '紺岳(감악)', '久麻(구마)', '蓋麻(개마)' 등을 찾을 수 있다.

글자는 다양하지만 이들 모두가 한자의 뜻과는 아무 관계없이 그저 소리만 빌려 우리말 이름을 표현한 것에 불과하다. 당연히 그 뜻도 모두 '금'의 범위 안에 있다.

이보다 더 복잡한 것은 한자의 소리 대신 뜻을 빌려다 이름에 쓴 경우다.

예를 들면 '곰'이라는 소리 대신 '곰'이라는 뜻을 갖고 있는 '熊(곰 웅)' 자를 쓰는 식이다. '熊' 외에도 '龜(거북 구)', '黑(검을 흑)', '漆(검을 칠)', '玄(검을 현)', '釜(가마 부)' 등이 이에 해당한다. 여기서 '黑',

'漆', '玄'은 '검다'는 글자 뜻의 '검'이 '금'의 변형인 '검'과 발음이 같다는 점에서 끌어다 붙인 것이다. 또 '龜'와 '釜'는 앞에서 말했듯이 '거북'과 '가마'라는 이들 글자의 뜻이 '금'의 변형인 '거북'이나 '가마'와 같다는 점에서 끌어다 붙인 것이다.

그러면 이 같은 '금' 계열의 여러 땅 이름 가운데 '뒤쪽(북쪽)에 있는 땅'이라는 뜻을 갖는 것들을 먼저 살펴보기로 한다.

첫째는 '검단'이다.

'검단'이라는 이름은 대구광역시 북구 검단동檢丹洞을 비롯해 전국에 100여 곳이나 된다.

이에 대해서는 '검단 선사'라는 스님이 이곳에서 사람들에게 소금 만드는 법을 가르쳐주어서 생긴 이름이라거나, 그 땅의 색깔이 검고 노을이 질 때는 붉어서[丹] 생긴 이름이라는 식의 설명들이 붙어 다닌다. 하지만 이는 그저 그 땅 이름에 맞춰 지어낸 얘기일 뿐이다.

많은 경우에 '검단'이라는 땅 이름은 한 고을의 중심지에서 볼 때 '뒤쪽(북쪽)에 있는 마을'이라는 뜻을 갖는다. 대구광역시 북구에 있는 검단동도 이에 해당한다. 이때 '검'은 위에서 밝힌 대로 '뒤쪽'을 뜻한다. 또 '단丹'은 마을이나 골짜기를 뜻하는 우리말 '골'을 나타내던 한자이다. '谷(곡)', '忽(홀)', '呑(탄)', '旦(단)'과 같은 글자도 이와 같은 뜻으로 많이 쓰인다.

이 모두가 한글이 없던 시절에 우리말을 나타내기 위해 한자어에서 빌려다 쓴 글자들이다. 이럴 때 그 발음만 같으면 뜻은 어떤 글자라도 상관이 없기 때문에 '검단'이라는 땅 이름들에 쓰인 한자는 제각각이다.

둘째는 '곰내'다.

이 이름도 전국 여러 곳에 있는데, 이때 '곰'은 위에서 말한 검단의 '검'처럼 뒤쪽(북쪽)을 말하는 경우가 많다. '팔꿈치'나 '발뒤꿈치' 같은 단어에서의 '~꿈~'이 이런 뜻으로 쓰인 '곰'의 변형이다. 팔이나 발의 '뒤쪽에 있는 부위'라는 뜻이다. 따라서 '곰내'라고 하면 마을 앞이 아니라 뒤쪽에 흐르는 시내를 말하는 경우가 많다.

경기도 성남에 있는 '탄천炭川'도 이에 해당한다. 탄천은 원래 고을 뒤로 흐르는 물이어서 곰내 또는 검내라 불렸다고 한다. 그런데 이것이 '검은 내'라는 뜻으로 잘못 알려지다 보니 '숯내'라고도 불리게 되었고, 이것이 다시 한자 이름으로 바뀔 때 '검은 숯'을 뜻하는 '탄炭' 자를 써 '탄천'이 되었다.

'탄천'은 이렇게 해서 생긴 이름이지만 한자로 바뀌기 직전 이름이었던 '숯내' 때문에 재미있는 전설을 하나 갖고 있다. 오래 산 사람의 대명사로 불리는 '동방삭東方朔' 관련 전설이다. 동방삭은 흔히 '삼천갑자三千甲子 동방삭'으로 불린다. 한 갑자甲子가 60년이니 그는 18만 년을 살았다는 얘기다. 전설의 내용은 대략 이렇다.

저승을 관장하는 염라대왕이 동방삭에 대한 얘기를 들었다. 이승에 사는 누구나 때가 되면 염라대왕의 명을 받고 저승에 오는데, 동방삭만은 이리저리 빠져나가 인간 세상에서 한없이 오래 살고 있다는 것이다. 화가 난 염라대왕은 당장 그놈을 잡아오라고 명을 내렸다. 이에 동방삭을 잡으려는 저승사자들이 인간 세상에 내려왔지만 그가 어디에 살고 있는지 도무지 알 수가 없었다. 여기저기 헤매고 다니던 저승사자들은 궁리 끝에 이곳 숯골 마을에서 시냇물에 숯을 빨면서 그가 나타나길 기다리는 방법을 쓰기로 했다. 몇날 며칠을 시냇가에 앉아 검은 숯을 빨아서 하얗게 만들겠다는 그들의 모습을 본 사람들은 그저 어리둥절해할 뿐이었다. 그러던 어느 날 한 노인이 이곳을 지나다가 그 모습을 보고는 "숯을 빨아서 희게 만들겠다니 내가 삼천갑자를 살았어도 이렇게 미친 놈들은 처음 보겠네" 하는 것이 아닌가. 이에 저승사자들은 그가 동방삭인 것을 알고 냉큼 붙잡아 저승으로 끌고 갔다. 그가 끌려간 뒤 사람들은 이곳 시냇물을 숯을 빨던 곳이라 해서 숯내라 부르게 되었다.

셋째는 충청남도 공주시公州市나.

공주의 예전 우리말 이름은 '고마ᄂᆞᄅ'였다. 『용비어천가』에도 나오는 이름으로, '곰나루'를 말한다.

이 이름의 유래에 대해서는 이런 내용의 꽤 유명한 전설이 있다.

옛날 한 남자가 나무를 하러 이곳 산에 갔다가 커다란 암컷 곰에게 잡혀 굴속에서 함께 살게 되었다. 자식도 둘이 태어났다. 암곰은 자식을 낳자 남자가 도망가지 않을 것이라며 안심했다. 하지만 남자는 이 틈을 노려 어느 날 암곰이 굴을 비운 사이에 도망을 쳤다. 남자가 이곳 강을 건널 무렵 새끼와 함께 쫓아온 암곰이 "도망치면 자식들을 죽이겠다"고 위협했다. 하지만 남자는 그대로 가버렸다. 그러자 암곰은 새끼들을 물에 던져 죽인 뒤 자신도 강물에 몸을 던져 목숨을 끊었다. 그 뒤로 이곳에서는 물을 건너려던 배가 뒤집히는 사고가 계속 일어났다.

사연을 알게 된 나라에서 곰을 위로하는 사당을 지어주자 그런 일이
더는 일어나지 않았다.

이 전설 때문에 지금도 이곳 곰나루에는 곰을 위로하는 사당이
있다.

하지만 사실 곰나루는 곰의 전설과는 아무 관련이 없는 이름이
다. 공주 시내의 뒤쪽(북쪽)에 금강이 흐르고 있으니, 그곳에 있는
나루라는 뜻일 뿐이다.

이 곰나루가 차츰 지역 전체를 대표하는 땅 이름이 된 셈인데, 이
를 한자로 바꿀 때 '곰'을 '熊'으로 써서 '熊津(웅진)' 또는 '熊川(웅
천)'이라는 이름이 생겼다. 원래 북쪽이라는 뜻을 그대로 살려서 한
자로 썼다면 '고마ᄂᆞᄅ'는 '北津(북진)'이 되어야 했을 것이다. 하지
만 땅 이름을 지을 때는 될수록 좋은 뜻을 가진 글자를 쓰는 일이 많
았다.* 이에 따라 이곳도 '北'보다 뜻이 좋은 '熊'을 쓴 것이다. '熊
津'이라 썼어도 당시에는 이를 읽을 때 '고마ᄂᆞᄅ'나 '곰ᄂᆞᄅ'라 했
을 것이다.

이렇게 순우리말 이름 '고마ᄂᆞᄅ'와 함께 쓰이던 한자 이름 '熊
津', '熊川'에서 이 동네 이름인 '熊忽(웅홀)'이나 '熊州(웅주)'가 생
겼다. '熊忽'이나 '熊州'라 썼어도 당시 사람들은 이를 '곰골'이라
읽었을 것이다.

그 뒤 이 '곰골'의 발음이 자연스럽게 '공골'로 바뀌면서 이를 한

---

*이처럼 땅 이름을 지을 때 기왕이면 좀 더 좋은 뜻을 가진 한자를 갖다 붙이는 것을 '가자
표현佳字表現'이라고 한다. 이 책에도 여러 곳에서 이 같은 경우가 나온다.

공주시를 감싸고 있는 공산성. 공주라는 이름이 공산성 때문에 생긴 것이라는 말이 있지만 이와 반대로 공주 때문에 공산성이라는 이름이 생겼을 것이다.

자로 받아 쓴 이름이 '公州(공주)'이다. 이때 '公(공)'은 '곰'의 발음 이 변한 '공'을 적당한 한자로 받아 쓴 것에 불과하다. 따라서 그 뜻 은 그대로 '곰(뒤쪽)'이다. '州'는 앞의 '忽'처럼 고을이나 땅을 나타 내는 글자이다.

한편에서는 공주가 이곳에 있는 '공산성公山城' 때문에 생긴 이름 이라고 한다. 하지만 이는 '고마ㄴㄹ>곰나루>熊津>公州>公山 城'으로 이어지는 순서를 거꾸로 생각해 잘못 설명하는 것이다.

때로는 이곳 공산성이 있는 산의 모양이 한자 '公(공)' 자를 닮았 기 때문에 고을 이름이 공주가 되었다고도 한다.『신증동국여지승 람』이나 이중환의『택리지』에도 이렇게 설명이 되어 있다. 하지만 이 역시 공주라는 이름이 생긴 뒤 누군가가 그 이름에 맞춰 억지로 갖다 붙인 얘기에 불과하다.

이곳을 흐르는 금강錦江도 원래 이름은 '곰내'였을 것으로 본다. '고을 뒤쪽에 흐르는 강물'이라는 뜻이다. 그런데 시간이 지나면서 '곰내'가 '금내'로 발음이 바뀌었고, 이를 한자로 옮길 때 '금' 자를 '錦(비단 금)' 자로 받아 썼을 것이다. '금'이라는 발음을 가진 글자이면 어떤 것이어도 상관이 없지만 기왕이면 그중에서 뜻이 가장 좋다고 할 만한 글자를 골라 쓴 것이다.

제사를 지내는 신성한 땅

반면 '금' 계열 땅 이름이 원래의 뜻 그대로 '신성한 마을'이라는 뜻을 갖는 경우도 많이 있다.

전국 곳곳에 퍼져 있는 '가마골', '감골', '감내', '감악산', '검데이', '검디', '검산', '검암' 등의 땅 이름 중 상당수가 이에 해당한다. 부족장과 같은 높은 사람이 다스리거나 하늘에 제사를 지내는 '신성한 땅'이라는 뜻에서 이런 이름이 붙은 것이다.

백두산의 서쪽으로, 북한의 함경도와 평안도에 걸쳐 있는 '개마고원蓋馬高原'의 '개마'가 이런 경우다. 여기서 '개마'는 '검[神]+뫼[山]'의 발음이 바뀐 말로 해석되기 때문이다. 우리 민족의 영산靈山 백두산도 이와 같아서 '개마대산蓋馬大山'이라는 다른 이름을 갖고 있다. '신성하고 큰 산'이라는 뜻이다.

앞에서 말한 '고마ᄂᆞᆯ'(공주)의 '고마'를 이런 뜻으로 해석하는 학자들도 있다. '부족장이 사는 신성한 마을'이어서 '고마(<곰)'라 불렀다는 것이다.

인천광역시 서구에 있는 '검단동儉丹洞'은 같은 '검단'이라도 앞서 말한 '뒤쪽에 있는 땅'이 아니라 '신에게 제사를 지내는 신성한 마을'이나 '왕처럼 높은 사람이 다스리는 마을' 정도의 뜻을 갖는다고 볼 수가 있다. 이 일대에서 고대 지배자들의 무덤인 지석묘가 여럿 발견되었기 때문이다. 또 천신제天神祭나 마을 제사인 당제堂祭를 지낸 것으로 추측할 수 있게 하는 땅 이름의 흔적들도 주변에 여럿 남아 있어 이런 판단을 뒷받침한다. 경기도 하남시에 있는 검단산儉丹山도 "이 산의 산신에게 제사를 지냈다"는 기록이 남아 있는 것으로 미뤄 같은 뜻에서 나온 이름임을 알 수 있다.

경기도 김포시金浦市도 같은 경우다.

'김포'의 이름 유래에 대해서는 흔히 '투금탄投金灘 전설'을 끌어다가 설명하곤 한다. '황금[金]을 던져버린[投] 여울[灘]'이라는 뜻의 투금탄은 예전에 김포 땅이었다가 오늘날에는 서울로 들어간 강서구 가양동과 양천구 일대의 한강 물줄기를 말한다고 한다.

투금탄 전설은 고려 후기의 문신 이조년과 그의 형 이억년 형제에 얽힌 이야기다. 이조년은 "이화에 월백하고 은한이 삼경인제……" 하는 시조 「다정가多情歌」로 유명한 인물이다.

(이억년·이조년) 형제가 길을 가다가 우연히 황금 두 덩어리를 주워 하나씩 나눠 가졌다. 이어 이곳 나루에서 배를 타고 한강을 건너가는데 아우가 갑자기 금덩어리를 꺼내 강물에 던져버렸다. 형이 놀라 그 이유를 물으니 "저는 평소에 형님을 공경했는데 금덩어리를 나눠 가진 순간부터 시기하는 마음이 생겨 강물에 던져버렸습니다"라고 대

답했다. 형도 "생각해보니 아우의 말이 옳다는 생각이 든다"면서 역시 자기가 갖고 있던 금덩어리를 강물에 던져버렸다. 이때부터 이곳을 투금탄이라 부르게 되었다.

이런 내용의 전설인데, 이 투금탄에서 '금金'을 '김金'으로 받고, 여울이라는 뜻의 '탄灘'을 포구라는 뜻의 '포浦'로 바꿔 김포라는 이름이 생기게 되었다는 것이다.

하지만 김포는 고구려 땅이었던 시절에 '黔浦縣(검포현)'이라 불리던 것을 통일신라 경덕왕 때 '金浦縣(김포현)'으로 바꾸면서 생긴 이름이다. 이조년 형제는 고려 후기의 인물이니 김포라는 이름이 생기고도 수백 년이 지나서야 태어난 사람들이다. 결국 이 전설은 누군가 지어낸 얘기임을 분명히 알 수 있다.

따라서 김포는 이런 사연 때문이 아니라 다른 뜻에서 붙은 이름이다. 그런데 이를 '신성한 땅'이라는 의미로 해석하는 이유는 '검포현'이라는 이전 이름 속 '黔'이 그런 이유로 쓰였을 가능성이 큰 데다 앞서 말한 인천광역시 서구 검단동과의 관계 때문이다. 인천광역시 검단동은 원래 김포군에 속해 있다가 1995년 인천시가 광역시가 될 때 인천으로 편입된 곳이다. 그런데 이곳 검단동은 앞서 설명했듯 '신성한 땅'이라고 해석할 만한 이유를 많이 갖고 있고, 김포는 이곳과 나란히 붙어 있는 같은 동네였기 때문이다.

땅 이름이 아닌 일반 단어에서도 '금'이나 그 변형들이 이처럼 '신성하다, 높다'는 뜻으로 사용된 경우가 많다. 대표적인 예로 '임금'의 '금'이나 같은 뜻인 '상감上監 마마'의 '감'을 꼽을 수 있다. 사람 머리의 꼭대기에 있는 '가마'도 마찬가지다.

이 중 '임금'이라는 말의 유래에 대해서는 『삼국사기』 「신라본기」 '유리이사금儒理尼師金' 편에 대략 이런 내용으로 나온다.

남해南解 차차웅次次雄이 죽고 유리가 즉위할 때 탈해脫解가 본래 덕망이 있는 까닭에 그 자리를 양보하니 탈해가 말하기를 "내가 듣건대 성지聖智의 인물일수록 이[齒]가 많다고 하니 시험 삼아 떡을 씹어보오" 하였다. 그 결과 유리의 잇금[齒理]이 많으니, 이에 받들어 세우고 호를 이사금이라 하였다. 고전古傳은 이러하고 김대문金大問의 말은 이사금은 방언이요, 잇금이라고 한 것은 옛날 남해가 죽을 때 아들 유리와 사위 탈해에게 이르는 말이 "니 죽은 뒤에는 너희 박·석 두 집안이 연치年齒로 연장자를 가려 왕위를 계승하게 하라" 하였다. 그 뒤 김씨도 크게 일어나 이 3개 성姓이 연치의 많음에 따라 서로 왕위를 계승하였다. 그러므로 이사금이라 칭하였다고 하였다.

여기서도 보이듯 '이사금尼師今'은 우리말 '닛금>잇금'을 나타낸 한자 차용 표현으로 해석된다. '尼師今'은 '尼叱今(이질금)'이나 '齒叱今(치질금)'이라고도 했다. 여기서 '尼(니>이)'는 글자의 소리 그대로 읽고, '齒(이 치)'는 글자의 뜻으로 읽어 '잇금(이+ㅅ+금)'이라 한 것이다. 향가 표기에 자주 나오는 '叱(질)'은 사이시옷 용도로 쓰이곤 했다. 따라서 '尼師金', '尼叱今', '齒叱今'은 어떻게 썼든 모두 '닛금>잇금'으로 읽히며, 임금을 뜻하는 말이 되는 것이다.

이렇게 보면 '임금'은 '이[齒]의 숫자'를 말하는 것으로 해석된다.

하지만 언어학적 입장에서는 우선 '닛금(잇금)'의 '금'을 '굼'의 변형으로 본다. '상감上監'이나 '대감大監'의 '監(감)'도 그 글자의 뜻과는 관계없이 '굼'의 변형으로 해석한다.* 모두가 '높고 신성한 사람'이라는 뜻이다. 또 '닛(잇)~'은 오늘날 '잇다'의 옛말인 '닛다'의 어간으로 볼 수 있다. 이렇게 본다면 '닛금(임금)'은 '신성함을 이어받은 사람'이라는 뜻으로 해석할 수 있다.

이와는 다르게 임금의 '임'은 '님'에서 나온 말이고, 이는 태양신(하느님)을 뜻한다는 해석도 있다.

이에 따르면 '임금'의 '금'은 '굼'의 변형으로, 물과 땅을 다스리는 '태음신'이다. 따라서 '임금'은 '님+금', 곧 태양신과 태음신, 하늘과 땅을 다스리는 신성한 존재라는 뜻이 된다.

단군왕검檀君王儉이라는 말도 왕王이면서 신神이라는 뜻을 겹쳐 말한 것으로 해석할 수 있다.

우리 민족의 시조로 떠받들어지는 '단군'은 한자로 '壇君' 또는 '檀君'이라고 쓴다. 『삼국유사』에는 '壇君'이라고 나오지만, 그 뒤에 나온 이승휴의 『제왕운기帝王韻紀』나 『조선왕조실록』에는 '檀君'이라 쓰였다.

먼저 쓰인 '壇君'에 대해 단재 신채호 선생은 이때의 '壇(제단 단)'

---

* '대감'에 대해 한글학자 정재도 선생은 한자 단어가 아니라 순우리말이라 보면서, 이때의 '감'을 '굼'의 변형으로 해석한다.(『국어사전 바로잡기』, 한글학회·한글재단, 1999년, 196쪽) 육당 최남선도 『불함문화론』에서 머리를 말하는 '대갈(대가리)'이라는 말이 고대에는 하늘[天]을 나타낸 단어로서, 터키어나 몽골어의 '탕그리', '텡그리'와 같은 뜻이며, '대감'은 이 '대갈'의 인격형人格形이라고 해석했다. 그리고 불국사와 석굴암이 있어 유명한 경상북도 경주시 토함산의 '토함吐含'도 이 '대감'의 변형으로 보았다.(『불함문화론』, 최남선, 정재승 등 역주, 우리역사연구재단, 2008년, 69~104쪽)

이 신에게 제사를 지내는 '신단神壇'이며, 그 뜻을 가진 우리말 '수두'를 표현하는 것이라 해석했다. 이에 따르면 단군壇君은 '수두 하느님'이란 뜻이 되며, '君'은 신성하다는 '금'의 뜻을 그대로 갖는다.*

반면 '檀君'이라고 쓴 경우는 우리말 '붉둘금'을 나타낸 말로 보는 것이 일반적인 해석이다.

'붉둘'은 우리 민족이 갖고 있는 천신 숭배 사상, 즉 '붉 사상'과 이에 연관된 산악山岳 숭배 사상을 말하는 것이다.('붉 사상'에 대해서는 이 책 「8 밝은 빛을 숭배하다」 참고)

이런 면에서 '檀君'의 '檀'은 박달나무라는 뜻이니 이 글자로 '박달(<붉둘)'을 나타내고, '君'은 역시 우리말 '금'을 비슷한 발음과 의미를 가진 한자로 바꿔 표현한 것이라는 말이다.

이들 두 가지 표현은 모두 사용되어왔지만 '壇君'보다 '檀君'이 훨씬 많이 쓰였고, 우리 민족 고유의 사상과도 잘 연결되는 것으로 보인다. 따라서 '단군'은 '수두 하느님'보다는 '붉둘금'이라는 우리말을 한자로 옮긴 것이라 보는 것이 더 옳을 듯하다.**

한편 '왕검王儉'은 한자어 '왕王'과 우리말 '금'을 함께 쓴 말이다.

---

*『조선상고사』, 신채호, 박기봉 옮김, 비봉출판사, 2013년, 92~96쪽.

**이 '단군'이라는 단어가 무당巫堂을 말하는 전라도 지방 사투리 '당골'을 거쳐 오늘날 '단골(손님)'이라는 단어로 이어졌다는 해석도 있다. 지금도 전라도 지방에서는 굿을 할 일이 있을 때 늘 부르는 무당을 '당골' 또는 '당골래'라 한다. 이 견해에 따르면 '붉둘금'이 한자 '단군'으로 바뀌어 쓰이다 보니 시간이 흐르면서 '붉둘금'이라는 우리말은 점차 없어지고, '단군'이라는 한자 단어만 남게 되었다. 그런데 '붉둘금', 즉 '단군'이란 제정일치 시대에 나라를 다스리는 사람이면서 최고의 무당이기도 했던 만큼 단군이라는 말에는 '무당'이라는 의미가 남아 있다. 이 '단군'이 전라도 방언에서는 '당골'로 발음이 바뀌었고, 늘 부르는 무당을 '당골'이라 했다. 거기서 그 발음이 조금 바뀐 '단골'이라는 단어가 생겼고, 자주 오는 사람(손님)이라는 뜻도 갖게 되었다는 해석이다.

따라서 '단군왕검'이란 제정일치祭政一致 시대에 종교와 정치를 아우르는 부족의 지배자라는 뜻이 된다.

'금' 계열 땅 이름이 '크다'는 뜻으로 해석되는 대표적인 경우는 '곰말', '곰골' 등이다.

이 역시 우리나라 여러 곳에 있는 땅 이름인데, 흔히 '(동물) 곰이 많이 나타나는 마을'이라 해석되곤 한다.

그중에는 옛날에 정말로 곰이 많이 나타나서 그런 이름을 갖게 된 곳도 있을 것이다. 하지만 우리 땅 이름에서 '곰말', '곰골'이라 하면 대개 '큰 마을'이라는 뜻을 갖는다. 여기서 '크다'는 개념은 요즘의 도시처럼 크다는 뜻이 아니라 옛날에 어떤 지역에서 볼 때 주변의 다른 곳보다 큰 마을이라는 뜻을 말한다.

전라북도 완주군과 진안군 사이에 있는 '곰치'도 '큰 고개'라는 뜻이다. '곰치재' 또는 한자로 '웅치熊峙'라는 이름을 갖고 있는 이곳은 임진왜란 때 왜군과 조선군이 치열하게 전투를 벌인 곳으로도 유명하다.

산속에 있는 곰골의 경우는 '골'이 골짜기를 뜻해 '큰 골짜기'라는 뜻이 되기도 한다. 강원도 설악산에 있는 곰골 등이 여기에 속한다.

이처럼 '크다'라는 뜻을 가진 '금' 계열 땅 이름 가운데 '고모령'이 있다.

고故 현인 선생의 노래로 큰 인기를 끌었던 「비 내리는 고모령」에도 나오는 이름이다. 대구광역시 수성구에는 이 노래의 배경이 된 곳이라 하여 비석이 서 있다.

이곳 '고모령'에는 그 이름의 유래에 대해 이런 전설이 남아 있다.

옛날 이곳에 남편 없이 남매를 키우는 홀어머니가 살고 있었다. 어느 날 이 집에 한 스님이 들렀는데 "전생에 이 집이 덕德을 쌓지 않아 가난하다"는 말을 하고 갔다. 이에 어머니와 남매는 덕을 쌓는 마음에서 흙으로 산을 쌓기 시작했는데 그것이 지금 있는 세 개의 산봉우리이다. 그런데 사이좋게 산을 쌓아야 할 남매가 서로 더 높이 쌓겠다고 싸움을 했다. 이에 너무 실망한 어머니가 집을 나와 하염없이 걷던 길이 고모령 길이고, 산꼭대기[嶺]에서 어머니[母]가 집 쪽을 되돌아봤다[顧]고 해서 고모령이라는 이름이 생겼다.

언뜻 들어도 내용이 너무 어색하고 어설픈 이 전설은 당연히 누군가 억지로 꾸며낸 이야기에 불과하다. 여기서 '고모'는 '금'의 변형으로 '크다'는 뜻이며, 고모령은 '큰 고개'라는 말이다. 그래서 '고모'라는 이름을 가진 땅 이름이 경기도 포천시의 '고모천古毛川'처럼 전국 곳곳에 있고, 대구광역시뿐 아니라 충청남도 홍성군에도 '고모령'이 있다. 이런 뜻에서 보면 '고모령'의 원래 우리말 이름은 '곰고개'였을 것이라 추측할 수 있다.

물론 같은 '곰말', '곰골'이라도 '큰 마을'이 아니라 먼저 말한 것처럼 '뒤쪽(북쪽)'에 있는 마을이라서 이런 이름이 붙은 경우도 있다.

'금'의 변형 '곰'은 또다시 바뀌어 '몽촌'까지 간다.

'곰말(곰마을)'의 발음이 강하게 바뀌면 '꼼말' 또는 '꿈말'이 된다. 그런데 '곰말'이 '꿈말'로 바뀌자 '꿈'을 잠을 잘 때 꾸는 꿈[夢]으로 잘못 이해해 '몽촌(夢村=꿈말)'이라는 이름이 생긴 것이다. 서울 송파구에 있는 몽촌토성夢村土城의 '夢村'이 바로 이 경우다.

몽촌토성은 한성백제시대(기원전 18~서기 475년)의 유적이며, '몽촌'이라는 동네 위에 쌓은 성이다. 삼국시대에 백제가 개국한 뒤부터 고구려 장수왕의 침략을 받고 웅진(공주)으로 수도를 옮기기 전까지 하남 위례성을 수도로 삼았던 시절의 성城인 것이다. 근처에 풍납토성이 있어 어느 쪽이 진짜 하남 위례성인가에 대한 논란이 계속되고 있는데, 그 규모나 출토된 유물로 보아서는 풍납토성에 더 무게가 주어지고 있다고 한다. 어쨌든 몽촌은 수도였거나 그 바로 주변 지역이었으며, 왕실과 국가 방어에 중요한 역할을 하는 위치였기에 그곳에 성을 쌓은 것임이 분명하다. 이렇게 보면 이곳 몽촌의 원이름인 '곰말'은 '(수도가 들어설 정도의) 큰 고을'이거나 '(왕이 있는) 신성한 마을'이라는 뜻이었을 것이라 볼 수 있다.

이런 의미에서 '夢' 자를 쓴 땅 이름이 또 있는데 영산강榮山江의 일부인 '몽탄강夢灘江'이 그곳이다.

전라도 남쪽을 흐르는 영산강은 담양 용추봉에서 시작한 물이 흘러 인공호수인 영산호榮山湖에 이를 즈음에서 '몽탄강'이라는 다른 이름으로도 불린다. '몽탄夢灘'이란 '꿈여울'이라는 뜻이니, 그 이름 유래에 대해 후삼국시대 왕건과 견훤에 얽힌 이런 전설을 갖고 있다.

왕건이 나주성에 자리 잡고 있던 견훤을 밀어내기 위해 이곳 근처에서 진을 치고 전투 준비를 하다가 견훤 군사의 기습을 받았다. 사방에서 쳐들어오는 적군에게 싸여 달아날 길을 찾지 못하고 있는 터에 (영산강) 강물까지 불어나 더욱 곤란한 처지가 되었다. 밤이 깊어 적의 공격이 약해지자 왕건은 막사 안에서 잠시 눈을 붙일 수가 있었다. 그때 꿈을 꾸었는데 한 백발노인이 나타나서는 "지금 강에 물이 빠졌으니 즉시 건너가라"는 말을 해주고 사라졌다. 놀라 잠에서 깬 왕건이 강물을 확인해보니 정말 물이 많이 빠져 있었다. 이에 바로 강을 건넌 뒤 인근에 군사를 매복시켰다가 뒤쫓아온 견훤의 군사를 물리쳐 전투에 이길 수 있었다. 이렇게 신령神靈이 꿈에 나타나 건널 수 있게 해준 개울이라고 해서 이곳을 몽탄이라 부르게 되었다.

전설의 내용은 이렇지만 '몽탄'은 아마도 꿈과는 아무 관계없이 '큰 여울'이라는 뜻의 우리말 '곰여울'에서 생긴 이름으로 보아야 할 것이다. 앞의 몽촌과 같은 경우인데, 이는 영산강의 이전 이름이 '금천錦川' 또는 '금강錦江'이었다는 점에서 추론할 수 있는 일이다. 영산강이 '금천'이라는 이름을 갖게 된 것은 통일신라시대 때 지금 나주시羅州市의 이름이 '금산錦山'이었기 때문이다.

『고려사 지리지』에 보면 나주와 관련해 이런 내용이 나온다.

나주목羅州牧은 본래 백제의 발라군發羅郡으로, 신라 경덕왕 때 금산군錦山郡으로 고쳤다. 신라 말에 견훤이 후백제왕을 칭하며 그 땅을 모두 차지했으나 얼마 되지 않아 그 고을의 사람들이 후고려왕後高麗王 궁예에게 귀부歸附하였다. 궁예는 태조(왕건)를 정기대감精騎大監으로 임명해 수군水軍을 이끌고 공격하여 차지하도록 한 뒤 나주羅州로 이름을 고쳤다.

영산강은 이렇게 금산의 앞에 흐르는 강이기에 금천 또는 금강이라 불린 것이다. 그런데 '금산'이라는 이름에서 '錦(비단 금)'은 비단이라는 뜻과는 관계없이 우리말 '금'을 나타낸 글자로 볼 수 있다. 백제시대 이름 '발라군'의 '발라'가 앞의 '단군'과 '붉들'에서 말한 '붉 사상'과 관계된 것으로 풀이되기 때문이다.

이렇게 본다면 이곳 '곰여울'은 '금강에 있는 큰 여울'이란 뜻이고, 그 발음이 바뀌어 '꿈여울'이 되었다가 다시 한자로 '몽탄夢灘'이 된 것이라 볼 수 있다.

그런데 이곳 영산강의 이전 이름인 '금강'과 앞서 말한 공주의 '금강'은 그 뜻을 구분해볼 필요가 있다. 공주의 금강은 고을의 뒤(북쪽)에 흐르기 때문에 '곰내'라 불리던 것이 금강이 되었을 것으로 추정했다. 하지만 이곳 금강(영산강)은 나주(금산)의 앞(남쪽)에 흐르고 있기 때문에 이렇게 해석할 수는 없고, 그냥 금산 때문에 생긴 이름이라고 볼 수밖에 없다.

산 모양이 가마와 같다?

한편 앞에서 '금' 계열 땅 이름을 한자로 바꿔 쓸 때 '熊(곰 웅)', '龜(거북 구)', '黑(검을 흑)', '漆(검을 칠)', '玄(검을 현)', '釜(가마 부)'처럼 그 글자의 뜻을 빌려다 쓴 경우가 있다고 했다.

충청남도 천안시에 있는 흑성산黑城山처럼 이렇게 해서 생긴 이름은 전국 곳곳에 있는데 이 중에 가장 대표적인 곳으로 칠갑산七甲山과 부산釜山광역시를 꼽을 수 있다.

"콩밭 매는 아낙네야, 베적삼이 흠뻑 젖는다. 무슨 설움 그리 많아, 포기마다 눈물 심누나······" 하는 유행가의 제목으로도 유명한 칠갑산은 충청남도 청양군에 있다.

이 산의 이름 유래는 분명치 않다.

백제시대에 신성시되고 숭앙받던 산이라고 하며, 백제가 부여에 도읍을 정한 뒤에 그때까지 '칠악산漆嶽山'이라 불러온 이름을 '七甲山'으로 바꾸었다는 얘기만 전해온다. 당시에는 산천 숭배 사상에 따라 명산대천名山大川에 때마다 제사를 지내는 것이 국가적 행사였다. 그때 북두칠성北斗七星의 '七'과 으뜸이 된다는 뜻의 '甲'을 써 '七甲山'이라는 이름을 붙였다는 것이다. 그런데 이를 뒷받침하는 문헌 자료가 없어서 사실 여부를 단언할 수는 없는 형편이다. 하지만 한 가지 분명한 것은 이 산이 지금도 명산名山으로 꼽히는 만큼 옛날에는 숭배의 대상이 되었으리라는 것이다. 그런 면에서 신성하다는 뜻의 '금'이 들어간 '금뫼'나 이와 비슷한 어떤 이름이 있었는데, 이를 한자로 옮길 때 '금'을 '漆(검을 칠)'로 받아 '漆嶽'이라는 이름이 생겼을 것이라 추론해볼 수 있다. 그리고 그 이름이 앞서 말한 뜻에서인지, 아니면 다른 어떤 이유에서인지 다시 지금과 같은 '七甲'으로 바뀐 것이라 하겠다.

이 해석이 타당하다는 것을 뒷받침해주는 다른 사례로 경상남도 하동군에 있는 '칠성봉七星峰'을 들 수 있다. 해발 891미터의 이 산은 칠성봉이라는 이름을 갖기 이전에 '검남산劍南山'이라는 이름을 갖고 있었다. 이 검남산의 '검劍'을 '금'의 변형으로 해석할 수 있는 만큼 칠갑산의 '칠七'도 '금'에서 나온 글자로 해석할 수 있는 것이다.

부산광역시는 이곳에 있는 가마솥 모양의 산 때문에 생긴 이름이라 얘기되고 있다.

이를 뒷받침하는 내용 중 하나로 『신증동국여지승람』 '동래현東萊縣' 편을 보면 이런 내용이 나온다.

부산釜山은 동평현東平縣에 있으며, 산이 가마솥 모양과 같아서 이렇게 이름 지었다. 그 밑이 바로 부산포釜山浦인데, 상주常住하는 왜인倭人들의 집이 있다.

이처럼 부산은 '포구에서 바로 쳐다보이는 산이 가마솥 모양과 같아서' 생긴 이름이라 하고, '釜山'이라는 한자 자체가 바로 '가마산'이라는 뜻이다.

그렇다면 이 가마 모양으로 생겼다는 산이 어느 산을 말하는지가 문제가 된다.

이에 대한 부산시의 공식 입장은 오늘날 동구 좌천동 북쪽의 '증산甑山'을 말한다는 것이다. 부산시청 홈페이지에 나오는 설명은 이렇다.

1643년(인조 21년)에 통신사 종사관으로 일본에 건너간 신유의 『해사록』에 실려 있는 『등부산시登釜山詩』에 '산 모양이 도톰하여 가마와 같고 성문이 바다에 임하여'라고 한 구절이 나온다. 이때 부산진성釜山鎭城은 오늘날 동구 좌천동 북쪽의 증산을 둘러싸고 있는 정공단鄭公壇 자리에 성문이 있어 성문 바로 아래가 바다와 접해 있었으므로 이 시문詩文에 나오는 산은 좌천동의 증산甑山을 말하는 것으로 보인다. 또 18세기 중엽에 변박이 그린 「왜관도倭館圖」를 보면 이 증산을 점초点抄하여 『부산고기釜山古基』라고 기록하고 있다.

지금은 부산항 앞바다가 많이 매립이 되어 지도가 달라졌지만 조선시대에는 앞바다나 포구에서 보면 바로 눈앞에 이 증산甑山이 서 있었고, 여기서 부산이라는 이름이 생겼다는 얘기다.

그런데 이 설명의 문제는 우리 땅 이름에서 '증산甑山'은 우리말로 '시루봉'이나 '시루뫼'라 불리던 것을 한자 '甑(시루 증)'을 써서 나타낸 것이고, 여기서의 '시루'는 높은 곳을 뜻하는 우리 옛말 '수리'에서 나온 것이라는 점이다.('수리'에 대해서는 이 책 「6 조금 더 높은 곳이면」 참고)

반면 '부산釜山'은 우리말 '가마뫼'라 불리던 것을 '釜(가마 부)'를 써서 한자로 바꾼 이름이고, 여기서의 '가마'는 이 글에서 얘기해온 '굼'의 변형이다. 따라서 '시루뫼'에서 '부산'이라는 이름이 나왔다고 설명할 수는 없는 일이다.

부산시도 이를 인정하고 있다.

이 때문에 홈페이지에는 이런 설명이 덧붙여져 있다.

이외에도 동구 수정동에서 산을 넘어 부산진구 가야동으로 통하는 고개를 '가모령'이라고 한다. 이 가모可车·감[枾]은 '가마[釜]'를 뜻하는 것으로, 가모령은 가마재·가마고개, 즉 부산재(고개)를 의미하는 것이다. 그리고 고로古老들은 증산을 시루산이라고 하는데 시루[甑]와 가마[釜]는 같은 음식물 도구로 금속성의 가마가 나오기 전에는 동일한

구실을 하였던 것이다. 이상의 사실들을 종합하여 볼 때 '산이 가마꼴과 같다'라고 한 가마꼴의 산은 오늘날 동구 좌천동 뒤에 있는 증산甑山을 말하는 것으로 보인다.

이 설명은 '부산'이라는 이름이 가모령, 즉 '가마재'에서 생겼다고 본다는 점에서 옳다. 하지만 그러면서도 그 가마꼴 모양의 산은 여전히 '증산'을 말한다고 해 앞의 설명과 똑같은 잘못을 범하고 있다. 그리고 이에 대해서는 시市 입장에서 별다른 설명을 못하고 있다.

여기에는 이럴 수밖에 없는 이유가 있다.

사실 '부산'이라는 이름과 '가마 모양의 산'은 아무 관련이 없기 때문이다. 이는 '부산'의 한자 이름이 '釜山' 이전에 '富山'이라는 다른 글자로 쓰였다는 점만으로도 충분히 설명이 된다.

'釜山'이라는 한자 이름이 쓰이기 시작한 것은 조선 성종 임금 때부터이다. 그 이전에는 '富山'이라 쓰였고, 성종 대 이후 '富山'과 '釜山'이 뒤섞여 쓰이다가 차츰 '釜山'으로 굳어진다.

『조선왕조실록』을 보면 성종 1년 12월 15일자 '원상들이 동래현령 반희를 경상도 수군절도사로 올려 임명할 것을 청하다'라는 기사에 '釜山'이라는 한자 이름이 처음 등장한다. 하지만 『예종실록』 1년 8월 3일자 '예조에서 웅천·동래의 두 고을에 왜학倭學 훈도訓導를 나누어 설치할 것을 청하다'라는 기사에는 '富山'이라 적고 있다. 두 기사의 시간 차이가 넉 달 정도인데 서로 다른 한자가 쓰인 것이다. 이 뒤로도 '富山'과 '釜山'은 뒤섞여 사용되다가 15세기 말 『동국여지승람』이 나온 뒤로는 '釜山'으로 굳어진다.

이를 보면 '富山'과 '釜山'은 결국 같은 뜻을 가진 우리말을 다른 한자로 표현했던 것임을 알 수 있다.

그럼에도 이 '富'를 해석하는 일은 쉽지가 않다.

땅 이름과 관련한 옛 자료에서 이 글자가 일관된 해석이 가능하게 쓰이질 않았기 때문이다.

이에 다소 부족한 감은 있으나, 『삼국사기 지리지』에서 지금의 강원도 김화군金化郡을 말하면서 "부평군은 본래 고구려의 부여군인데 경덕왕이 이름을 고쳤다. 지금의 금화현이다富平郡本高句麗夫如郡景德王改名今金化縣"라고 밝힌 대목과 '富山＝釜山'이라는 점을 아울러서 해석을 시도해볼 수 있을 것 같다.

위에서 인용한 대로 『삼국사기 지리지』에 보면 고구려 때 부여군夫如郡이었던 동네를 경덕왕이 부평군富平郡으로 이름을 바꿨는데, 이것이 다시 고려조에 들어와 금화현金化縣으로 바뀌었음을 알 수 있다. 이를 통해 '富平＝金化'라는 관계를 설정할 수 있고, 다시 '富＝金'이라는 관계를 추론할 수 있다. '富平'의 '平'은 벌판이나 동네 등의 뜻을 가진 말일 뿐이고, '金化'의 '化'는 별 뜻이 없는 접미사로 볼 수 있기 때문이다.

그런데 '金'은 이 글에서 줄곧 얘기해왔듯이, 우리말 '금'의 변형 '금'을 발음이 같은 한자로 표현한 것이라 볼 수 있다. 또한 '釜山'의 '釜' 역시 이 '금'의 변형인 '가마'를 한자로 옮긴 것이다. 이를 종합해보면 '富＝(金)＝釜'라는 관계가 되고, 그 뜻 역시 모두 '금'을 말하는 것임을 알 수 있다.*

결국 '釜山'이라는 지금의 이름은 그 이전 이름인 '富山'을 통해서도 알 수 있듯이 '금뫼'를 뜻하는 말이며, '가마 모양'과는 전혀 관계가 없다. 다만 '금'이 '가마'로 발음이 바뀌어 '금뫼'가 '가마뫼'가 되자 "산 모양이 가마와 같다"는 얘기가 만들어졌을 것이다.

앞에서 소개한 『신증동국여지승람』이나 『등부산시登釜山詩』에 "산 모양이 가마와 같다"라고 표현된 것도 '가마뫼' 또는 이를 한자로 바꾼 '釜山'이라는 이름이 생긴 뒤에 이를 보고 만들어 쓴 이야기라고 봄이 타당할 것이다.

따라서 이 같은 내용들을 종합해보면 지금의 좌천동 북쪽 증산은 예전에 '시루뫼'라 불렸고, 그 뒤에 있는 '가모령'은 '가마재'나 '가모재' 또는 '가마고개/가모고개' 정도로 불렸으리라는 것을 알 수 있다. 그리고 이 중 '가마뫼'가 한자로 바뀌어 '부산'이라는 이름이 생긴 것이다. 하지만 부산이라는 이름이 생겼어도 '시루뫼'라는 이름은 여전히 남았다가 한자 '증산'으로 이름이 바뀌어 오늘에 이른 것이라 해석할 수 있을 것이다.

이처럼 부산이라는 이름을 생기게 한 '가마뫼(가마산)'라는 이름의 산은 부산 말고도 전라남도 여수시나 보성군, 북한의 평안북도 구장군 등지에 이르기까지 전국 곳곳에 여럿이 있다.

경기도 안산시에 있는 '부곡동釜谷洞'도 근처의 '가마산' 때문에 생긴 이름으로, 부산釜山과 똑같은 경우다.

이렇듯 땅 이름에 쓰인 '가마'는 대개 신성하다는 뜻을 가진 '금'

----

* 오늘날 '부유富裕하다'는 말을 중세국어에서는 '가ᅀ멸다'라고 했다. 따라서 중세국어나 그 이전에 '富' 자는 '가ᅀ멸 부'로 읽었을 것이고, 이 '가ᅀ멸'이라는 말과 '금/감/가마'의 발음이 비슷하기 때문에 '富山'이라는 이름이 나왔을 것이라고 보는 학자도 있다.

을 그 출발점으로 하고 있다.

하지만 이 단어가 일반 단어에 두루 쓰이면서부터는 그냥 '검다'는 뜻으로 많이 쓰였다. 우리가 지금도 쓰고 있는 '가마솥'의 '가마'가 '검다'는 말의 변형인 '감다'에서 나온 말로, '검은색을 띤 솥'이라는 뜻을 갖고 있는 것이 대표적인 경우다. 이 밖에 새 이름인 '가마우지'나 '까마귀', 생선 이름인 '가물치' 또는 '까마득하다'와 같은 단어들도 모두 '검다'는 뜻의 '감다'에서 나온 것이다.

한편 평안남도 은산군에 있는 '현명산玄明山'은 원래 이름이 '검붉뫼'였을 것으로 추정된다. 그런데 한자로 이름을 바꿀 때 '검'을 '玄(검을 현)'으로 받고, '붉'을 '明(밝을 명)'으로 받아 생긴 이름인 것이다.

북쪽 시베리아에서 남쪽 한반도로 향하다

남산에서 목포까지

앞~

목멱산(서울 남산) · 마한 · 금오산(경주)
남강(진주) · 남촌 · 목달동(대전)

우리 민족의 시조는 빙하기 끝 무렵인 2만~3만여 년 전에 바이칼 호수 주변 등 시베리아 일대에 살았던 고대 인류로 추정된다.

민족의 기원을 밝힌다는 것이 워낙 어렵고, 변수가 많은 일이다 보니 이에 대한 이견도 있지만 아직까지는 이것이 정설로 받아들여지고 있다. 이들은 그 뒤 기후변화 등에 따라 여러 곳으로 무리를 지어 흩어졌다. 이로부터 언어와 문화는 물론 생김새까지도 달라져 오늘날 유라시아 여러 민족의 원형을 만들게 된다. 이 중 우리 민족 주류의 선조들은 지금의 몽골과 북중국(만주) 지역을 거쳐 한반도에 자리를 잡는다.

그게 언제쯤인지는 분명치 않다.

고고학계에 따르면 아주 이르게 잡을 경우 이들이 기원전 2만 년 이전에 한반도에 들어왔을 가능성도 있다고 한다. 하지만 이는 아직 추정일 뿐이다. 다만, 현재 남아 있는 고고학적 자료와 유적으로 미뤄볼 때 기원전 1만 년쯤에는 한반도에 우리의 선조인 구석기 인류가 살고 있었던 것이 확실하다고 한다.

그 시기야 논란이 있더라도, 우리 민족의 선조들이 유라시아의 북쪽 시베리아 일대에서 그보다 훨씬 남쪽의 따뜻한 곳인 한반도로 내려와 자리를 잡은 것은 분명하다고 할 수 있다. 그런데 이 과정에서 우리 민족의 머릿속에는 한 가지 독특한 방향감각이 자리를 잡는다. 바로 '앞' 하면 '남쪽'이고, '뒤'라고 하면 '북쪽'을 떠올리는 고정관념이 생긴 것이다. 북쪽 지방에서 남쪽을 향해 계속 앞을 보고 내려왔으니 남쪽이 앞이고, 북쪽은 뒤가 된 것이다.

이는 최세진의 『훈몽자회』에 '南 : 앞 남, 北 : 뒤 븍(북)'이라고 설명해놓은 것으로도 알 수가 있다.

이런 관념은 땅 이름에도 그대로 적용되어 한동네에 주민들이 모여 살 때 그 동네의 앞에 있는 산을 앞산 또는 '남산南山'이라 불렀다. 서울의 남산을 비롯해 우리나라 곳곳에 남산이 널려 있는 것은 바로 이 때문이다.

앞은 '남'이요, 뒤는 '북'이라

앞서 말했듯, 서울의 남산은 도성의 '앞에 있어서' 붙은 이름이다. 조선의 임금이 사는 정궁正宮, 즉 경복궁의 '앞산'이라는 뜻이다. 반면 도성의 뒷산은 '뒤에 있으니까' 북악北岳 또는 북악산北岳山이라 불렀다. 북악산은 '백악산白岳山'이라고도 불렸는데, 지금의 청와대 뒷산이다.

이곳 남산은 '목멱산木覓山'이라고도 불렸고, '인경산引慶山'이나 '열경산列慶山'이라는 다른 이름도 갖고 있었다. 여기서 인경산이나 열경산은 '경사를 불러온다'거나 '경사가 많다'는 뜻이다. 이는 한 양을 나라의 도읍으로 정하고 좋은 일만 있으라는 뜻에서 만들어 붙인 이름이기 때문에 그 유래를 분석할 대상은 아니다.

'목멱'은 지금도 해마다 열리는 '남산 목멱제'나 인근 학교의 축제 등에 그 이름이 남아 있다. 『조선왕조실록』에도 여러 차례 나오는 이름인데, 그중 가장 먼저 보이는 것은 태조 3년 12월 3일자 기사이 다. 이 글은 한양에 도읍을 정하고 궁궐 등의 공사를 시작하기에 앞 서 그 뜻을 하늘과 땅의 신들에게 고하는 제사의 고유문告由文이다.

이 중 태조의 명을 받은 참찬문하부사 김입견金立堅이 산천山川의 신神에게 제사를 지낼 때 밝힌 고유문의 내용은 이렇다.

왕은 이르노라! 그대 백악白岳과 목멱산木覓山의 신령과 한강과 양진楊 津 신령이며 여러 물의 신이여! 대개 옛날부터 도읍을 정하는 자는 반 드시 산山을 봉하여 진鎭이라 하고, 물[水]을 표表하여 기紀라 하였다. 그러므로 명산名山 대천大川으로 경내境內에 있는 것은 상시로 제사를 지내는 법전에 등록한 것이니, 그것은 신령의 도움을 빌고 신령의 도 움에 보답하기 때문이다. 돌이켜보건대, 변변치 못한 내가 신민의 추 대에 부대끼어 조선 국왕의 자리에 앉아, 사업을 삼가면서 이 나라를 다스린 지 이미 3년이라. 이번에 일관日官의 말에 따라 한양에 도읍을 정하고, 종묘와 궁궐을 경영하기 위하여 이미 날짜를 정했으나, 크나큰 공사를 일으키는 데 백성들의 힘이 상하지나 아니할까, 또는 비와 추위와 더위가 혹시나 그 때를 잃어버려 공사에 방해가 있을까 염려하여, 이제 문하 좌정승 조준과 우정승 김사형과 판삼사사 정도전 등을 거느리고 한마음으로 재계하고 목욕하여, 이달 초3일에 참찬문하부사 김입견을 보내서 폐백과 전물奠物을 갖추어 여러 신령에게 고하노니, 이번에 이 공사를 일으킨 것은 내 한 몸의 안일安逸을 구하려는 것이 아니요, 이 제사를 지내서 백성들이 천명을 한없이 맞아들이자는 것이니, 그대들 신령이 있거든 나의 지극한 회포를 알아주어, 음양陰陽을 탈 없이 하고, 병이 생기지 않게 하며, 변고가 일지 않게 하여, 큰 공사를 성취하고 큰 업직을 성하도록 하면, 내 변변치 못한 사람이라도 감히 나 혼자만 편안히 지내지 않고 후세에 이르기까지 때를 따라서 제사를 지낼 것이니, 신도 또한 영원히 먹을 것을 가지리라. 그러므로 이에 알리는 바이다.

이 글에 보면 백악과 목멱이 모두 등장하는데, 여기서 '목멱'은 '남南쪽'이라는 뜻으로 해석함이 가장 타당할 것으로 보인다. 남산을 목멱산이라고도 불렀다 했으니 '남南＝목멱木覓'이기 때문이다.
그런데 남산을 말하면서 갑자기 '나무 목木'이 나온 것은 남쪽과 나무를 혼동한 데서 일어난 일이다.
오늘날 우리가 쓰는 말 '나무'는 중세국어에서 '나모' 또는 '낡ㄱ'이었다.
이를 보여주는 유명한 예가 『용비어천가』의 제2장이다.

불휘 기픈 남ᄀᆞᆫ ᄇᆞᄅᆞ매 아니 뮐씨, 곶 됴코 여름 하ᄂᆞ니 (뿌리가 깊은 나무는 바람에 움직이지 않으므로 꽃이 좋고 열매가 많으니라)

여기서 나온 '남ᄀᆞᆫ(남ㄱ + ᄋᆞᆫ = 나무는)'의 '남ㄱ'이 바로 '나무'를 말한다.

이렇게 '남南'과 '남ㄱ[木]'이 비슷하다 보니 '남(쪽)'을 '나무(남ㄱ)'로 받아 '木'이 나온 것이다.

'멱覓'은 '찾는다'는 뜻을 갖고 있는 글자이다.

하지만 여기서는 그 뜻과는 아무 관계없이 우리말 '멱'을 같은 발음의 한자로 표현한 것이라 본다. '멱'은 지금도 '멱살 (잡는다)'이나 '돼지 멱따는 소리' 등에 쓰이는 것처럼 '목의 앞쪽'을 가리키는 말이다. 여기서도 바로 그 뜻 그대로 '앞'을 가리키는 말로 쓰였다. 이는 남산의 다른 이름을 지을 때 멋스럽게 지으려다 보니 생긴 일로 해석된다. '목(木 : 남ㄱ)'이라는 글자로 '南', 즉 남쪽이나 앞쪽이라는 뜻을 나타냈으니 '목산木山'이라고 해도 되지만 이보다는 여기에 '앞'을 뜻하는 '멱' 자를 더해 '목멱산'이라 하는 것이 한결 멋스러워서 생긴 일이라는 얘기다.

이렇게 본다면 '목멱'은 '남쪽' 또는 '앞'을 뜻하는 말이 되고, 목멱산은 앞산(남산)이 된다.

반면 이와는 다르게 '목멱'의 '목'을 '앞'으로, '멱'은 산山을 뜻하는 옛말 '뫼'를 비슷한 발음의 한자로 옮긴 것이라 해석하는 경우도 있다.

독립운동가이자 역사학자였던 단재 신채호(1880~1936년) 선생이나 민세 안재홍(1891~1965년) 선생의 해석이 그 경우로, 그들은 '목멱'을 '마뫼'라고 풀이했다.

'마뫼'의 '마'는 '앞' 또는 '남쪽'을 뜻하는 순우리말이다.

지금은 이 말이 거의 사용되지 않지만 이마, 마빡, 마파람 등의 단어에 그 흔적이 남아 있다. '이마'나 이마의 속된 말인 '마빡'은 사람 머리의 '앞' 부분을 뜻한다. 마파람은 '마+바람'의 형태로 남쪽에서 불어오는 바람, 즉 남풍南風을 뜻한다.

이처럼 '마~'가 앞쪽을 뜻하는 것은 이 말이 '맞이하다'라는 뜻의 '맞다'에서 나온 말이기 때문이라는 해석이 있는데 꽤 타당성이 있다. 사람이 누군가를 맞이할 때는 '앞'에서 오는 상대를 대하는 것이 일반적이기 때문이다. 집 같은 건물에 딸려 있는 '마당'도 이 '맞'에 장소를 뜻하는 접미사 '~앙'이 붙어 생긴 말이다. 건물 '앞'에 있어 손님들을 '맞이하는 곳'이기에 붙은 이름이다.

이런 면에서 고대 한반도에 있었던 삼한三韓 중 하나인 '마한馬韓'을 '마[南]+하[大]+ㄴ(어미)'으로 분석해 '남쪽에 있는 큰 나라'라고 해석하는 학자들도 있다.

이와 달리 이 마한을 '말한'의 변형으로 보아 그냥 '큰 나라'라고 해석하는 경우도 있다.('말'이 '크다'는 뜻을 갖는 것에 대해서는 이 책 「1 더 없이 크고 높고 귀하다」 참고)

이 두 가지 해석은 모두 타당성이 있어 꼭 어느 한쪽만이 맞는다고 단언할 수는 없다.

한편 남풍을 이르는 '마파람'과 짝을 이루어 북풍北風은 순우리말로 '된바람' 또는 '뒤울이'라고 한다.

여기서 '된'은 '뒤'가 바뀐 '되'에서 나온 말로 본다.

예전에 우리가 중국 사람들을 낮춰서 '때놈'이라고 불렀던 적이 있다. 이에 대해 "목욕을 잘 하지 않다 보니 때가 많아서 생긴 말"이라는 식의 억측이나 우스갯소리도 있었다.

이런 생각은 왠지 그 뿌리가 꽤 깊어서 고려 인종 임금 때인 서기 1123년 중국 송나라 사신단으로 왔던 서긍徐兢이라는 사람이 고려의 제도와 풍물 등을 보고 돌아가 지은 책『선화봉사고려도경宣和奉使高麗圖經』에 이렇게 적어놓았다.

옛 사서史書에 따르면 고려의 풍속은 사람들이 모두 깨끗하다고 기록되어 있는데 지금도 여전히 그러하다. 그들은 항상 중국인이 때가 많은 것을 비웃는다. 그래서 아침에 일어나면 먼저 목욕을 한 뒤 집을 나서며, 여름에는 하루에 두 번씩 목욕을 한다. 흐르는 시냇물에 많이 모여 남녀 구별 없이 모두 의관衣冠을 언덕에 놓고 물굽이 따라 속옷을 드러내는 것을 괴상하게 여기지 않는다.*

하지만 사실 '때놈'이라는 말은 '뒤놈'에서 생긴 것으로 봄이 옳을 것이다.

앞서 얘기했듯 우리 민족의 선조들은 북쪽 땅에서 남쪽 땅으로 내려왔기에 북쪽을 '뒤'로 본다. 그런데 중국 사람들, 특히 우리 선조들이 거쳐 내려온 만주 일대 사람들은 한반도보다 북쪽에 사는

---

*『고려도경』, 서긍, 황소자리, 2005년, 286쪽.

사람들이다. 그러기에 그들을 부를 때, 특히 만주와 두만강 주변에 살던 여진족을 일컬어 '뒤놈'이라 했는데, 그 발음이 바뀌어 '때놈'이 된 것이다.

'놈'이라는 단어는 우리 중세국어 때까지는 지금과 달라서 낮춤말이 아니었다. "나랏말ㅆ미 中듕國귁에 달아(우리나라 말이 중국과 달라서)……"로 시작하는 『훈민정음』 언해본諺解本 창제 서문에서도 이를 알 수 있다. 이에 보면 "(하고 싶은 말이 있어도 글자를 몰라 마침내 제 뜻을 밝히지 못하는) 사람이 많다"는 말을 "노미 하니라(놈이 많다)"라고 표현한다.

따라서 '뒤놈'도 처음에는 나쁜 뜻이 아니고 그냥 '북쪽에 사는 사람들'이라는 뜻에 불과 했다. 그런데 '놈'이라는 말의 격格이 점점 낮아져 지금은 욕에 가까운 말이 된 것이다.

이렇게 본다면 '된바람'도 이처럼 '뒤+바람'의 형태였던 것이 '뒷바람＞됫바람＞된바람'으로 차츰 발음이 바뀐 것이라 설명할 수 있을 것이다.*

'뒤울이'는 말 그대로 '뒤에서 바람이 울듯이 윙윙거리며 부는 것'을 나타낸 말이다. 북쪽에서 부는 바람이니 '뒤'이고, 그 바람은

---

* '된바람'을 '되게 부는 바람', 곧 '몹시 거세게 부는 바람'의 뜻으로 해석하는 학자들도 있다. 한편 서울 성북구 '돈암동敦岩洞'의 이름 유래를 이 '되'와 연관 지어 설명하는 경우도 있다. 곧 옛날에 북쪽의 오랑캐, 즉 되놈들이 이곳 미아리고개를 넘어 서울로 침입해왔기 때문에 '되가 넘어왔다'는 뜻에서 이곳을 '되넘이고개'라 했고, 한자로는 '적유령狄踰嶺'이라 불렀다. 또 이곳 마을을 '되넘이'라 했는데, 이것이 나중에 '도남'으로 발음이 바뀌었다가 지금의 돈암동이 되었다는 것이다. 하지만 북한 평안도에도 험준한 적유령산맥이 있고, 이곳을 오랑캐와 연관 짓는 이야기가 없는 것 등을 보면 돈암동을 북쪽 사람들이라는 뜻의 '되(뒤)'와 연관 지어 설명하는 것은 타당성이 적어 보인다.

매섭고 쌩쌩 불기 때문에 '울이'라 한 것이다.

이 밖에 동풍東風은 우리말로 '샛바람', 서풍西風은 '하늬바람'이라 부른다. '샛바람'의 '새'는 '날이 새는(해가 뜨는) 쪽'을 말하고, '하늬바람'의 '하늬'는 '하늘의'의 준말로 보는 해석이 일반적이다.

어쨌든 이렇게 '목멱=마뫼'로 풀이한다면 목멱산의 '산'은 굳이 없어도 되는 말이 이중으로 붙은 셈이 된다.

앞의 고유문에서도 짐작할 수 있듯이 조선왕조는 개국 뒤부터 이곳 남산 꼭대기에 '목멱사木覓祠' 또는 '국사당國師堂'이라 불린 산신당을 차려놓고 때마다 나라가 평안하기를 기원하는 제사를 지냈다. 이 목멱사는 조선왕조 500년간 자리를 굳건히 지켜왔지만 일제 식민지 시절인 1925년에 결국 헐리고 말았다.

경주 남산에 전해오는 이야기들

서울의 남산 다음으로 유명한 남산은 아마도 경상북도 경주시의 남산일 것이다.

이곳은 1,000년 세월 동안 신라의 수도였던 서라벌의 앞산이었으니 사연이 없을 리가 없다.

신라의 시조 박혁거세가 태어났다고 하는 성스러운 우물 '나정蘿井'이 이 산의 서쪽 자락에 있다. 또 130여 곳의 절터가 있는, 불교 국가 신라의 성지聖地 같은 곳이다.

『삼국유사』만 보아도 남산과 관련해 일어난 여러 사건이 나와 있다.

헌강왕이 포석정으로 행차하니 남산의 신神이 나타나 어전御前에서 춤을 추었는데, 옆에 있는 신하들에게는 보이지 않고 왕에게만 보였다. (중략) 『어법집語法集』에서는 이렇게 말했다. 그때 산신이 춤을 추고 노래 부르기를 '지리다도파智理多都波'라 하였다. 이 말은 아마도 지혜[智]로써 나라를 다스리는[理] 사람이 미리 사태를 알아채고 모두[多] 달아나 도읍[都]이 곧 파괴된다[破]는 뜻이다. 이는 바로 지신地神과 산신山神이 장차 나라가 망할 것을 알았기 때문에 춤을 추어 경계한 것이다. 그런데 나라 사람들은 이를 깨닫지 못하고 상서로움이 나타난 것이라고 하면서 즐거움에 탐닉함이 점점 심해졌기 때문에 결국 나라가 망하고 만 것이다.('처용랑과 망해사' 편)

춘추공(김춘추)은 김유신의 뜻을 알아차리고 (그의 누이동생) 아지阿之를 가까이하여 이후부터 자주 왕래하였다. 그런데 어느 날 김유신은 누이가 임신한 것을 알고 크게 꾸짖었다. "네가 부모에게 알리지 않고 임신했으니 어찌 된 일이냐?" 그러고는 그의 누이동생을 불태워 죽일 것이라고 온 나라에 소문을 퍼뜨렸다. 어느 날 선덕여왕이 남산에 행차하기를 기다렸다가 뜰에 장작을 쌓아놓고 불을 붙여 연기가 일어나게 하였다. 왕이 남산에서 그것을 내려다보고는 무슨 연기냐고 물으니 신하들이 말하였다. "김유신이 그의 누이를 불태워 죽이려는 것입니다." 왕이 그 까닭을 묻자 말하였다. "그 누이가 지아비 없이 임신을 했습니다." 왕이 물었다. "누구의 소행인가?" 이때 춘추공이 앞에서 가까이 모시고 있다가 안색이 갑자기 변하자 왕이 춘추공을 보며 말했다. "이는 네 소행이구나. 빨리 가서 구하라." 그래서 공은 임금의 명을 받들어 말을 달려 왕명

을 전하고, 화형을 중지시켰다. 그 뒤에 혼례를 치렀다.('태종 춘추공' 편)

위의 내용 중 앞의 것은 신라가 점점 무너져가는 때에 남산의 산신이 나타나 왕에게 그를 경고했지만 알아듣지 못했다는 얘기다. 이 산에 산신이 있고, 그 산신이 나라의 존망에 관여할 만큼 밀접한 관계가 있다고 믿었다는 뜻이니, 이곳 남산이 예사로운 산일 수는 없는 것이다.

뒤의 것은 김춘추가 장차 왕이 될 큰 인물임을 알고 김유신이 계책을 써서 자신의 누이동생과 결혼을 하도록 만들었다는 이야기다. 이를 위해 일부러 왕이 남산에 올 때를 기다렸다가 그때에 맞춰 불을 피운다. 신라가 불교 국가였던 만큼 남산에는 절과 탑이 많아 임금도 자주 행차했고, 그곳에 가면 경주 시내를 한눈에 내려다볼 수 있었기에 이런 '작전'이 가능했던 것이다. 몰락한 국가 가야伽倻 출신이었던 김유신으로서는 이렇게 김춘추와 손을 잡음으로써 자신과 가문의 권력 기반을 튼튼히 할 수 있었다.

이런 내용들을 보면 경주의 남산은 사실 서울의 남산보다 한 등급 위의 남산이라 할 수도 있을 것이다.

서울의 남산이 '목멱산'이라는 멋스러운 별명을 갖고 있듯이, 경주 남산은 '금오산金鰲山'이라는 다른 이름을 갖고 있다.* 조선 초기 생육신生六臣의 한 사람인 김시습(金時習, 1435~1493년)이 사육신사건死六臣事件 뒤에 전국을 떠돌다가 이곳에 6년여를 머물며 기이한

---

* 앞에서 보았듯이 '목멱산'은 결국 '남산' 또는 '앞산'이라는 뜻인 만큼 엄밀한 의미에서는 고유명사라고 할 수가 없을 것이다.

내용의 소설을 썼다. 그 소설들을 묶은 것이 우리나라 최초의 전기체傳奇體 소설집인『금오신화金鰲新話』라 전한다. 금오산에서 썼기 때문에 이런 이름을 붙인 것이다.

그런데 이 남산에 왜 '황금 자라 산'이라는 뜻의 금오산이라는 이름이 붙게 되었는지는 확실치가 않다. 다만『신증동국여지승람』에 신라 말의 천재 학자로 꼽히는 최치원(崔致遠, 857~?년) 선생에 관한 이야기 하나가 실려 있을 뿐이다.

경주 출신인 그는 열두 살 때 당나라로 건너가 열여덟 살에 과거에 급제하고, 문장가로 이름을 날리다가 고국으로 돌아온다. 당나라에 있을 때 그곳의 시인 고운顧雲과 가깝게 지냈는데, 고운은 서로 시詩를 주고받으며 친하게 벗했던 그가 떠나게 되자 시 한 수를 써준다.

그 일부가『신증동국여지승람』에 남아 전하는 것인데 이런 내용이다.

당나라의 고운이 최치원에게 지어준 시에, '들으니 바닷가에 세 마리의 금오金鰲가 있어, 머리 위에 높디높은 산을 이었다[戴]네. 산 위에는 구슬궁[珠宮]·진주대궐[貝闕]·황금전黃金殿이요, 산 밑에는 천리만리 끝없이 넓은 물결, 그 곁에 한 조각 계림鷄林이 푸른데, 금오산이 정기精氣를 모아 기특奇特한 인재 낳았네' 하였다.

여기서 나오는 '금오'는 중국 전국시대에 쓰인 책『열자列子』에 나오는 황금 자라 이야기를 말하는 것이다. 동해 바다에 있는 삼신산三神山에 뿌리가 없어 어디로 흘러갈지 알 수 없게 되자 하느님(천제

: 天帝)께서 거대한 황금 자라들을 시켜 그 산을 머리로 떠받치게 했다는 내용의 신화이다. 고운은 이 내용을 인용한 시를 써서 최치원을 더할 수 없이 빼어난 인물이라고 추켜세운 것이다.

하지만 이 내용을 보면 "금오산의 정기를 모아 최치원을 낳았다"고 했으니, 최치원이 태어나기 전부터 금오산이라는 이름이 쓰였다는 뜻이 된다. 결국 남산을 왜 금오산이라 부르게 되었는지는 설명해주는 자료가 없어 알 수가 없다.

전국 곳곳에 있는 다른 남산들 중에도 금오산처럼 자기 고유의 이름을 따로 갖고 있는 경우가 종종 있다.

'우산牛山'으로도 불리는 경상남도 사천시 곤양면의 남산이나, '오산鰲山'으로도 불리는 경상북도 청도군의 남산 등이 그런 경우다. 이 중 '우산'은 산의 모양이 소가 엎드려 있는 모양이어서 붙은 이름이고, '오산'은 산의 모양이 자라[鰲]의 머리와 등판처럼 생겨서 붙은 이름이라고 한다. 하지만 객관적으로 보아 이를 받아들일 수 있을지는 의문이다.*

전국에 퍼져 있는 남산 가운데는 이런 별명이 없이 그냥 '남산'으로만 불리는 경우가 훨씬 더 많다. 그런데 그냥 '남산'이라고 하면 모두 '앞산'이라는 뜻일 뿐이니 사실상 고유명사라고 할 수는 없을 것이다.

산뿐 아니라 강에도 똑같은 방향 원칙이 적용된다.

---

*아마도 '우산牛山'은 산山 등을 뜻하는 우리 옛말 '두름/둠'에서 나온 말일 가능성이 크다. 또한 '오산鰲山'도 '우산'과 똑같이 '두름/둠'에서 출발해 '우산'이 되었다가, 다시 그 발음이 바뀌어 '오산'이 되자 거기에 적당한 한자를 갖다 붙인 것일 가능성이 있다. ('두름/둠'에 대해서는 「11 주변을 휘감아 싸다」 참고)

이를 가장 잘 보여주는 곳이 경상남도 진주시를 가로지르는 '남 강南江'이다. 임진왜란 당시 진주성이 함락되자 진주목晉州牧의 관기 官妓였던 논개論介가 왜적 장수를 끌어안고 몸을 던져 순국한 곳으로 특히 유명한 그 강이다. 이 강은 진주시의 북서쪽에서 흘러와 도시 의 남쪽을 한 바퀴 감싸 흐른 뒤 북동쪽으로 흘러가 낙동강과 합쳐 진다. 이처럼 마을의 앞쪽에 흐르는 강물이기에 '남강'이라는 이름 을 갖게 된 것이다.

한편 옛날 한 고을의 중심지, 특히 그 고을의 수령이 근무하는 지 역에서 보아 그 앞에 있는 동네는 흔히 '남촌'이라 불렸다. 물론 순 우리말 이름으로는 '앞말(앞마을)'이었다. 그래서 이 이름 역시 우리 나라 곳곳에서 만날 수 있다.

'나무 목木'에 대한 서로 다른 해석

'목멱'처럼 앞쪽을 뜻하는 '남南'을 나무로 생각해 '나무 목木' 자 를 붙인 이름 중에 대전광역시 중구의 '목달동木達洞'이 있다.

목달동은 조선시대에 공주목公州牧에 속한 산내면山內面 '목달촌' 이었던 곳으로, 보문산寶文山 남쪽 남달산南達山 아래에 있는 마을이 어서 '남달미'라고도 불렸다 한다. '남달미'는 '남+달+미'의 구조로 된 말이다. '남'은 '남쪽', '달'은 '산山'을 뜻한다. 또 '미'는 '산'을 뜻 하는 '뫼'나 들판을 뜻하는 '매(미ㅎ)'의 변형으로 해석된다.('달'이 '산'을 뜻하는 것은 이 책 「10 높은 곳에 넓은 터를 잡다」 참고)

결국 '남달=목달'이니 앞서 밝힌 '목멱산'처럼 '남南'을 '목木'으 로 쓴 것이다.

126

하지만 이런 경우로서 가장 이름난 곳은 아무래도 전라남도 목포시木浦市라 할 것이다.

『삼국사기』에 보면 목포는 백제시대에 '물아혜군勿阿兮郡'이라 불렸다.

여기서 '물아혜'는 '물 아래'라는 우리말 이름을 같거나 비슷한 발음의 한자로 옮긴 것이라 해석된다. 이곳이 영산강 하류에 있기 때문에 강물의 아래쪽 마을이라는 이름을 갖게 된 것이다. 이는 '산 뒤'(산의 뒷동네), '개건너'(강이나 바닷물이 드나드는 개의 건너편 마을), '무너미'(물이나 산 너머에 있는 마을)처럼 우리말로 그 지형을 설명한 동네 이름들이 지금도 흔히 쓰이고 있는 것을 통해 쉽게 받아들일 수 있다. 이런 식의 이름은 땅 이름이 생기는 과정에서 가장 처음 단계에 해당하는 것들이다.

목포라는 지금의 이름은 조선 태조 때 이곳에 '목개나루', 즉 목포진木浦津을 설치하면서 생긴 것이라고 한다.

이에 대해 흔히 '나무가 많이 나는 포구라 해서' 또는 '목화가 많이 나는 포구라 해서' 목포라 불리게 되었다고 한다. 하지만 이는 그냥 들어도 너무 엉터리라는 판단이 드는 수준이라서 따져볼 가치가 없는 해석이다.

언어학적 입장에서는 목포가 '남개'라는 우리말 이름에서 나온 것으로 본다.

이에 대해서는 두 가지의 설명이 있다.

첫째는 목포가 전라도의 중심 도시였던 나주의 관문으로, 나주의 남쪽 포구라는 뜻에서 '남개[南浦]'라 불렸다는 것이다.

둘째는 옛날에 이곳 사람들이 지금의 대반동大盤洞 쪽 개[浦]를 '뒷개' 또는 이를 한자로 바꾼 '후포後浦'라 불렀는데 그 맞은편에 있는 포구여서 나온 이름이라는 해석이다. 이 일대 전체로 볼 때 대반동 쪽이 지역의 북쪽에 있기 때문에 '뒷개' 또는 '후포'라 불렀고, 목포는 이 뒷개에 대응하는 '앞개[前浦]'라는 뜻에서 '남개'라 불렀다고 풀이하는 것이다.

둘 중 어느 쪽이든 '남개'가 남쪽에 있는 동네(포구)여서 생긴 이름이긴 마찬가지이다. 그런데 이 '남개'는 그 발음상 '나무개'라고도 했고, 이를 한자로 적는 과정에서 '남녘 남南'이 '나무 목木'으로 바뀐 것이다. 이는 앞서 말한 '목멱산'의 경우와 똑같다.

그러나 '목포'를 이외 다르게 해석하는 학자들도 있다.

목포의 '목'을 나무나 남쪽에서 나온 말이 아니라 '통로 가운데 다른 곳으로는 빠져나갈 수 없는 중요하고 좁은 곳'을 뜻하는 순우리말 '목'으로 보는 입장이다.

이런 뜻에서의 목은 지금도 '길목', '건널목' 등의 단어나 "(장사 등을 할 때) 목이 좋다"와 같은 표현에서 자주 쓰이는 말이다.

이렇게 본다면 목포는 '육지로 들어가는 길목으로서의 포구'라는 뜻이 된다. 옛날 이곳은 전라도의 중심지였던 나주로 들어가는 길목이 되는 포구였다. 그래서 '목개'라 했던 것을 한자로 옮기면서 '목'은 소리만 빌려 '木(나무 목)'을 쓰고, '개'는 그 뜻을 가진 한자 '浦(포구 포)'를 써 목포가 되었다는 해석이다.

이 역시 꽤 타당성이 있는 분석이어서 앞의 '남개'와 더불어 어느 쪽이 더 옳다고 잘라 말하기가 어렵다.

조금 더 높은 곳이면
소래에서 추전역까지

수리

소래산 • 수리봉 • 수락산 • 수레넘어고개 • 싸리재 • 수리산
수봉산 • 수레의산 • 서래봉 • 솔개봉 • 설악산 • 서리뫼(금강산)
속리산 • 증산동(시루뫼) • 예천군醴泉郡 • 차령車嶺 • 취봉鷲峯 • 취암산
취덕산 • 취리산 • 치술령 • 응봉산鷹峰山 • 매봉

중국 당나라의 장수 소정방(蘇定方, 592~667년)은 서기 660년 김유신 장군과 함께 신라-당나라의 연합군을 이끌어 백제를 멸망시킨 인물로 잘 알려져 있다.

그런데 그에게는 수수께끼 같은 논란이 하나 따라다닌다. 그가 김유신 장군에게 독살당한 뒤 우리나라 땅에 묻혔다는 것이 사실인가 하는 점이다.

이는 『삼국유사』 '태종 춘추공' 편에 나오는 다음 기록 때문에 생긴 일이다.

또 『신라고전新羅古傳』에는 이렇게 말하였다. 소정방이 이미 고구려와

백제 두 나라를 치고, 다시 신라를 칠 목적으로 머물러 있었다. 이에 김유신이 그 계획을 알아차리고 당나라 군사들에게 향응을 베풀고는 짐독(짐새의 깃을 술에 담근 독)을 먹여 모두 죽게 한 후에 땅에 묻었다. 지금 상주尙州 경계에 당교唐橋가 있는데, 이곳이 그들을 묻은 장소이다.

당나라 사료인 『신당서新唐書』와 『구당서舊唐書』에는 소정방이 고구려 멸망(서기 668년) 1년 전인 667년에 죽은 것으로 나와 있다고 한다. 또 그가 죽었다는 말을 들은 당나라의 고종 황제가 슬퍼하면서 그에게 유주도독이라는 벼슬을 추증追贈하고, '장莊'이라는 시호를 내렸다고 한다. 그런데 『삼국유사』의 기록에는 그가 백제에 이어 고구려를 멸망시킨 뒤 다시 신라를 칠 목적으로 머물러 있었다고 하니 내용이 서로 맞지 않는다.

상식적으로 보아도 당나라로서는 명장이었을 그가 독살을 당해 신라 땅에 묻혔다면 상당한 외교적 문제가 일어났을 것이고, 그런 내용이 당나라의 기록에 조금이라도 얘기가 되었을 것이다. 한데 그런 내용을 전혀 찾아볼 수 없다니 수수께끼라는 말이 나오지 않을 수 없다. 하지만 여러 가지 정황으로 미뤄볼 때 소정방이 고구려의 멸망 뒤까지 살아 있었다거나 김유신 장군에게 독살당했다는 것은 사실이 아닌 것으로 보인다.

『삼국유사』를 지은 일연(一然, 1206~1289년) 대사도 앞의 『신라고전』 내용을 소개한 뒤에 "항간에 전하는 말은 근거가 없으며, 고구려를 멸망시킨 뒤에 신라가 그 땅을 마음대로 소유한 일은 있었지만 소정방을 죽인 것은 아닐 것"이라는 주석을 달아놓고 있다.

이 논란의 진실이 무엇이든, 그가 서기 660년 13만 명의 대군을 이끌고 우리 땅으로 건너와 백제와의 전쟁을 치른 것은 분명한 사실이다. 그러다 보니 우리나라에 소정방 때문에 생겼다고 하는 땅이름이 여럿 있는데, 이 중 가장 대표적인 것이 인천광역시 남동구의 '소래蘇萊'다. 또 인천 앞바다에 있는 섬 '소야도蘇爺島'나 전라북도 부안군(변산반도)에 있는 절 '내소사來蘇寺'도 소정방과 관련짓는 얘기가 있다. 하지만 사실 이 중 소정방과 관계가 있는 이름은 단 하나도 없다.

소정방이 정말로 그곳에 갔을까?

'소래蘇萊'를 소정방과 관련짓는 사람들은 '소래'라는 이름이 "소정방[蘇]이 왔다[來]"는 뜻이라고 설명한다.

신라 태종무열왕 7년(660년) 신라와 당나라의 연합군이 백제를 공격할 때 소정방이 군대를 이끌고 황해를 건너와 이곳에 주둔했기 때문에 '소래'라 불리게 되었다는 것이다. 또는 같은 맥락에서 당시 소정방이 지금의 중국 산둥성 봉래蓬萊로 추정되는 '래주萊州'를 출발해 덕적도를 거쳐 이곳으로 왔기 때문에 "소정방[蘇]이 래주[萊]에서 왔다"는 뜻에서 소래가 되었다고도 설명한다.

하지만 『삼국사기』「신라본기」 '태종무열왕' 편의 기록만 봐도 소정방이 소래에 왔다는 것은 전혀 사실이 아님을 알 수 있다. 그 내용을 추리면 이렇다.

(태종무열왕 7년 여름 5월) 왕은 유신庾信, 진주眞珠, 천존天存 등과 더

불어 군사를 거느리고 수도를 떠나 6월 남천정南川停에 주둔하였다. 소 정방은 래주萊州에서 출발해 천 리를 잇는 전선을 거느리고 동쪽을 향 해 물길을 따라 내려왔다. 왕은 태자 법민을 보내 병선兵船 100척을 거 느리고 나가 덕물도德物島에서 소정방을 영접하게 했다. 소정방은 법 민에게 이르기를 "나는 7월 10일에 백제 남쪽에 도착해 군사와 화합 해 의자왕의 도성을 쳐부수려 하오" 하므로 법민이 말하기를 "우리 대 왕이 지금 대군을 고대하고 계시는 터이라……" (중략) (화랑 관창이) 손으로 우물물을 움켜 마시고서 다시 적진을 향해 뛰어들어 날래게 싸우니 계백이 사로잡아 목을 베어 말안장에 달아서 돌려보냈다. 품 일은 그 머리를 붙잡고 피눈물로 옷소매를 적시며 "우리 아이 면목이 살아 있는 것 같다. 나랏일에 죽었으니 다행이다" 하니 삼군三軍이 보 고 강개慷慨하여 죽을 뜻을 품고 북을 치며 앞으로 나갔다. 백제군을 크 게 무너뜨려 계백은 전사하고 좌평 충상忠常, 상영常永 등 20여 명을 사 로잡았다. 이날에 소정방이 부총관 김인문과 함께 기벌포伎伐浦에 도 착하여 백제군을 만나 싸워 크게 무너뜨렸다.

이를 보면 당시 소정방이 덕물도(지금의 인천광역시 옹진군 덕적도) 에서 "7월 10일에 백제 남쪽에 도착하겠다"고 한 뒤 금강 하구인 기 벌포(지금의 충청남도 서천군 장항읍 일대로 추정)로 내려갔음을 알 수 있 다. 이곳 소래에는 올 이유가 없었던 것이다.

이는 『삼국사기』「신라본기」 '문무왕' 편에 나오는 다음 내용을 보면 더욱 분명해진다.

당나라 황제가 조서를 내려 우위장군右衛將軍 손인사孫仁師를 보내어 군사 40만 명을 거느리고 덕물도에 이르러 웅진부성熊津府城으로 나가게 하고, (문무)왕은 김유신 등 29명의 장군을 거느리고 그들과 합세하여 두릉윤성豆陵尹城, 주류성周留城 등을 공격하여 모두 항복을 받았다. 부여풍은 몸을 빼어 도망가고 왕자 충승忠勝, 충지忠志 등은 여러 부하들과 함께 항복하였으나 유독 지수신遲受信이 임존성을 지키어 함락되지 아니하므로 겨울 10월부터 치기 시작하여 이기지 못하고 11월에야 함락시켰다.

이는 백제가 패망한 뒤 왕자 부여풍 등을 중심으로 일어난 백제 부흥운동을 나당연합군이 제압하는 과정에서 나오는 이야기이다. 여기서도 당나라 군사는 덕물도를 거쳐 백제의 수도였던 웅진(지금의 충청남도 공주시) 쪽으로 내려간다. 이를 '태종무열왕' 편의 기록과 합쳐보면 당나라 군대가 배를 타고 백제 땅으로 건너올 때는 덕적도에 잠시 머물렀다가 남쪽으로 내려가는 항로를 택했다는 사실을 알 수 있다.

백제시대에 지금의 인천과 중국의 산둥반도를 연결하는 뱃길이 있었던 것은 사실이다. 이른바 '등주항로登州航路'이다. 지금 인천광역시 연수구 옥련동에 가면 '능허대凌虛臺'라는 유적지가 있는데, 이 일대가 백제시대에 중국을 오가던 사신들이 이용하던 나루터였다. 이곳에 있던 나루는 '한나루'라 불렸다. 이곳에서 배를 타고 덕적도를 거쳐 산둥반도의 등주登州나 래주萊州로 갔던 것이다. 하지만 이 나루터는 백제가 고대국가로서의 기틀을 다진 근초고왕 때부터 이후 개로왕 때까지 100여 년 동안만 사용된 것으로 전해온다. 더욱이 소정방이 신라군과 연합해 백제의 수도를 공격하려던 당시의 급박한 상황에서 지금의 인천으로 당나라 군대를 이끌고 올 여유나 이유는 전혀 없었다. 따라서 소래의 땅 이름 유래를 소정방과 관련시어 설명하는 것은, 재미는 있을지 몰라도 타당성은 전혀 없는 얘기다.

소야도蘇爺島도 "소정방[蘇]이라는 노인[爺]이 왔다"고 해서 붙은 이름이라고 설명하곤 한다.

하지만 위의 기록에서 보듯 소정방은 덕적도에 왔지 소야도에는 들르지 않았다. 또 자료를 통해서 볼 때 '소야도'라는 이름은 조선 숙종 무렵부터 쓰이기 시작한 것이다. 그 이전에는 '시야도史冶島'나 '사야곶도沙也串島' 등으로 불렸으니 소정방과는 아무 관계도 없음을 알 수 있다.*

내소사來蘇寺 역시 "소정방이 와서 새로 지었기 때문에 내소사라 했다"는 설명을 갖고 있다.

하지만 내소사는 서기 633년 창건 당시 이름이 '소래사蘇來寺'였고, 소정방은 당시에 그곳에 올 이유도 없었다. 그는 630년 당나라의 명장 이정李靖을 따라 돌궐과의 전투에 참가해 큰 공을 세웠다. 하지만 어떤 약탈 사건에 관련되어 해임되었고, 그 뒤 무려 27년 동안 아무런 관직도 없이 지냈다고 하기 때문이다.**

내소사라는 이름과 소정방이 아무 관계가 없다는 점에 대해서는

<hr/>

*소야도의 이름 유래 해석은 이 책「15 새롭고 신성한 마을이 생기다」에서 밝혔다.
**『고구려, 전쟁의 나라』, 서영교, 글항아리, 2007년, 362쪽.

육당 최남선(崔南善, 1890~1957년)도 『심춘순례尋春巡禮』에서 이렇게 밝히고 있다.

본디는 소래사이던 것을 소정방이 와서 중창 시주된 까닭에 내소라고 개칭하게 되었다 하나, 변산이 백제 이래 불교의 대영장大靈場이 된 것은 달리도 증적證跡이 있는 바인즉…… (중략) 소정방 운운은 역亦 일무거一無據한 부회설附會說에 불과하다. 더욱이 『여지승람』이래로 백여 년 전 문적까지 다 소래라 하였을 뿐임을 보면 전설의 기원이 그리 오래지도 아니함을 알 것이며, 상필 소蘇 자를 인하여 동파의 '내소도來蘇渡' 고사를 분본紛本 삼아 어느 실없는 사람의 입에 탁설되기 비롯함일 것이다. (중략) 소래가 소정방에 아무 관계없는 고어요, 특히 '붉'도道 적 근거의 있는 말임은 대개 오인이 아님을 믿을 만하거니와 소래의 후록後麓인 취봉鷲峰은 훈독하면, 즉 '솔개', '솔애'임은 여기 대하여 아무것보다 유력한 증거가 될 것이다.

정리하자면, 소정방과 내소사라는 이름은 아무 관계도 없으며, 내소사는 소래사에서 나온 말로서 우리말 '솔개'나 '솔애'에서 비롯된 이름이라는 얘기다.

결국 이들 땅 이름을 소정방과 관련지어 설명하는 것은 모두 억지임을 알 수가 있다.

높은 곳을 뜻하는 순우리말 '수리'
그렇다면 '소래'라는 이름은 어떻게 생겨난 것일까.

우선은 이곳 주변 산에 나무가 많고, 그 나무들에 '송라松蘿'가 많아 '송라'라 부르던 이름이 '송라>소라>소래'로 발음이 바뀐 것이라는 설명이 있다.

'송라'란 소나무 같은 데에 붙어사는 이끼 종류 비슷한 식물을 말한다. 이런 설명을 하는 사람들은 경기도 시흥시와 인천광역시 남동구에 걸쳐 있는 '소래산蘇萊山'도 똑같은 이유에서 생긴 이름으로 본다.

원래 이 산에는 소나무가 많았고, 소나무에 송라가 많아 '송라산'이라 부르던 것이 '송라산>소라산>소래산'으로 발음이 바뀌었다는 것이다. 또 조선시대에 흉년이 심하게 들어 먹을 것이 없게 되자 마을 사람들이 이 산에서 나는 소나무 섭실과 송라를 캐먹으며 살아 '송라산>소라산>소래산'이 되었다고도 한다.

이와 달리 이 산의 생김새가 주로 여승女僧들이 머리에 쓰던 '송낙'을 닮았다고 해서 '송낙산'이라 하다가 발음이 바뀌어 소래산이 되었다는 이야기도 있다.

이 중 우선 생김새가 '송낙'을 닮았다는 말은 객관적으로 보아 받아들이기 어렵다.

반면 송라가 많아서 생긴 이름이라는 해석은 가능성이 전혀 없는 것은 아니어서 무작정 무시할 수만은 없다. 하지만 너무 막연하다는 생각이 든다. 다른 지역에도 소나무가 많고, 따라서 송라도 이곳보다 훨씬 많은 산이 얼마든지 있는데 '소래'라는 이름을 가진 곳은 없기 때문이다. 다른 지역에서 송라와 연결 지어 생각해볼 수 있는 땅 이름은 경기도 남양주시에 있는 '송라산'이나 전라북도 익산에 있는 '소라산' 정도이다.

따라서 이보다는 다른 지역에 있는 여러 땅 이름들과의 연관성을 따져보면서 언어학적 입장에서 '소래'의 뜻을 해석하는 것이 한결 타당할 것으로 본다.

언어학적 입장에서 '소래'는 두 가지로 해석된다.

첫째는 이를 '가늘다', '좁다', '뾰족하다' 등의 뜻을 가진 우리말 형용사 '솔다'에서 나온 이름으로 보는 것이다. 이 '솔다'의 어간 '솔~'의 발음이 바뀌어 '소래'가 되었다는 뜻이다.

이런 뜻의 '솔'은 지금도 소나무(<솔나무), (옷의) 솔기, (바람이) 솔솔, 송곳(<솔곳), 오솔길 등의 단어에 남아 있다. 또 강화도 덕진진~광성보와 김포시 사이의 바다에 있는 여울 '손돌목'의 '손'도 이 '솔'이 바뀐 것이다. 이곳 소래를 중심으로 주변에는 오봉산 등 작은 산들이 퍼져 있다. 따라서 이런 산봉우리들 때문에 '솔~'을 이름에 붙여 소래가 되었다고 볼 수도 있을 것이다. 하지만 이곳에 있는 오봉산 등의 산봉우리들은 뾰족하다기보다는 완만하게 늘어진 편이어서 '솔~'이라는 표현이 잘 맞지 않는다는 문제가 있다. 실제로 이곳 소래가 속해 있는 '논현동論峴洞'은 '(산줄기가) 늘어졌다'는 뜻에서 나온 이름이다.*

반면 같은 언어학적 입장이어도 이와는 전혀 다르게 소래가 우리 옛말 '수리'의 발음이 바뀐 것이라고 보는 해석이 있다. 전국 곳곳에 퍼져 있는 이 '수리' 계통 땅 이름들과 함께 살펴보면 이 해석

----

* '논현동'의 땅 이름 해석은 이 책 「3 산이 땅으로 늘어지며 내려오다」에서 볼 수 있다.

이 가장 타당하다고 할 수 있다.

그 출발이 고구려어인 '수리'는 '높은 곳' 또는 '맨 꼭대기'를 뜻하는 순우리말이다.

추석秋夕을 순우리말로 한가위라고 하듯, 단오端午는 순우리말로 '수릿날'이라고 한다.

이는 태양이 높은 하늘의 한가운데, 즉 머리 꼭대기에서 똑바로 내려쬐는 날이기에 붙은 이름이다. '천중절天中節'이라는 다른 한자 이름을 갖고 있는 것도 이 때문이다. 이처럼 '수리'는 지금도 머리의 맨 위를 뜻하는 '정수리' 등의 단어에 쓰이고 있다. 하늘을 높이 나는 독수리의 '수리'도 '높은 곳'을 날기 때문에 붙은 이름이다. 산 봉우리의 '~우리' 역시 '수리'에서 'ㅅ'이 달락한 꼴이다.

이 '수리'가 땅 이름에서는 우리나라 곳곳에서 수리봉, 수리바위 등의 형태로 그 모습을 간직하고 있다. 그런데 이 단어는 그 원형인 '수리' 외에도 '사라', '사리', '서리', '소리', '살', '쌀', '설', '솔', '수락', '술', '시르', '시루', '시라', '수레', '싸리', '쓰리' 등의 다양한 변형을 갖고 있어 언뜻 보아서는 그 원래의 뜻을 알아채기 어려운 경우가 많다. 게다가 그 바뀐 이름에 맞춰 각자 제 이름에 대한 설명이나 전설을 갖고 있는 경우도 적지 않다. 그럴수록 '수리'라는 본래의 뜻과는 관계없는 이름인 것처럼 보이게 된다.

예를 들어 서울 노원구와 경기도 의정부시·남양주시에 걸쳐 있는 수락산水落山은 "거대한 화강암 암벽에서 물[水]이 굴러떨어지는 [落] 모습 때문에 생긴 이름"이라고 말한다. 하지만 이는 아마도 뒤에서 말할 설악산과 마찬가지로 '수리악(수리+악)'의 발음이 줄어들어 '수락'이 되었을 것이다.

또 강원도 원주시에 있는 수리봉은 "독수리가 새끼를 치고 살아서 생긴 이름"이라 하고, 전라북도 진안군에 있는 '소리개재'는 "고개의 모양이 솔개가 닭을 채가려는 형상이라 생긴 이름"이라 하며, 남양주시 와부읍에 있는 '수레넘어고개'는 "옛날 어떤 관찰사가 수레를 타고 이곳을 넘어가서 생긴 이름"이라는 식으로 설명한다. 인천광역시 중구 경동이나 전라북도 진안군에 있는 '싸리재'는 "옛날 이곳에 싸리나무가 많았다"는 이야기로 이어진다.

하지만 이런 이야기들은 땅 이름이 생긴 뒤 그 이름에 맞춰 사람들이 만들어 붙인 것일 뿐, 사실과는 관계가 없는 경우가 대부분이다. 이들은 모두가 '수리'의 변형일 뿐이다.

'소래'도 그 한자 이름에 관계없이 이 '수리'의 발음이 바뀐 변형의 하나로 본다. 이 동네에 오봉산 등 작은 산이 많다 보니 '수리'라고 불리다가 차츰 발음이 바뀌어 '소래'가 된 것이다.

앞서 말했듯 '수리'라는 땅 이름은 대개 산이나 고개처럼 높은 곳을 뜻한다. 하지만 꼭 그렇게 높은 곳이 아니라도 주변 지역보다 조금 더 높은 곳이면 '수리'라 부르기도 했다. 동네에 있는 여러 동산이나 봉우리 가운데 가장 높은 곳을 흔히 '수리봉'이라 부른 것이다. 우리나라 곳곳에 '수리봉', '수리산', '수리재', '수리고개' 같은 이름이 그토록 많은 이유가 여기에 있다.

그런데 순우리말인 이 '수리'를 '修理'나 '愁離'처럼 발음이 같은 한자로 쓴 땅 이름도 적지 않다. 그러다 보니 이에 맞춰 또 엉뚱한 전설이 생기기도 한다. 예를 들어 충청북도 충주시에 있는 수리산修

理山에는 이런 전설이 딸려 있다.

(이곳서 멀지 않은) 음성군 생극면에 조선 초기 문신인 권근權近 선생의 묘지가 있는데 이곳에 자꾸 물이 차서 후손들이 지관地官을 불렀다. 지관이 말하기를 "이곳 수리산에 연못을 파면 권근 선생의 묘지에 있는 물이 빠져 수리산 연못에 괼 것"이라 했다. 이에 수리산에 연못을 팠더니 정말로 묘지에서 물이 빠지고 연못에 물이 고였다. 이후 이곳 사람들 사이에 이 연못을 잘 수리修理하면 아들을 얻을 수 있다는 말이 생겨 연못을 잘 관리하고 산 이름도 수리산이라 부르게 되었다.

'수리'라는 말의 뜻을 몰라서 생긴 전설이겠지만, '연못을 잘 수리해서 생긴 이름'이라니 억지스럽기 이를 데 없는 내용이다.

인천광역시 남구에 있는 '수봉산'도 처음에는 '수리'라 불렸을 것으로 추정된다. 그런데 시간이 지나면서 '리' 자가 떨어져나가고 대신 '봉'이 붙어 '수봉'이 되었고, 여기에 다시 '산'이 붙어 수봉산이 되었을 것이다. '수리〉수리봉〉수봉〉수봉산'의 순서다.

그런데 '수리'라는 말만으로도 이미 '산'이나 '높은 곳'이라는 뜻이기 때문에 여기에 또 '봉峰'이나 '산山'이 붙으면 뜻이 겹치게 된다. 그럼에도 이런 식의 이름이 많은 것은 아마 시간이 지나면서 '수리'라는 말의 뜻을 잘 모르게 되어 생긴 일일 것이다. 그 뜻을 아는데도 생긴 일이라면 '역전앞'처럼 같은 말을 반복해 뜻을 확실하게 하는 강조용법이라 해석할 수 있다.

충청북도 음성군에 가면 '수리산'과 '수레의산'이라는 두 이름의 산이 서로 가까이 있어 같은 이름의 변형을 한자리에서 볼 수도 있다. 이처럼 '수리'가 '수레(의산)'라는 이름으로 바뀐 것은 우리 중세국어 때까지 지금의 수레를 '술위'라고 했기 때문이다. '수리'와 '술위'의 발음이 비슷하다 보니 특히나 쉽게 변화가 일어날 수 있었던 것이다.

속세를 잊게 할 만한 산이 속리산뿐이라

이 '수리'의 변형들은 한자 이름으로 바뀌는 과정에서 원래의 뜻을 전혀 알아볼 수 없을 만큼 또 한 번 큰 변화를 겪기도 했다.

그 대표적인 경우로 우선 강원도에 있는 설악산雪嶽山을 들 수 있다.

설악산은 한자 그대로 해석하면 '눈 덮인 큰 산'이라는 뜻이다. 해발 1,708미터로 낮지 않고, 눈에 덮여 있을 때의 기풍이 워낙 수려한 만큼 그런 뜻의 한자 이름을 갖는 것이 전혀 무리가 없어 보인다.

실제로『신증동국여지승람』'양양도호부' 편을 보면 "설악雪岳은 부 서북쪽 50리에 있는 진산鎭山이며 매우 높고 가파르다. 8월에 눈이 내리기 시작하며 여름이 되어야 녹는 까닭으로 이렇게 이름 지었다"라고 나와 있기도 하다.

하지만 언어학적 입장에서는 '설악' 역시 한자의 뜻과는 관계없이 '수리'에서 비롯된 이름으로 본다.

한자 이름이 생기기 훨씬 전부터 이미 우리말로 부르는 이름이 있었을 것이고, 한자 이름은 대개 이 우리말 이름에 맞춰 그럴듯한 한자를 갖다 붙이는 것이 일반적이기 때문이다. 이런 면에서 '설악'은 '수리'라는 말에 다시 큰 산을 뜻하는 한자 '岳(악)'이 붙어 '수리

'설악'은 거의 한여름까지도 산에 눈이 녹지 않아 생긴 이름이라고 하지만 사실은 높은 곳을 뜻하는 우리말 '수리'가 변한 이름으로 추정된다.

악'이 되고, 이 이름이 줄어들면서 '설악'이 되자 '雪岳'이라는 한자가 따라붙었다고 보는 것이다. 그리고 이 한자 이름 '雪岳'이 생기자 '눈[雪]' 때문에 이런 이름을 갖게 되었다는 이야기가 다시 생긴 것으로 본다. 앞에 말한『신증동국여지승람』보다 훨씬 앞서 나온『세종실록 지리지』'양양도호부' 편 기록에 "명산名山은 설악雪嶽이다"라는 말이 나온다. 따라서 '수리'가 '설악'으로 바뀐 것이라 본다면 그 시점은 세종대왕 대 이전이었음을 알 수 있다. 이렇게 만들어진 이름 '설악'에 다시 '산山'이 붙은 이유에 대해서는 앞에서 설명한 바 있다.

우리 민족의 명산인 금강산도 '서리뫼'라는 다른 이름을 갖고 있는데, 여기서의 '서리' 역시 '수리'의 변형으로 볼 수 있을 것이다.

142

전라북도 장수군에 있는 '서래봉西來峰'도 한자의 뜻과는 전혀 관계없이 그저 '수리봉'을 말하는 것이다.

또 하나 유명한 곳으로 충청북도 보은군과 경상북도 상주시에 걸쳐 있는 '속리산俗離山'이 있다. 이 이름 역시 '수리'에서 나온 것으로 본다.

'소금강小金剛'이라 불릴 정도로 좋은 경치를 자랑하는 이 산은 신라시대부터 이미 지금의 이름으로 불려왔다. 그 이름의 유래에 대해서는 이런 이야기가 전해온다.

신라 선덕여왕 때 유명한 승려였던 진표眞表 대사가 이곳에 왔는데 밭을 갈던 소들이 그를 보고 모두 무릎을 꿇었다. 이를 본 농부들이 "짐승들도 저리하는데 하물며 사람들이 그보다 못할 수 있겠는가" 하며 모두들 속세를 버리고 진표 대사를 따라 산으로 들어가 도를 닦았다. 이때부터 속리산이라 불리게 되었다.

산의 이름이 '俗離'인데다 창건한 지 1,500여 년이 지난 유명한 절 '법주사法住寺'도 있으니 이런 얘기가 만들어질 만도 하다. 하지만 "속세를 떠난다"는 표현은 한자로 '離俗'이지 '俗離'가 아니다. 이는 신라 말 명문장가인 고운 최치원 선생이 속리산을 돌아보고 남겼다는 시를 보아도 알 수 있다.

도는 사람을 멀리하지 않는데
사람은 도를 멀리하고

산은 속세를 떠나지 않으나

속세는 산을 떠나는구나.

(道不遠人人遠道 山非離俗俗離山)

이 시의 마지막에 나오는 '俗離山'은 "속세가 산을 떠난다"는 표현일 뿐이지 이 산의 이름을 말한 것이 아니다. 게다가 그 뜻은 오히려 "도를 닦기 위해 진표 대사를 따라 산으로 들어갔다(속세를 떠났다)"는 말과 반대가 된다. 물론 우리말과 중국어 또는 한자의 어순이 다르기 때문에 "속세를 떠났다"는 말을 우리 식으로 '俗離'라 표현해 산 이름을 붙였다고 할 수도 있을 것이다. 하지만 아무래도 어색하고, 전설의 내용을 보면 더더욱 억지스럽다는 느낌을 지울 수가 없다. 이 나라에 속세를 잊게 할 만큼 경치가 좋고, 오래된 절이 있는 산이 어찌 속리산 하나뿐이겠는가.

결국 속리산은 속세를 떠나는 일과는 아무 관계가 없는 이름이며, '수리'의 발음이 변해 '속리'가 되었을 뿐이라고 해석할 수 있다. 그런데 이렇게 '속리'라는 말이 생기고 나자 여기에 법주사 등이 주는 종교적 색채가 덧붙어 '俗離'라는 한자 이름이 생겼고, "농부들 모두가 속세를 떠났다"는 얘기까지 만들어진 것일 터이다.

서울 은평구에 있는 증산동繪山洞도 꽤 복잡한 단계를 거쳤다.

증산동에는 떡을 찌는 시루처럼 생겨서 '시루매(뫼)'라 불렸다는 산이 있는데, 예전에는 그것이 동네 이름이기도 했다고 한다. '수리'의 발음이 바뀌어 '시루'가 되었고, 여기에 '산'을 뜻하는 우리말 '뫼'의 변형인 '매'가 붙어 이뤄진 이름이다. 이 시루매를 한자로 옮긴 것이 '증산'이다.

그런데 원래 떡 찌는 '시루'를 한자로 그대로 옮기면 '甑(시루 증)'이어서 '甑山洞'이 되어야 한다. 실제로 김정호의 「대동여지도」에는 이곳이 '甑山里(증산리)'라고 나와 있다. 그런데 그 뒤 누군가가 "떡시루는 밑이 뚫려 물이 새기 때문에 좋지 않은 뜻"이라며 그 한자를 지금과 같은 '繒(비단 증)' 자로 바꾸었다고 한다. 이런 과정을 거쳤으니 지금의 이름만 보아서는 '수리'라는 출발점을 알아채기가 무척 어렵게 되었다.

이와 달리 강원도 삼척시 증산동甑山洞에 가면 바닷가에 '증산마을'이라는 표지가 있고, 여기에 '시루뫼'라는 설명이 붙어 있다. 동네에 있는 산이 시루처럼 생겨서 시루뫼라 하다가 이를 한자로 바꿔 증산마을이 되었다는 얘기다. 하지만 객관적으로 볼 때 그 산이 정말 시루처럼 생겼는지는 단언하기 어렵다. '시루뫼'나 '시루봉'이라는 산 이름은 이 밖에도 충청북도 보은군이나 괴산군, 충청남도 태안군 등 전국 곳곳에 두루 퍼져 있다. 북한에도 평양시나 황해도 수안군 등 여러 곳에 '시루봉'이나 '시루산'이 있다.

경상북도 예천군醴泉郡의 변화는 더욱 알아차리기 어렵다.

예천군의 삼국시대 이름은 '수주현水酒縣'이었는데, 이를 통일신라시대에 경덕왕이 지금의 이름으로 고친 것이다. 그런데 수주현은 '술골'이라 불리던 당시의 우리말 이름을 한자로 표현한 것이고, 여기서 '술'은 '수리'의 준말로 보인다. 이 동네가 온통 산간지대에 자리 잡고 있어 '수리골'이라 했는데, 그 발음이 줄어 '술골'이 되었을 가능성이 크기 때문이다. 그리고 이를 한자로 나타낼 때 '술'을 마시는 술로 받아 '수주水酒'라는 이름이 생겼을 것이다. 그런데 경덕왕 때 이를 다시 중국식 한자 이름으로 바꾸면서 '술'에 해당하는 글자를 '醴(단술 예)' 자로 받아 '醴泉'이라는 이름이 생긴 것이다. 앞의 '증산동繪山洞'만큼이나 본뜻에서 멀리 흘러온 이름이라 하겠다.

한편 충청남도 천안시와 공주시 사이에 있는 '차령車嶺'은 '수레[車]가 넘어갈 만큼 넓은 고개[嶺]여서 생긴 이름'이라고 해석하곤 한다.

하지만 이 역시 '수리'에서 바뀐 이름일 뿐 수레와는 아무 관계가 없다. 앞에서 밝혔듯 수레[車]의 옛말인 '술위'의 발음이 '수리'와 비슷하다 보니 생긴 일인 것이다. 따라서 이곳은 원래 '수리고개'라 불리던 곳인데 그 발음이 바뀌어 '수레고개'가 되자 이를 그대로 한자로 옮겨 '차령'이라는 이름이 생긴 것임을 알 수 있다.

이곳 차령은 고려를 세운 태조 왕건이 죽음을 앞두고 남긴『훈요십조訓要十條』에 '차현車峴'이라는 이름으로 등장해 유명한 곳이기도 하다. 왕건이 후손들에게 남긴 이『훈요십조』는 불교와 풍수지리 사상에 기반을 둔 정치 지침서라 할 수 있다. 이 10개 항목의 지침 가운데 여덟 번째 항목의 내용은 이렇다.

차현 이남과 공주강 외外는 산형山形과 지세地勢가 배역背逆으로 달리고, 인심도 역시 그러하니 비록 양민일지라도 관직에 올라 일을 보게 하지 말라.

차령 남쪽과 공주강(금강) 바깥쪽은 풍수지리상 반역을 꾀할 기운이 깔려 있고, 사람들 마음도 그러하니 누구든 벼슬자리에 앉히지 말라는 말이다. 이 때문에 『훈요십조』는 전라도 지방을 낮춰보고 홀대하는 '지역 차별'의 원조 격으로 불리곤 한다. 하지만 『훈요십조』가 조작된 문서라는 얘기도 있고, 조작된 것은 아니지만 '차현 이남과 공주강 외'가 전라도 지역 전체를 가리키는 것은 아니라는 해석 등 여러 견해가 있어 계속 논란이 되고 있다.

이곳 차령에서 멀지 않은 공주시 유구읍에는 '차유현車踰峴'이라고도 불리는 '차동車洞고개'가 있다. 이곳에는 "옛날 이곳에 살았던 차車 서방이 병든 어머니의 약값을 마련하기 위해 산에서 나무를 하다가 꿈속에서 백발 할아버지가 산삼이 있는 곳을 알려주어 어머니의 병을 낫게 했기 때문에 차동이라 부른다"는 전설이 있다. 하지만 '차동고개'의 '차車'도 역시 수리의 변형인 수레를 한자로 옮긴 것일 뿐이다. '차유현'은 해석하면 '수레너머고개'라는 뜻이니 이 역시 '수리(수레)를 넘어가는 고개'라는 말을 한자로 바꾼 것이다.

새의 이름에 맞춰 한자로 바꾸다

이 '수리'를 하늘을 나는 새 수리로 받아 한자 '鷲(수리 취)' 자를 쓴 땅 이름도 많다.

충청남도 천안시에 있는 '취암산鷲巖山'이나 부여군에 있는 '취령산鷲嶺山', 전라북도 군산시에 있는 '취성산鷲城山', 경상남도 창녕군에 있는 '영취산靈鷲山' 등이 이런 경우다. 북한에도 평안북도 동창군에 '鷲峯(취봉)' 또는 '추봉산'이라 불리는 해발 801미터의 산이 있고, 함경남도 이원군에 있는 '취덕산鷲德山'도 같은 경우다. 이런 곳에는 으레 "산의 모양이 수리를 닮았다"거나 "산속에서 수리가 알을 낳았기 때문에 이런 이름이 붙었다"는 식의 설명이 딸려 있기 십상이지만 모두가 지어낸 얘기에 불과하다. 이 중 취덕산에서의 '德(큰 덕)'은 언덕이나 시령을 뜻하는 우리 옛말 '덕'을 같은 소리의 한자로 써서 '높은 곳'이라는 뜻을 갖게 한 것이다.

충청남도 공주시에는 '鷲'가 아니라 '就(이룰 취)' 자를 쓰는 '취리산就利山'도 있다. 높이가 채 200미터가 안 되어 높지는 않지만 『삼국사기』에 이른바 '취리산 회맹就利山 會盟'과 관련해 등장하는 산이다.

신라 문무왕 5년에 문무왕과 당나라 장군 유인원, 웅진도독 부여융이 이곳 취리산에 모여 서로 굳은 동맹을 맺자는 서약을 하고, 백마白馬를 잡아 하늘에 제사를 지낸 뒤 그 피를 나눠 마셨다는 내용이다.

이 취리산도 원래는 '수리'에서 나온 '鷲利山'이었는데 '鷲'보다 쓰기 편한 '就'로 글자가 바뀐 형태일 것이다.

이처럼 '수리'를 새의 이름에 맞춰 한자로 바꾼 땅 이름 중에 신라시대 눌지왕 때의 충신인 박제상朴堤上과 그의 아내의 슬픈 전설이 얽혀 있는 '치술령鵄述嶺'도 있다.

치술령은 경상북도 경주시 와동읍과 울주군 두동면에 걸쳐 있는 해발 765미터의 산이다.

『삼국유사』에 나오는 이 전설의 내용은 대략 다음과 같다.*

----

*『삼국유사』에는 '박제상'이 아닌 '김제상'이라고 나와 있다. 하지만 『삼국사기』에는 박제상으로 나오며, 박제상이 옳은 것으로 인정되고 있다.

눌지왕이 왜국倭國과 고구려에 볼모로 잡혀가 있는 두 아우 미해美海와 보해寶海를 그리워해 신하들에게 그들을 데려올 방법을 물었다. 이에 신하들은 삽라군歃羅郡 태수太守로 있던 박제상을 추천했고, 그는 지체 없이 고구려에 가서 보해를 먼저 구해왔다. 그런데 보해를 만난 왕이 바로 미해를 그리워하자 제상은 집에도 들르지 않고 곧장 왜국으로 향했다. 뒤늦게 이 소식을 들은 아내가 포구로 따라갔지만 이미 배를 탄 남편은 손만 흔들어 보이고 길을 떠났다. 왜국에 간 제상은 '신라의 왕이 아버지와 형을 죽였기 때문에 도망쳐왔다'고 속이고, 늘 물고기와 짐승을 잡아 바쳐 왜왕에게 신임을 얻었다. 그러던 어느 날 달아날 때가 왔다고 판단한 제상은 미해를 먼저 탈출시킨 뒤 자신은 왜인들을 속이기 위해 남아 있다가 붙잡혔다. 화가 난 왜왕은 박제상에게 자신의 신하가 된다면 목숨을 살려주겠다고 했다. 하지만 제상은 "차라리 계림鷄林의 개돼지가 될지언정 왜국의 신하는 되지 않겠다"고 했다. 이에 왜왕은 제상의 발바닥 살갗을 도려내 갈대 위를 걷게 하거나, 뜨겁게 달아오른 철판 위에 세워놓는 혹독한 고문을 했다. 하지만 그래도 제상이 끝내 굴복하지 않자 불에 태워 죽였다. 미해가 무사히 신라에 도착한 뒤 이 사실을 안 눌지왕은 제상의 아내를 국대부인國大夫人으로 봉하고, 그의 딸은 미해의 부인으로 삼았다. 하지만 남편에 대한 그리움을 떨치지 못한 제상의 부인은 그 뒤 세 딸을 데리고 치술령에 올라 왜국을 바라보며 통곡하다가 삶을 마치고, 치술령을 지키는 신모神母가 되었다.

이곳 '치술령'의 '鵄(치)'는 올빼미나 올빼미과에 속하는 수리부

엉이, 또는 수리과에 속하는 솔개를 나타내는 한자이다. 하지만 여기서는 이런 새를 말하는 것이 아니라 앞에서 나온 한자 '鷲(수리 취)'처럼 우리말 '수리'를 표현하기 위해 끌어다 쓴 글자이다. 또한 '述(술)' 자도 '수리'를 뜻하려고 쓴 글자로 해석된다. 결국 '치술령'은 '수리고개'라는 우리 이름을 나타낸 것일 뿐이다.

이곳에는 "박제상이 죽은 뒤 눌지왕이 꿈속에서 어린아이의 울음소리를 듣고 이곳을 찾아왔다가 부모님을 잘 모시기 위해 자신들의 아이를 죽인 부부의 사연을 듣고 이 산을 치술령이라 이름 지었다"는 또 다른 전설이 있다. 하지만 전설의 내용을 보면 그런 사연이 어떻게 치술령이라는 이름으로 이어질 수 있는지 전혀 연결이 되지 않는 것이어서 이름 由래와 관련해서는 따져볼 대상이 되지 않는다.

또는 '鵄'를 그대로 새로 보고, '述(술)'은 '수리'로 보아 '새가 사는 높은 산'이라는 뜻이라고 치술령을 해석하는 사람도 있다. 하지만 '鷲' 계열 땅 이름의 경우만으로도 알 수 있듯이 '鵄'를 새로 해석하는 것은 문제가 있다.

한편 서울시 성동구, 강원도 삼척시, 경상북도 울진군, 대전광역시 대덕구 등 전국 여러 곳에 있는 '응봉산鷹峰山'은 대부분 '매봉'을 한자로 바꾼 것이다. 여기서 '매'는 산山을 뜻하는 우리 옛말 '뫼'의 발음이 바뀐 것이다. 그런데 이를 하늘에 날아다니는 새 '매'로 생각해 한자로 '鷹(매 응)' 자를 썼다. 이렇게 한자 '鷹'을 씀으로써 '뫼'의 원래 뜻이 없어지고 나니 그냥 '뫼'라고 하면 되었을 이름에 '峰(봉우리 봉)'뿐 아니라 '山' 자까지 따라붙어 '응봉산'이라는 이름이 생긴 것이다. 전라북도 김제시에 있는 '매봉梅峰'은 '梅(매화나무 매)' 자를 쓰고 있지만 이 역시 산을 뜻하는 '매'를 발음이 같은 한자로 바꿔 쓴 것일 뿐이다.

이렇게 따져보면 '수락水落'과 '설악雪岳'뿐 아니라 '속리俗離', '증산繒山', '차령車嶺', '취봉鷲峯', '취리산就利山', '치술鴟述', '응봉鷹峰' 같은 이름들 모두가 결국은 우리말 '수리'를 표현한 것일 뿐임을 알 수 있다. 따라서 이에 쓰인 한자들은 사실 글자의 소리나 뜻만 빌려 준 셈이니 이 역시 넓은 의미에서 '한자 차용' 표현이라 할 수 있다.

추전역에 가면 싸리밭이 많을까?

끝으로 그 변화 양상이 유별나게 특이해 덧붙여둬야 할 곳이 우리나라에서 가장 높은 곳에 있는 기차역 '추전역杻田驛'이다.

강원도 태백시 화전동에 있는 '추전역'은 해발 855미터나 되는 곳에 있다.

1973년 태백선 철도 역사로 업무를 시작한 이 역은 지금은 여객 수송이 아니라 관광용으로만 사용되는 정도인데, '추전'이라는 이름은 이 동네의 원래 이름인 '싸리밭골'에서 따왔다. 추전역에 가면 '추전역-싸리밭골'이라고 쓴 안내판이 서 있어 이를 친절히 알려준다.

그런데 '杻田'의 '杻'는 원래 감탕나무라는 나무를 나타내는 글자로 발음은 '뉴(유)'이다. 반면 이 글자가 싸리나무를 뜻할 때는 '축'으로 발음되며, 죄지은 사람에게 채우는 수갑이나 쇠고랑의 의미일 때는 '추' 또는 '축'으로 발음한다. 따라서 '杻田'이 동네의 원

이름 '싸리밭(골)'을 한자로 옮긴 것이라면 '축전'이라 읽어야 한다. 이는 인천광역시 중구에 있는 '싸리재' 때문에 그 주변에 '싸리고개'라는 뜻의 '축현梔峴'초등학교가 있었던 것에서도 알 수 있는 일이다.(이 학교는 2001년 인천 연수구로 이사를 가서 지금은 싸리재 주변에 있지 않다) 전라북도 남원시에 있는 '축현천梔峴川'도 인근의 '싸리재 마을' 때문에 생긴 이름이고, 같은 도道 진안군에 있는 '싸리재'도 '축령'이라는 한자 이름을 따로 갖고 있다.*

그런데 이곳 추전역의 경우는 무슨 이유에서인지 '싸리밭'을 '梔田'이라 쓰고는 이를 '축전'이 아닌 '추전'으로 읽은 바람에 역 이름이 '추전역'이 되어버렸다. 이 때문에 지금의 이름을 한자 그대로 해석하면 '쇠고랑 밭' 정도가 될 뿐 '싸리밭(골)'이라는 뜻은 알 수가 없다. 만약 이 역사 안내판에 '추전역-싸리밭골'이라는 설명이 없다면, '추전역'이라는 이름만으로 '싸리밭'을 생각해낼 수 있는 사람은 거의 없을 것이다.

그런데 그 사연이 무엇이었든, 추전역이라는 이름의 출발이 된 '싸리밭골'은 실제로 싸리나무가 많은 밭이 있어서 생긴 이름이라기보다는 높은 곳을 뜻하는 '수리'의 변형 '싸리'에서 생긴 이름으로 보는 것이 한결 타당할 것이다. 해발 800미터가 넘는 높은 곳에 밭들이 있어 '수리밭골'이라 했던 것이 시간이 지나면서 '싸리밭골'로 바뀌었고, 여기에서 한자 이름 '梔田'이 생겼으리라 짐작할 수 있다.

....
*이곳 축령은 싸리재라는 이름으로 미뤄 원래 '梔嶺'이라 해야 하는데 그나마 한자를 잘못 붙여 '丑嶺'이라 쓰고 있다.

앞서 말한 인천 중구의 '싸리재'도 마찬가지여서 '싸리나무가 많은 고개(재)'가 아니라 '높다랗게 솟아오른 고개'라는 뜻이다. 물론 이곳에 싸리나무가 많았기 때문에 싸리재라는 이름이 생겼다고 주장하는 사람들도 있다. 하지만 이를 입증할 자료가 전혀 없다는 것이 문제다. 이곳 '싸리재'는 느슨한 언덕지대여서 높은 고개라고는 전혀 말할 수가 없는 곳이다. 하지만 앞에서도 밝혔듯, 주변 지역보다 조금 더 높은 곳이면 그냥 '수리'라는 말을 붙이기도 했기에 이런 이름이 생긴 것이다.

삐죽하게 튀어나오다

호미곶에서 강화도까지

곶

고잔 · 북성구지 · 황구지천 · 고지리 · 섭지코지
아오지 탄광 · 화개장터 · 화도진 · 화도 · 양화대교

호랑이의 순우리말 이름은 '범'이다.

'호랑虎狼'은 원래 범[虎]과 이리[狼]라는 뜻이며, 욕심이 많고 잔
인한 사람을 가리키는 표현으로 많이 쓰였다. 하지만 이제 우리말
'범'은 거의 쓰이지 않고 있다. 한반도에서 호랑이가 멸종하듯이,
우리말 '범'도 사라질 운명에 놓여 있는 셈이다.

우리 민족은 호랑이와 여러 면에서 깊은 관계를 맺고 있다.

『삼국유사』속 단군신화에서 곰 대신 우리 민족의 어머니가 될
뻔했던 동물이 바로 호랑이이다. 이뿐 아니라, 거의 알려져 있지 않
지만 호랑이가 단군의 어머니로 나오는 단군신화도 있다고 한다.

신화학자 조현설 교수가 쓴 『우리 신화의 수수께끼』에 그 내용이

나온다.

그런데 여기 『삼국유사』의 강력한 전승력傳承力에 밀려 잊혀진 또 하나
의 단군신화가 있다. 승려 설암(雪巖, 1651~1706년)이 지은 기행문 「묘
향산지妙香山誌」의 단군신화가 그것이다. 설암은 『제대조기第代朝記』라
는 문헌을 참조했다고 하는데 내용은 이렇다.
'환인의 아들 환웅이 태백산에 내려와 신단수 아래 살았다. 환웅이 하
루는 백호白虎와 교통交通하여 아들 단군을 낳았다. 그가 요堯 임금과 같
은 해에 나라를 세워 우리 동방의 군장이 되었다.'
『삼국유사』와 유사하지만 여기서는 곰이 아니라 호랑이가 단군을 낳
는다. 곰과 범, 대체 어느 쪽이 진짜 단군의 어미인가? 환웅과 백호의
결혼이라는 낯선 단군신화가 지금 우리에게 묻고 있다.*

이렇듯 우리 민족과 가까운 범은 그 용맹함과 비범한 풍모 때문
에 산신이나 영물로 대접받았다. 그래서 사람들은 집 대문에 용龍
과 함께 범의 그림을 그리거나 '虎(호)'라는 글자를 써놓음으로써
집 안에 나쁜 귀신과 질병疾病이 들어오지 못하도록 막는 벽사辟邪
역할을 맡기기도 했다. 반면 범이 까치나 여우처럼 도무지 상대가
안 되는 짐승들에게 번번이 속아 넘어가는 어리석은 존재로 그려
지는 옛날이야기들도 있다. 어느 쪽이 되었든 이는 예전 우리나라
에 범이 워낙 많아서 친근하다고 할 만큼 자주 볼 수 있었기 때문에

....
*『우리 신화의 수수께끼』, 조현설, 한겨레출판, 2006년, 23쪽.

생긴 일일 것이다. 다산 정약용 선생의 『목민심서牧民心書』 '형전육
조刑典六條'에 실린 다음 내용만으로도 범이 얼마나 많았는지 알 수
가 있다.

백성을 위해 해害를 제거하는 것은 목민관으로서 힘써야 할 것이다.
그 첫째는 도적이요, 둘째는 귀신이요, 셋째는 호랑이이다. 이 세 가지
가 없어져야만 백성의 근심이 덜어질 것이다. (중략) 호랑이나 표범이
사람을 물고 여러 차례 소나 돼지를 해치면 틀을 놓고 함정을 만들며
노도弩刀 등 무기를 써서 이를 잡아 그 근심을 없애야 한다.

범은 한반도의 땅 모양과도 관계가 깊다.
조선 중기의 유명한 풍수風水학자였던 격암格庵 남사고南師古 선생
이 자신의 책 『동해산수비록東海山水秘錄』에서 조선의 땅 모양에 대해
"백두산 호랑이가 앞발로 연해주沿海州를 할퀴는 형상으로, 백두산
은 코에, 동을배곶은 꼬리에 해당한다"고 표현했다 한다. '동을배
곶多乙背串'은 오늘날 경상북도 포항시의 '호미곶虎尾串'을 말한다. 호
미곶은 '호랑이 꼬리 모양의 곶'이라는 뜻이다. 땅 모양이 그러하니
우리 민족은 한반도에 자리 잡은 순간부터 범과 인연을 맺을 수밖
에 없는 운명이었다 할 것이다.

호미보다 범꼬리가 낫다
영일만迎日灣의 동쪽 끝에 자리 잡고 있는 호미곶은 새해 아침 해
맞이 장소로도 유명한데, 그것은 '영일만'이라는 땅 이름에 이미 그

이유가 들어 있다. '迎日'이란 '해[日]를 맞이한다[迎]'는 뜻이기 때문이다.

이곳 영일만에는 유명한 '연오랑延烏郎과 세오녀細烏女'의 전설이 있다.

『삼국유사』에 전하는 그 전설의 내용은 대략 다음과 같다.

신라 제8대 왕인 아달라왕阿達羅王이 즉위한 지 4년(서기 157년), 이곳 동해안에 연오랑과 세오녀 부부가 살고 있었다. 하루는 연오랑이 바다에 가서 해초海草를 따고 있는데 갑자기 바위가 나타나 그를 태우고 일본으로 건너갔다. 일본인들은 그가 예사롭지 않은 인물이라 여겨 고을의 왕으로 삼았다. 세오녀는 남편이 돌아오지 않자 바닷가로 찾아나섰는데 역시 바위가 나타나 그녀를 태우고 일본으로 갔다. 두 사람은 그곳에서 만나 왕과 왕비가 되었다. 그런데 이때 신라에서는 갑자기 하늘의 해와 달이 빛을 잃었다. 이에 천문天文을 보는 일관日官이 왕에게 "해와 달의 정기精氣가 우리나라에 내렸는데 이제 일본으로 가버려 생긴 일"이라고 아뢨다. 왕은 일본으로 사람을 보내 부부에게 돌아올 것을 청했다. 하지만 연오랑은 "우리가 이 나라에 오게 된 것은 하늘의 뜻이라 어찌할 수 없다"며 거절했다. 그 대신 "아내가 짜놓은 비단이 있으니 그것을 가지고 가서 하늘에 제사를 지내면 될 것"이라고 했다. 사신이 이를 받아와 말한 대로 하니 정말로 해와 달이 다시 빛을 되찾았다. 이에 임금은 그 비단을 보물로 삼고, 하늘에 제사 지낸 곳을 '영일현迎日縣' 또는 '도기야都祈野'라 했다.

이 전설은 고대에 우리 조상들이 일본으로 건너가 그곳의 지배 계층이 된 역사적 사실을 표현한 것으로 해석된다. 이는 또 "해와 달이 빛을 잃었다가 되찾았다"고 한 내용으로도 알 수 있듯이 우리 민족의 광명光明 숭배 사상을 반영한 것이기도 하다. 연오랑은 해를, 세오녀는 달을 상징하는 셈이다.(우리의 광명 숭배 사상에 대해서는 이 책 「8 밝은 빛을 숭배하다」 참고)

이렇듯 '해를 맞이하는 동네' 영일만에서도 가장 동쪽 끝에 있으니 호미곶은 우리나라 육지에서 가장 먼저 떠오르는 해를 볼 수 있는 해맞이의 명소가 될 수밖에 없는 곳이다.

그런데 이 '호미곶'이라는 동네 이름은 2001년 12월에 생긴 것이다.

그 이전에는 '동을배곶'이나 '동배곶多背串', '동외곶多外串', '장기곶長鬐串' 등으로 불렸다. '동을배'나 '동배' 또는 이 발음이 변한 '동외'는 그 뜻이 분명치 않다. '장기長鬐'는 '기다란 갈기'라는 뜻이니, 이곳의 땅 모양이 말의 갈기와 비슷하다 해서 붙인 이름이라고 한다.

호미곶이라는 이름은 일본인들이 한반도의 모양을 '토끼'에 비유한 데 대한 반발에서 뒤늦게 생긴 것이다.

일제 식민지 시절을 거쳐 1980년대까지도 한반도는 호랑이가 아닌 토끼에 자주 비유되곤 했다. 이는 1903년 일본의 지구과학자 고토 분지로(小藤文次郎, 1856~1935년)가 「조선산악론朝鮮山岳論」이라는 논문에서 처음 주장한 것이라고 한다. 그 내용은 이렇다.

이탈리아는 땅 모양이 장화와 같고, 조선은 토끼가 서 있는 것과 같다.

(중략) 조선인들은 자기 나라의 외형에 대해 이런 생각을 하고 있다. '형태는 노인의 모습이며, 허리는 굽고 양손은 팔짱을 끼고 중국에 인사하는 모습과 같다. 조선은 중국에 의존하는 게 마땅한 일이다'라고 여기는데, 이런 생각은 사대부들의 마음속에 깊이 뿌리박혀 있다.

이는 앞서 본 남사고 선생의 한반도 땅 모양 묘사와는 완전히 반대되는 내용이다.

우리나라가 일제의 식민지로 굴러떨어지던 때였으니 그들로서는 우리를 이토록 낮춰본 것이 어쩌면 당연했을지도 모른다. 그 뒤로도 이런 인식은 일본인뿐 아니라 우리들 마음속에서까지 꽤 오래 남아 있었다. 하지만 1990년대 이후 우리의 국력이 강해지면서 인식도 바뀌기 시작했다. 이에 이곳에서도 주민들을 중심으로 '호랑이의 꼬리'를 되찾기 위한 움직임이 일어났고, 마침내 '장기곶'을 대신해 '호미곶'이라는 이름을 갖게 된 것이다.

이렇게 해서 '호랑이의 꼬리'를 되찾은 것은 참 좋은 일이었는데 한 가지 아쉬움은 남는다. 굳이 한자로 이름을 지었어야 했느냐는 점이다. 그냥 '범꼬리곶'이라고 했으면 어땠을까. '호미'라 하면 '범꼬리'에 비해 친근감이 훨씬 떨어지는데다 언뜻 농사지을 때 쓰는 호미를 먼저 떠올리게 만들기 때문이다.

인천광역시 남동구에 있는 '호구포虎口浦'도 우리말 이름 '범아가리'를 한자로 바꾼 것이다. 이 동네의 모양이 멀리서 보면 범이 입을 벌리고 있는 것 같다고 해서 '범아가리'라 했던 것이다. 그런데 이를 굳이 한자 '호구포'로 바꿔 제맛을 잃었고, 30여 년 전만 해도 이 땅의 이름이었던 '범아가리'는 이제 거의 잊히고 말았다.

순우리말 땅 이름을 이런 식의 딱딱한 한자로 바꿔 우리말이 갖는 감칠맛과 친근감을 잃게 하고, 그 뜻도 알아듣기 어렵게 만든 예는 사실 너무나 많다. (혹시 '범아가리'나 '범꼬리곶'보다 '호구포'나 '호미곶'이 한결 품위가 있다고 생각되는 사람이 있다면 자신이 평소에 말이나 글을 쓸데없이 어렵게 쓰고 있지는 않은지, 또한 한자나 외국어 사대주의에 빠져 있지는 않은지 스스로 돌아볼 일이다.)

호미곶에서 '곶'은 '바다나 호수 등을 향해 뾰족하게 내민 땅의 끝부분'을 나타내는 말이다.

국어사전적인 의미로는 이렇지만 땅 이름에서는 물가뿐 아니라 육지 안에서 '산줄기가 길게 뻗어 내려온 곳'에도 종종 '곶'이라는 표현이 쓰인다. 한마디로 '삐죽하게 내민 땅'을 '곶'이라고 한다.

한자로는 '串'이라 쓰며, '岬(갑)'이라는 한자도 곶을 의미한다.

이 '곶'은 현대어 '코' 또는 '꽃'과 같은 뿌리를 가진 말이다.

'코'는 중세어 '고ㅎ'에서 나온 말이고, '꽃'도 중세어에서는 '곶/곳' 또는 '곧'이라 했다. '곶'이 삐죽하게 뻗어 나온 땅인 것처럼, '코'는 우리 얼굴에서 앞으로 삐죽 튀어나온 부분이다. '꽃'도 줄기에서 돋보이게 삐죽 삐져나온 것이다. 뾰족한 '송곳'이나 '고깔(모자)', '곡괭이', '꼬챙이', '곶감', '꼬치' 등의 단어에도 여전히 '곶'이 살아 있다. 서해안의 별미 '꽃게'도 중세어 '곳게/곳궤'가 바뀐 말이며, 몸이 양쪽으로 삐죽삐죽하게 튀어나와 있기 때문에 생긴 이름이다.

이 '곶'은 동사 '곶다'를 만들어냈고, 이는 다시 된소리로 바뀌어 '꽂다'가 되었다. 여기서 '꼬챙이'나 '꼬치'와 같은 말이 생겼다. 이들은 모두 '뾰족하고 기다란 물건'과 관계가 있다. 추운 겨울날 처마 끝에 매달리는 고드름도 '곶+얼음', 즉 뾰족하고 길게 생긴 얼음이라는 뜻이다.*

삼면이 바다인 한반도에는 당연히 곶 형태의 땅이 많아 '장산곶'(황해도 장연군)이나 '월곶'(경기도 시흥시·경기도 김포시), '간절곶'(경상북도 울주군)처럼 '곶'이라는 이름을 가진 땅이 무척 많다.

또 '곶'이 많다 보니 자연스럽게 '고잔'이라는 지명도 많다.

'고잔'은 '곶+안'이니, '삐죽 튀어나온 곶의 안쪽에 있는 땅'을 말한다. 전라북도 김제시 부량면의 고잔, 경기도 안산시 단원구의 고잔동, 인천광역시 남동구의 고잔동 등이 모두 이에 해당한다. 한자로는 '古棧', '高棧', '古盞', '串安' 등 여러 가지로 표시되지만 글자와 관계없이 그저 우리말 '고잔'을 나타낸 것일 뿐이다.

'고잔'은 발음이 바뀌어 '고장', '꼬장', '고잘', '고잠', '고안', '꽃안' 등의 다양한 변형으로 나타나기도 한다. 고장골, 꼬장배기, 꼬장산, 고잘미 등의 땅 이름이 그것이다. 이런 땅들은 모두가 곶의 안쪽에 있는 동네나 논, 산 등을 뜻한다. 그런데 '고잔'이 '꼬장'이나 '꽃안' 정도로 바뀌고 나면 원래의 뜻을 알지 못해 '꽃이 많은 동네'라는 식으로 해석하는 일이 벌어지곤 한다.

한편 '곶'은 그 발음이 바뀌어 여러 곳에서 '고지'나 '구지', '코지'

---

*이와 다르게 고드름을 '곧(은)+얼음', 즉 '곧게 매달린 얼음'으로 해석하는 학자도 있다. 이 역시 꽤 타당성이 있는 분석이다.

라는 이름으로 나타나기도 한다. 인천광역시 중구의 '북성구지'나 경기도 수원시에 있는 '황구지천', 경상북도 영천시 북안면의 '고지리', 제주도 서귀포시 성산읍에 있는 '섭지코지' 등이 그 대표적인 경우다.

이보다 더 특이한 경우로 꼽을 수 있는 것이 북한의 악명 높은 정치범 수용소이자 탄광으로 이름난 '아오지阿吾地'이다.

탄광이 웬 곳에 있다는 것일까.

하지만 이 분야를 연구한 국어학자 김영만 교수는 '아오지'의 '~오지'가 '곶'의 변형인 '고지'에서 'ㄱ'이 떨어져나간 형태라고 분석하고 있다.

그에 따르면 아오지는 험준한 산속에 있을 것이라는 우리의 일반적인 생각과는 달리 두만강 하류의 넓은 삼각주(三角洲·델타) 지대에 자리 잡은 땅이며, 그 동네 산에 탄광이 있다. 그리고 이처럼 '~오지'라는 말이 들어간 곳은 바다나 강변 쪽으로 삐죽 내민 땅이라는 공통적인 특징을 갖고 있다고 한다. 남한에서도 강원도 화천군 하남면의 '서오지리'나 양구군 남면의 '명오지리'처럼 이름에 '~오지'가 들어 있는 마을을 보면 그 지형이 '두 냇물이 마주치는 사이'에 있으며, '마을과 냇물을 육지와 바다에 비긴다면 마을은 바다 쪽으로 삐죽하게 내민 육지'에 해당하는데 아오지도 마찬가지라는 것이다.** 그의 말대로라면 '아오지' 역시 '곶'의 모양을 한 땅을 뜻하는 이름이 된다.

** 『우리 地名의 이모저모』, 김영만, 한국지명연구-지명학 논문집 1, 한국지명학회, 한국문화사, 2007년, 270쪽.

곳이 '꽃'이 되다

다른 여러 땅 이름들이 모두 그러하듯 '곳'이 들어간 지명도 한자로 바뀌는 과정에서 원뜻과는 전혀 관계없는 단계로 옮겨가곤 한다.

가장 흔한 경우가 '花(꽃 화)'나 '華(화려할 화)'를 쓴 것이다.

우선 '花'를 쓴 것은 앞서 말한 바와 같이 우리 중세어에서 '꽃'이 '곳/곶/곤'으로 '곶串'과 발음이 같다 보니 생긴 일이다. 이는 '곶串'을 '곳[花]'으로 잘못 생각해서 생긴 일일 수도 있고, '곶串'의 뜻은 알았지만 기왕이면 소리가 같으면서 뜻이 좀 더 좋은 글자를 쓰다 보니 생긴 일일 수도 있다.

'華'를 쓴 땅 이름들은 '곶串'을 '花'로 받았다가 역시 기왕이면 좀 더 뜻이 좋은 글자를 끌어다 쓴 데서 생긴 이름들일 것이다.

이처럼 '곶串'을 '花'로 쓴 땅 이름은 무척 많은데, 가수 조영남 씨의 노래로 특히 유명해진 「화개장터」의 '화개花開'도 그중 하나다.

전라도와 경상도를 가로지르는 섬진강 줄기 따라 화개장터엔
아랫말 하동사람 윗마을 구례사람 닷새마다 어우러져 장을 펼치네.
구경 한번 와보세요 보기엔 그냥 시골 장터지만
있어야 할 건 다 있구요 없을 건 없답니다 화개장터.

화개장터는 경상남도 하동군 화개면花開面에 있다.

노랫말에 나오는 것처럼 전라도(윗마을 구례군)와 경상도(아랫말 하동군)의 경계가 되는 땅이다. 화개천이 흘러내려오다가 이곳에서 섬진강과 만나는데, 만나는 곳이 강물 쪽으로 삐죽 튀어나와 있다.

바로 '곶'의 형태라 할 수 있는데, 이를 '花'로 받아 '花開'라는 이름이 생긴 것이다.

화개면사무소의 홈페이지는 '꽃[花]이 만발하게 핀[開] 동네'여서 '화개'라는 이름을 갖게 되었다고 소개하고 있다. 하지만 이는 지금의 한자 이름을 그대로 따른 해석일 뿐이며, 땅 이름이 생기게 되는 언어 변화의 흐름을 몰라서 벌어진 일이다.

'화개'에서 '곶'을 나타내는 글자는 '花'이다. 그런데 여기에 '개開'자가 이어 붙은 것은 '꽃 화花' 자를 쓰고 나니 이것을 좀 더 그럴듯한 이름으로 만들기 위해 덧붙인 것이라 해석할 수 있을 것이다. 꽃 동네라는 '화동花洞'보다 꽃이 활짝 핀 동네라는 '화개동'이 한결 뜻이 좋기 때문이다. 이런 방식의 땅 이름 구성은 서울 남산南山의 다른 이름인 '목멱산木覓山'의 경우 등에서도 볼 수 있는 일이다.('목멱산'의 경우에 대해서는 이 책 「5 북쪽 시베리아에서 남쪽 한반도로 향하다」 참고)

그런데 '花開'라는 땅 이름은 지역에 따라 전혀 다른 뜻을 가질 수도 있기 때문에 해석에 주의할 필요가 있다. 실제로 꽃이 많이 피는 동네나 산 같은 곳에 이런 이름이 붙을 수 있기 때문이다. 또 인천광역시 중구 선화동의 일제 식민지 시절 이름인 화개동처럼 예전에 몸을 파는 여인들과 술집이 모여 있던 동네를 화개동이라 불렀던 경우도 있다. 여자를 꽃[花]에 비유했던 것이다. 결국 '화개花開'라는 이름을 가진 곳은 그 땅의 모양이나 상태, 그곳의 역사적 사실 등을 잘 따져봐야 유래를 제대로 알 수가 있다.

1882년(고종 19년) 조선이 서양의 제국帝國과는 처음으로 미국과 통상조약을 맺었다고 하는 인천광역시 동구 화도진花島鎭의 '花'도

'곶'을 뜻한다.

　이곳의 땅 모양은 바다 쪽으로 내민 곶 형태이다. 또 실제 섬은 아니지만 섬처럼 보여서 '곶섬'이라 불리던 것이 발음이 바뀌어 '꽃섬'이 되었고, 이를 한자로 바꾼 것이 '花島'인 것이다.

　이곳 말고 '花島'라는 이름을 가진 섬이 전라남도 신안군과 완도군, 경상남도 거제시와 창원시 등 여러 곳에 있다. 이들은 화도진과는 달리 실제 섬이고, 거의 모두 '모양이 꽃처럼 생겨서' 화도라 부른다고 한다. 일일이 판단할 수는 없지만, 이 중에는 실제 그런 경우도 있고, 화도진처럼 모양이 '곶'의 형태여서 화도가 된 경우도 있을 것이다.

　'곶'을 '花'로 바꾼 이름 중에 유명한 곳을 하나 더 찾자면 서울 한강에 있는 '양화대교楊花大橋'를 들 수 있다. 양화대교는 '양화진楊花津' 때문에 생긴 이름이다.

　양화진은 조선시대에 지금의 양화대교 상류에 있던 나루터였다.

　흔히 옛날 이곳에 버드나무[楊]가 많아서 이런 이름이 생겼다고 설명하지만, 사실 양화진은 버드나무와는 전혀 관계가 없는 이름이다.

　이는 원래 '버들곶나루' 또는 '버들고지나루'라는 우리말 이름이 한자로 바뀐 것인데, 버들곶나루는 '벋[延]~+을(어미)+곶(고지·串)+나루[津]'로 분석되기 때문이다.

　이 중 '벋~'은 '바깥쪽으로 벌어졌다'는 뜻의 우리말 '버드러지다'에서 나온 것이다. 앞으로 튀어나온 이빨을 말하는 '뻐드렁니'가 바로 여기서 생긴 단어다.

땅 이름에서는 이처럼 버드러진 곳에 있는 동네를 '버드러지'라는 식으로 부르곤 했다. 이곳 양화진은 한강변에서 앞으로 비쭉이 뻗어 나온 곳에 자리 잡고 있었다. 바꿔 말하면 '버드러진 곳串에 있던 나루'라는 얘기다. 그런데 이런 뜻의 '벋을곶나루'가 '버들곶나루'로 발음되자, 이를 한자로 바꾸면서 '버들'은 '楊(버들 양)'으로 받고, '곶'은 '花'로 받아 '楊花津'이라는 이름이 생긴 것이다. 그리고 이 양화진 때문에 그 주변에 세운 다리도 양화대교가 되었다. 원래 유래와는 전혀 관련이 없는 이름을 갖게 된 것이지만 이제는 바꾸기도 어려운 일이 되어버렸다.

강과 바다가 만나는 갑곶

한편 '곶'을 '華'로 쓴 땅 이름으로는 '지붕 없는 박물관'이라 불리는 인천광역시의 '강화도江華島'를 대표로 꼽을 수 있다.

강화의 옛 이름은 '갑비고차(甲比古次 : 가비고지〉갑곶)'였고, '혈구군穴口郡' 또는 '해구군海口郡'이라고도 불렸다. 『삼국사기』에 이에 대한 내용이 나온다.

해구군은 본래 고구려 혈구군인데 바다 가운데 있다. 경덕왕 때 이름을 고쳤다. 지금의 강화현으로 세 개 현을 거느렸다(海口郡 本高句麗 穴口郡 在海中 景德王改名 今江華縣 領縣三).

혈구군은 갑비고차라고도 한다(穴口郡 一云甲比古次).

이 기록을 보면 강화도는 삼국시대 고구려에 속해 있을 때 '혈구군' 또는 '갑비고차'라 불렸으며, 통일신라 경덕왕 때 '해구군'으로 바뀌었다가, 고려조에 들어와 '강화군'이 되었음을 알 수 있다.

물론 여기 기록된 '갑비고차', '혈구', '해구'는 지금의 한자음으로 읽은 것이고, 당시에도 이렇게 불렸다는 것은 아니다. 이는 한글이 없던 당시에 한자의 소리나 뜻을 빌려와 우리말을 나타낸 한자 차용 표현일 뿐이다. 그러면 이를 어떻게 읽고, 어떻게 해석할 것인가가 문제가 된다.

이 중 '갑비고차'는 '갑곶'을 나타낸 것임을 쉽게 알 수 있다. '갑'의 '가'와 '비'의 'ㅂ', '고'와 '차'의 'ㅊ'을 각각 합해 '갑곶'이라는 우리말을 표현한 것이다.* 우리 글자가 없어 남의 글자를 빌려다 쓰려니 이렇게 복잡하고도 엉성한 방법을 쓸 수밖에 없었다. '갑곶'이라는 이름은 지금도 이 섬의 '갑곶리'에 그대로 남아 있다.

그런데 여기서 '갑'을 어떻게 해석할 것인가에 대해서는 학자들에 따라 둘로 나뉜다.

첫째는 이를 '두 개' 또는 '겹쳐 있다'라는 뜻으로 보는 경우다.

이 뜻의 '갑'은 옛날 군인들이 전쟁터에서 입던 '갑옷'이라는 말이나 두 배를 뜻하는 '갑절' 등의 단어에서 볼 수 있다. '갑옷'이란

---

* '次'는 우리 현행 한자음으로 '차'라 발음되지만 한자를 이용한 옛 이름 표기에서는 'ㅅ/ㅈ' 발음을 나타내는 글자로 자주 쓰였다. 따라서 실제로는 '고'와 '차'를 합했다기보다 '고'와 'ㅈ'을 합해 '곶'을 나타냈다고 하는 것이 옳다. 그리고 우리 고대어는 받침을 거의 쓰지 않는 개음절어였기 때문에 '甲比古次'는 '갑곶'이라기보다 '가비고지' 정도로 읽혔으리라 추측할 수 있다. 우리 고대어의 개음절어 현상에 대해서는 이 책 「일러두기」에서 먼저 설명했다.

'옷 위에 겹쳐 입는 옷'이라는 뜻이다.

한강은 서울 쪽에서 흘러내려오다가 김포시 북부를 거쳐 강화도와 만나는 지점에서 물줄기가 둘로 나뉘어 하나는 강화도 북쪽으로 흘러가고, 또 하나는 김포시와 강화도 사이 바다로 흘러 남쪽으로 간다. 이렇게 물이 '둘'로 나뉘는 데 있는 '곶'이어서 '갑곶'이라 부르게 되었다고 해석하는 것이다.

두 번째는 '갑'을 '가운데'로 해석하는 경우다.

'가운데'는 중세어에서 '가온딕' 등으로 쓰였는데, 이 뜻을 나타낸 말이 '갑곶'의 '갑'이라 보는 것이다.

강화도는 한강과 임진강, 예성강 등 세 개의 강줄기가 만나는 곳에 있다. 그 세 개의 강 '가운데로 삐죽 튀어나온 땅'이어서 '갑곶'이라 부르게 되었다는 해석이다. 이처럼 '갑'이 '가운데'를 뜻하는 일반 단어 가운데 가장 유명한 것이 추석을 말하는 '한가위'이다. '한가위'는 '한가운데'라는 뜻이다. 이날이 음력 가을(7~9월)의 가운데인 8월, 그 8월에서도 가운데인 15일이니 가을의 한가운데여서 이런 이름이 붙은 것이다.

앞의 '갑' 중 어느 쪽 해석을 택하든 강화는 결국 '곶'이라는 뜻을 갖는다.

이 '갑곶'이 '혈구穴口'나 '해구海口', 이어 '강화江華'로 바뀌는 과정은 꽤 복잡하다.

결론부터 먼저 말하면 '穴'과 '海', '江'은 모두 물이나 강, 바다를 뜻하기 위해 쓴 글자이다. 그리고 '口'와 '華'는 우리말 '곶串'을 나타낸 글자이다.

우리 옛말에 강이나 개천, 바다 등을 나타내는 말로 'ᄀᆞᄅᆞᆷ', '걸', 'ᄀᆞᄅᆞᆯ' 등의 고유어가 있었다. '穴(굴 혈)' 자는 이 중 '걸'을 나타내기 위해 갖다 쓴 글자로 보인다. 지금과는 발음에 다소 차이가 있었겠지만, '걸'과 '굴'의 발음이 비슷한 점을 이용한 것이라 하겠다.

'海'와 '江'은 이런 과정 없이 그냥 한자의 뜻에 따라 바다나 강을 나타낸 것이다.

한편 '口'는 우리말 '곶'에 해당하는 한자 표현으로 본다.

지금은 쓰이지 않는 말이지만 우리 고대어에서 '입[口]'을 나타내는 말로 '곧'이라는 단어가 있었던 것으로 보인다. 그리고 이 단어가 '곶串'과 발음이 비슷하다 보니 '穴口'나 '海口'에서 '곶'을 표현하면서 '口'를 썼다는 것이다.

이에 대해 국어학자 김병욱 교수는 1998년 출간된 『인천의 지명 유래』 중 「강화군의 지명변천사」라는 글에서 이렇게 밝히고 있다.

'口(구)'의 고유어는 15세기에도 '입'이었지만 이것과는 형태가 다른 고대어로 '곧'을 재구성할 수 있다. 이 '곧'은 입과 말[語]의 뜻을 갖고 있다 할 수 있다. 잠꼬대는 '잠+곧+애'로 분석되며, 이때의 '곧'이 '말', '말하다'의 뜻임이 명백하다. (중략) '곧이듣다', '곧이곧대로'에서 '곧이'는 '말 그대로'라는 뜻이며, '고래고래'는 화가 나서 큰 소리를 지른다는 뜻으로 '곧애→고래'가 된 것으로 추정된다. 결국 '口'는 고대어 '곧'으로 재구再構할 수 있고, 그것은 후대에 '곶[花]'과 형태가 같아졌다는 것을 알 수 있다. 또한 강화江華의 '華'는 '꽃 피다'의 뜻을 가진 글자이므로 꽃[花]과 통하여, 고대 지명에서 '곶[花]'과 동음이의어同音異

議語 관계에 있는 단어로 입[口]의 의미인 '곧'의 변형 '곳串'을 표기하고자 했던 것을 알 수 있다.

이렇게 보면 '혈구'와 '해구'는 '물과 곳이 있는 땅'을 말하는 것임을 알 수 있다. '강화'도 마찬가지인데, 다만 '곳'을 '口'나 '串'이 아니라 '華(<花)'로 표현한 것이 다를 뿐이다.

앞에서 밝혔듯 인천광역시 동구 화도진은 1882년 조선이 구미 국가와는 처음으로 미국과 통상조약을 맺은 역사적인 장소로 알려져 왔다. 이곳에서는 1883년 조선-독일, 조선-영국 사이의 통상조약도 맺었다고 한다. 이 때문에 인천광역시에서는 1989년 화도진을 복원하고, 이곳에 이런 사실을 알리는 안내문과 통상조약 광경 모형 등을 꾸며놓았다.

하지만 1933년 나온 『인천부사仁川府史』 등 몇몇 자료를 통해 볼 때 한미통상조약을 맺은 장소가 지금의 화도진이 아닐 것이라는 주장이 거듭 나와 오랫동안 논란이 있었다.

그런데 2013년 9월 발견된 개항 당시 제물포 지도에서 한미통상조약 체결 장소는 화도진이 아니라 지금의 인천광역시 중구 북성동 자유공원 초입의 옛 세무사 공관 자리라는 기록이 나왔다. 사실史實로 확정하기까지는 좀 더 연구가 필요하겠지만, 수십 년 동안 분분했던 논쟁을 마무리 짓게 해줄 만한 중요한 자료 하나가 발견된 것으로 보인다.

이런 일들은 어찌 보면 이렇든 저렇든 별 차이가 없고, 큰 의미나 가치를 둘 일이 못 되는 것처럼 보일 수도 있다. 하지만 작은 일이라도 사실은 사실대로 밝혀져야만 하며, 이런 작은 일들이 모두 사료가 되고, 그것들이 하나씩 모여 올바른 역사를 만드는 것이다. 그래서 역사는 늘 다시 쓰이게 된다.

밝은 빛을 숭배하다
백두산에서 주안까지

붉

태백산 • 백제 • 박달재 • 박석산 • 발산 • 바리미
발리봉 • 발의봉 • 배미산 • 배달민족
박혁거세 • 동명왕 • 해부루 • 단양군 • 적근산

육당 최남선은 일제 식민지 시대에 춘원 이광수, 벽초 홍명희와
더불어 '조선의 3대 천재'로 불렸던 인물이다. 열아홉 살 때에 월간
잡지 《소년》을 창간했고, 1919년 3·1운동 때 「독립선언문」 초안을
맡아 선언문 작성에 주도적으로 참여한 그는 분명 천재였다. 독립
운동가로도 이름을 날리게 된 이 글로 인해 그는 2년 6개월 동안 감
옥 생활을 해야 했다. 하지만 그는 그의 명성과 능력을 이용하려는
일제의 계산과 배려에 따라 1921년 10월 18일 가출옥假出獄을 한다.
그리고 그 뒤 최남선은 일제가 의도한 대로 차츰 친일 행위에 앞장
서며 민족을 배신하는 길에 점점 깊이 몸을 담근다.
　그 완전한 갈림길이 될 무렵인 1925년 그는 자신의 대표 저서라

할 수 있는 『불함문화론不咸文化論』을 내놓는다. '불함'이란 '붉', 즉 광명光明, 신神, 하늘, 태양 등을 뜻하는 말이다. 그는 '단군신화'로 상징되는 우리의 이 천신 숭배 사상, 즉 '붉 사상'이 고대에 중국과 일본뿐 아니라 유라시아 전역으로 퍼져나갔다고 주장했다. 그리고 이 때문에 이들 지역, 특히 우리나라에는 '붉'을 뜻하는 땅 이름이 무척 많다고 지적했다. 그 대표적인 것이 '붉'을 한자로 표현한 '백白' 자 계열 이름들이라는 논지다.

신격을 갖춘 산과 그 이름

최남선이 지적한 '백白' 자 계열 땅 이름으로 가장 먼저 꼽을 수 있는 것은 우리 민족의 영산으로 꼽히는 백두산白頭山이다.

한자 그대로 해석하면 '꼭대기[頭]가 하얀[白] 산'이다. 이름이 이러하니 "산이 높아서 위쪽은 늘 눈에 덮여 있기 때문에 백두산이라는 이름이 붙었다"라고 해석하기 십상이다.

하지만 백두산 꼭대기인 천지天池 주변을 늘 눈에 덮인 만년설 지대라고 보기에는 무리가 있다. 물론 이를 그만큼 높다는 뜻의 비유적인 표현으로 볼 수도 있을 것이다. 하지만 이보다는 우리 민족 고유의 '산악숭배山岳崇拜' 사상과 관련지어 달리 해석하는 것이 더 타당해 보인다.

이 지역에서 가장 높은 백두산은 우리나라에 한자가 들어오기 훨씬 전부터 그 주변에 자리 잡고 살던 우리 조상들에게 숭배의 대상이었을 것이다. 단군신화에서 하느님의 아들 환웅이 세상을 다스리기 위해 3,000명의 무리를 이끌고 내려왔다고 하는 '태백산太白

우리 민족의 영산인 백두산의 천지. 백두산은 우리 민족 고유의 '붉 사상'과 관련한 최고의 대장산大將山으로 꼽힌다.

山'을 백두산으로 보는 견해가 많은 것도 이와 관련되어 있다.*

이런 점을 따져보면 백두산은 눈 때문이 아니라 '붉 사상'과 연관되어 있다고 보는 것이 훨씬 타당하고, 그 이름의 무게에도 걸맞을 것이다. 원래 이름은 '붉뫼'나 그와 비슷한 어떤 이름이었으리라는 것이다. 그런데 이 이름을 한자로 바꾸는 과정에서 '붉'은 '白(흰백)' 자로 옮기고, 존경의 뜻을 가진 '머리[頭]'에 '뫼 산山' 자를 붙여 백두산이 되었다고 볼 수 있다.

최남선은 이를 『불함문화론』에서 이렇게 설명한다.

---

*학자들에 따라 이를 백두산이 아니라 묘향산이나 태백산으로 보기도 한다. 『택리지』에는 묘향산이라고 나와 있다. 반면 단재 신채호 선생은 이를 중국 하얼빈 지방에 있는 완달산完達山이라 보았다.(『조선상고사』, 신채호, 박기봉 옮김, 비봉출판사, 2013년, 113쪽) 이와 전혀 다르게 단군조선이 자리했던 땅은 원래 지금의 중국 북경 근처였으며 태백산은 북경 서쪽 대행산맥大行山脈 북부에 있다는 입장까지 있는데, 학계에서는 거의 인정받지 못하는 것 같다.(『알타이 신화』, 박시인, 청노루, 1994년, 127~132쪽)

지금의 조선어에서 '붉'은 단순히 광명을 의미하는 것이나, 그 옛 뜻에는 신神, 천天 등이 있고, 神이나 天은 그대로 태양을 의미하는 것이었다.

조선에서 지금 천제(天帝 : 하느님)를 칭하는 하날님이란 말도 고대에는 태양에 대한 인격적 칭호에 불과했던 것으로, 태양이야말로 세계의 주(主 : 주재자)로 삼았음을 규지할 수 있다. 그런데 고대에는 특히 종교적으로 하날 또는 그 인격형인 하날님보다도 '붉' 또는 그 활용형인 '붉은' 또는 '붉은애'가 이 태양을 부르는 성스러운 말로서 오히려 많이 사용된 듯하다. 백白이란 곧 이 '붉'의 대자(對字 : 대응하는 글자)였던 것이다.

(중략) 옛날에는 산악 그 자체의 숭배도 행해졌을 것이나, 지금 우리가 소급할 수 있는 시한 내에서는 조선에서의 신산神山이란 절대 다른 경우에서와 같은 통례의 산악숭배가 아니라 천계天界의 인간적 존재 또는 태양의 권현(權現 : 화신) 혹은 그 궁거(宮居 : 궁궐)로서의 그것임을 알 수 있다. 그리하여 그와 같은 의미인 신체(神體 : 신의 몸)로서의 산이 '붉, 붉은, 붉은애'로써 호칭되었던 것이다. 신神의 산, 신인 산이란 의미이다. 이 경우에서의 붉은 단순히 신神을 의미하는 것으로서 시방의 광명의 의미와는 직접 관계없음은 물론이다.

이와 같은 신산神山 곧 붉산은 그들의 삶의 터전이기만 하면 어느 곳에나 어느 부족에게나 반드시 마련되었으며, 그리하여 신산神山을 중심으로 하여 그들의 공사公私의 생활은 영위되었던 것이다. (중략) 여하간 고대에서의 그들의 부족 내지 국가 성립의 제일 조건은 이 신산神山의 존재였다. 그것이 시세時勢의 진전과 함께 부족의 통합이 행하여져서 더 큰 국가가 성립되는 경우에 많은 신산神山이 경합하매, 거기에 대소大小와 존비尊卑 등 가지가지의 히에라르칼(hierarchal : 위계적 질서)한 등급이 붙여지게 되어 지금 보는 바와 같은 태백太白, 소백小白, 기타의 기이(여러 갈래로 다름)가 생긴 것이었다.

더욱이 '붉은', '붉은애'의 전형(轉形 : 전이 형태)으로 백운白雲, 백암白巖 등의 자형字形이 생기고, 여기에서 조선어의 음운 법칙에 의한 많은 이명異名들이 전전자생(轉轉滋生 : 돌고 돌아 더욱 많이 생김)하게 되었다. 이것이 조선에 백산류白山類가 많은 연유이다. (중략)

붉산의 총수격인 백두산(白頭山 : 長白山, 太白山)의 옛 이름이 불함임은 이미 그 음운 변화의 좋은 예증인데, 태백·소백의 백은 즉 악ak의 운각(韻脚 : 운자)을 취한 형식이다. (중략)

대저 붉산이 그 토지의 주민에게 절대적인 숭경崇敬을 받음에는 또 하나 고대인의 신앙과 관련되는 충분한 현실적 이유가 있었다. 그것은 붉산이 생명의 사신(司神 : 신을 관장하는 존재)으로서 그들의 수요화복壽夭禍福을 좌우하는 권위자로 여겨왔기 때문이다. 여하간 소부군치(小部群峙 : 소규모 공동체들)의 최초는 각기 소신산小神山에 그 권능을 의식하였을 것이나 국토 통합 후에는 최고 총람자(總攬者 : 모든 일을 한데 묶어 관할하는 존재)로서 하나의 붉산에 그 대권이 부여되었던 것이다. 가령 조선에서의, 혹은 한민족에서의 백두산, 금강산과 같음은 그 적절한 예라 하겠다.*

....
*『불함문화론』, 최남선, 정재승 등 역주, 우리역사연구재단, 2008년, 41~69쪽.

정리하자면, 우리 민족에게는 예로부터 하늘과 태양을 숭배하는 '붉 사상'이 있었다. 그리고 이 사상을 신神과 같은 자격을 갖춘 산山을 숭배하는 것으로 표현했다. 각 부족마다 그런 신격神格을 갖춘 산, 즉 '붉산'이 있었다. 그리고 그 '붉산'을 한자로 표현할 때 '붉'을 '白' 자로 썼다. 그래서 조선 땅에는 이 '白' 자가 들어간 산 이름이 많다. 부족들이 통합되는 일이 생기면 통합한 부족 사이의 높고 낮은 지위에 따라 각 부족의 붉산에도 높고 낮은 차이가 생겼다. 이런 면에서 한민족에 있어 가장 높은 위치에 있는 붉산은 백두산이나 금강산 같은 산이라는 얘기다.

그의 분석대로 우리나라에는 이름에 '白' 자가 들어간 산이 곳곳에 퍼져 있다. 그리고 그들을 대표하는 대장大將이 백두산인 것이다.

물론 '白' 자가 들어간 산 모두를 무조건 '붉 사상'에 따른 이름이라고 해석할 수는 없다. 하지만 상당 부분 이와 연관되어 있으리라고 말할 수는 있다. 이런 산에서는 사람들이 제단을 쌓고 하늘에 제사를 지냈을 것이다. 그리고 그 산의 지위가 높게 평가되는 산일수록 지배 계층에서 그에 맞는 지위의 높은 사람이 참가해 제사를 지냈을 것이다.

우리 옛말 연구의 권위자였던 양주동(梁柱東, 1903~1977년) 선생도 이 점에서 같은 견해를 밝힌 바 있다. 이를테면 '태백산'의 '태백太白'은 우리말 '한붉'('한'은 '크다'는 뜻)을 한자로 표현한 것이라 본 것이다.('한'에 대해서는 이 책 「16 이름은 달라도 '크다'는 뜻은 같다」참고)

또 나라 이름 '백제百濟'도 원래 '붉(＜明)+잣[城]', 즉 '신성한 나라'라는 뜻의 우리말을 한자로 바꿔 적은 것이라고 분석했다. 최남선도 『불함문화론』에서 '백제'에 대해 "나라 이름부터가 '붉'의 도시를 의미하고 있다"고 말한다.

이 같은 우리 민족의 '붉 사상'은 태양뿐 아니라 달을 숭배하는 모양으로도 나타났다. 해에는 훨씬 미치지 못하지만 밤하늘의 달 역시 밝은 빛을 내기 때문이다. 그래서 우리 민족은 예로부터 맑은 물을 떠놓고 달을 바라보며 소원을 빌기도 했다. 특히 달이 가장 크고 환하게 빛나는 정월 대보름에는 '달맞이' 행사를 열어 열심히 소원을 빌었던 것이다. 한 달의 가운뎃날을 뜻하는 '보름'이라는 말도 달 때문에 생긴 말일 가능성이 크다. '붉다'의 명사형 '붉은'의 발음이 바뀐 것인데, 보름에 달이 가장 밝기 때문이다.*

전설은 전설로 간직하고

그런데 이 '붉'은 시간이 흐르면서 지역마다 조금씩 발음이 바뀌어 '박', '밭', '밖', '불', '발', '배' 등의 다양한 변형을 만들어냈다.

흘러간 인기 가요 「울고 넘는 박달재」의 '박달'이 이와 같은 변형에서 생긴 땅 이름 중 유명한 경우다.

이 노래 속의 박달재는 충청북도 제천시 봉양읍과 백운면 사이에 있는 고개다. 노래 가사가 "천등산 박달재를 울고 넘는 우리 님아……"라고 되어 있어 천등산天登山에 있는 고개로 알려져 있다. 하지만 제천시청에 따르면 박달재는 천등산에서 8킬로미터쯤 떨어진 '시랑산'에 있는 고개다. 이곳에는 이런 전설이 있다.

----

*이와 달리 '보름'은 달이 '불렀다[滿]', 즉 '(가장) 커졌다'는 뜻의 '부름'에서 나온 말이라고 해석하는 경우도 있다.

조선 중엽에 경상도에 '박달'이라는 선비가 살았다. 그가 과거를 보러 한양에 가는 길에 이곳 근처 마을에서 한 농가에 묵게 되었는데, 그 집 딸인 '금봉'과 사랑에 빠졌다. 박달은 과거에 급제하면 금봉과 혼인하기로 하고 한양으로 떠났다. 하지만 그는 과거에 낙방했고, 금봉을 보러 갈 면목이 없어 한양에 오래 머물다가 뒤늦게 금봉을 찾으러 이곳에 다시 왔다. 그러나 금봉은 날마다 이 고개에 올라 박달을 기다리다가 지쳐 이미 세상을 떠난 뒤였다. 넋을 잃은 박달은 금봉을 그리워하며 헤매다가 이 고개에서 절벽 아래로 떨어져 죽었다. 그 뒤로 이 고개를 박달재라 부르게 되었다.

그럴듯하게 말을 엮었지만 이는 전형적인 지명 전설이며, 이름을 보고 만들어낸 이야기에 불과하다.

그 이름의 '박달'은 한자로 '朴達'이라 쓰는데, 이는 사람의 이름이 아니라 한자의 뜻과는 관계없이 그 소리만 빌려 쓴 차자借字 표기일 뿐이다. 이곳 박달재는 원래 '붉[明]+둘[高, 山]+재[峴]'와 같은 구조로 만들어진 이름일 것이다. '붉산(박달)에 있는 고개[峴]'라는 뜻이다.*('둘'이 산을 뜻함은 이 책 「10 높은 곳에 넓은 터를 잡다」 참고)

이곳 박달재에서 멀지 않은 충청북도 괴산군에는 아예 '박달산朴達山'이라는 이름을 가진 산이 있다. 또 경기도 파주에도 같은 이름을 가진 산이 있고, 북한 땅인 함경북도 명간군과 함경남도 신흥군

----

*이와 다르게 '박달'이 '맏'이나 '어른', '으뜸'을 뜻하는 말이라고 해석하는 학자도 있다. 뒤에 나오는 '배달' 역시 이와 같은 뜻이며, '박달'의 변형이라고 본다.(『한국 고대 국명지명의 어원 연구』, 이병선, 이회문화사, 2012년, 37~42쪽)

에 각각 '박달령'이라는 높은 고개가 있다. 이 중 신홍군에는 '박달령' 말고 '박달봉'이라는 해발 900미터가 넘는 산도 따로 있다. 그렇다면 그 옛날 교통편도 마땅치 않던 시절에 우리의 가련한 선비 박달이 이들 고개나 산에까지 모두 왔다 가기라도 했다는 말인가. 그 근거들을 따져보면, 땅 이름 전설이란 대개 이렇듯 객관적으로는 말이 안 되는 내용을 갖고 있다.

하지만 전설은 전설 나름대로의 가치를 갖고 있기 때문에 이 박달재 전설처럼 나름대로 이야기의 뼈대를 갖추고 있는 경우에는 보존할 필요가 있다.

땅 이름의 유래를 설명할 때는 전설이 거의 대부분 도움이 되지 않고, 오히려 사실事實의 전달을 방해하곤 한다. 하지만 이와는 별개로 전설이 구비문학에서 차지하는 비중이 무척 크기 때문이다.

이런 점에서 지금 제천시가 박달이와 금봉이를 제천의 상징 인물로 삼아 시市를 알리는 데 활용하는 것은 무척 잘하는 일이다. 사람들이 친숙하게 느끼고 쉽게 기억할 수 있어 홍보 효과가 크기 때문이다.

제천시가 만들어놓은 설정에 따르면, 박달이는 이승에서 금봉이와의 사랑을 이루기 위해 제천의 특산물인 건강사과를 천신님께 바치고 사람들의 건강을 되찾아주는 역할을 하게 된 건강의 신선神仙이다. 또 금봉이는 박달신선의 사랑을 받고 이승으로 내려와 세상 사람들에게 건강한 사랑을 전해주는 선녀仙女가 되었다. 전설 속에서 사랑을 이루지 못한 두 사람이 신선과 선녀가 되어 사랑을 이룬 새로운 이야기가 만들어진 셈이다. 앞으로 또 오랜 시간이 지나면 박달재의 전설이 이런 내용으로 바뀔지도 모를 일이다. 다만 박달재의 이름 유래를 말할 때만은 정말로 박달과 금봉의 사랑 이야기 때문에 생긴 것이라고 '진지하게' 설명하지는 않으면 좋겠다.

한편 북한 황해남도 장연군에는 '박석산礴石山'이라는 이름의 산이 있는데, "이 산에 벽돌같이 네모진 돌[石]이 많아서[礴] 생긴 이름"이라고 한다. 하지만 이 역시 실제로는 위의 박달재와 똑같이 '붉+돌+산'에서 나온 이름일 것이다. '붉'은 발음만 따서 '박礴'으로 쓰고, '돌'은 발음이 비슷한 '돌'로 받아 '石(돌 석)'을 쓴 것이다. 이런 경우 원래는 '붉돌'만으로도 산山이라는 뜻이 된다. 하지만 이것이 '박석'으로 바뀌고 나니 산山이라는 느낌이나 의미가 없는 이름이 되어버려 끝에 '산' 자를 다시 붙인 것이라 볼 수 있다.

일반 단어 중에도 '붉'에서 비롯된 것을 찾을 수 있다.

이를테면 '박쥐'가 그렇다. '박쥐'는 '붉쥐'의 발음이 바뀐 말인데, '(눈이) 밝은 쥐'라는 뜻이다. 어두운 동굴 속에서도 벽에 부딪히지 않고 빠르게 날아다니는 박쥐를 보고 우리 선조들은 눈이 밝아서 그런 것이라 생각했던 것이다. 하늘에 빛나는 '별'도 '붉'의 발음이 바뀌어 생긴 말로 본다. '밝다'는 뜻이다.*

하지만 앞서도 말했듯 이런 이름들을 무조건 '붉 사상'과 연관 지을 수만은 없는 만큼 그 지형을 보고 다르게 해석하는 언어학적 입장도 있다.

첫째는 '박달'을 '높은 산'이라 해석하는 것이다.

-----

*이와 다르게 '별'을 우리말 '빌다'의 '빌'에서 나온 말로 보는 학자들도 있다. 별을 보며 소원을 비는 일도 흔하기 때문인데, 이 역시 나름대로 타당성이 있다.

이는 '박치기'나 '마빡(<마박)' 등의 말에서 알 수 있듯이 우리
말 '박'이 '머리', '꼭대기', '높다' 등의 뜻으로 쓰이는 경우가 있다
는 점에 근거한다.

두 번째는 '박'을 '바깥>밖'으로 해석해 박달을 '(동네) 바깥쪽
에 있는 산'으로, 박달재는 '(동네) 바깥쪽 산에 있는 고개'라 보는
것이다.

이들도 나름대로 타당성이 적지 않은 해석인데, 어떻게 보든 '朴
達'은 한자의 소리만 빌려 우리말을 나타낸 것이 된다.

'朴達'에서 보듯 '붉'과 그 변형인 '박', '밝', '밖', '불', '발' 등은 우
리말 땅 이름이 한자어로 바뀌는 과정에서 또 한 번 큰 변신을 한다.

먼저 한자의 소리를 따서는 '朴(박)', '白(백)', '培(배)', '鉢(발)',
'不(불)' 등의 글자를 가진 이름으로 바뀌었다.

앞에서 말한 백두산白頭山이나 박달朴達이 모두 이에 해당한다.

충청남도 보령시에 있는 '백월산白月山'도 앞에 나온 '박석산'과
똑같이 원래는 '붉+들+산'의 형태였을 것이다. 다만 이를 한자로
바꾸면서 '붉'을 '白'으로, '들'을 '月'로 바꾼 차이가 있을 뿐이다.

우리나라 곳곳에 많은 '발산鉢山'이나 이 말의 발음이 조금 바뀐
'바리미(<발미<발뫼)'도 마찬가지다.

이런 산에는 대개가 '산 모양이 바리와 같이 생겨서 붙은 이름'이
라는 설명이 뒤따른다. '바리' 또는 '바리때'는 주로 절에서 공양에 쓰
는 밥그릇을 말한다. 하지만 이 역시 이름을 보고 뒤에 갖다 붙인 말
일 뿐이며, 대개는 '붉'의 변형인 '발'에 한자 '鉢'을 끼워 맞춘 것이다.

전라북도 전주시 풍남동에 있는 '발리봉發李峰' 역시 이 '(붉>)발'

에서 나온 것이다. 그럼에도 그 이름을 보고 "조선을 건국한 이씨李氏들이 발원發源한 산이어서 생긴 이름"이라는 억지 해석을 하기도한다. 북한 함경남도 덕성군에 있는 '발의봉發義峰'도 '발리봉'과 다를 것이 없다.

이와 관련해 국어학자 천소영 교수가 자신의 책『우리말의 속살』에서 밝힌 내용은 좋은 설명이 된다. 그는 우리 민족의 선조先祖 집단 중 하나인 맥족貊族이 근거지로 삼았던 오늘날 강원도 춘천 일대의 옛 역사를 되짚으면서 이렇게 말한다.

맥국貊國이라는 이름은 중국인들이 우리를 낮잡아 붙인 이름이다. 貊은 '오랑캐 맥' 자로 본래는 해성자(諧聲字 - 글자의 한쪽은 뜻을 나타내고, 나머지 한쪽은 음을 나타내는 구성) '白'인데, 우리 민족 전통의 광명사상을 뜻하는 밝음을 표기한 차자借字이다. 이 밝음의 나라 백국白國의 본거지는 지금의 신북면 발산리鉢山里라 일컫는, 춘천 북쪽의 한적한 마을이다. 이곳의 전래 지명이 '바리뫼'로서 '바리[光明]'의 축약형 '발'을 한자 '鉢'로 표기한 것이다. 지금도 이 마을 뒷산을 맥국산 또는 왕대산王大山이라 부르는데, 이 산 앞으로 펼쳐진 광활한 벌판이 맥국의 도읍지로 추정되는 곳이다.*

충청북도 괴산군에 있는 '배미산倍眉山'도 '붉뫼 > 붉미 > 배미'를 거친 뒤 한자로 지금의 이름이 되었을 가능성이 크다.

---

*『우리말의 속살』, 천소영, 창해, 2000년, 278쪽.

광범위하게 스며들어 변형된 '붉 사상'

한편 우리 민족을 가리킬 때 많이 쓰는 '배달민족'의 '배달'도 '붉들'에서 나온 말이라는 것이 학계의 거의 공통된 생각이다.

'붉들'은 위의 '박달재'에서 보았듯 '붉+들'의 형태다.

결국 '붉들'은 '밝은 땅(산)'이라는 순우리말이며, '배달민족'이란 '붉 사상'을 뿌리로 갖고 있는 우리 겨레를 일컫는 말이다.** 그런 만큼 이를 한자로 '倍達'이라 쓰는 것은 글자의 소리만 빌려 쓴 것이고, 우리 한글이 있는데 굳이 계속해서 그렇게 써야 할 이유가 없는 일이다.

북한 평양시 강동군 남쪽 구빈마을이라는 곳에 전해오고 있다는 '마고할미' 전설에는 이와 관련해 재미있는 구절이 하나 나온다고 한다. 바로 우리 민족의 시조로 숭배되는 단군이 '박달족'을 거느리고 와서 마고할미가 족장이었던 마고족을 공격해 복종시켰다는 대목이다. 이 '박달족'이 바로 '붉들족'이고, '배달민족'인 것이다.

사실 '단군檀君'이라는 이름 자체가 우리말 '붉들굼'을 한자로 바꾼 것이다. '붉들'을 '檀(박달나무 단)'으로 나타내고, '신神'이나 '고귀하다, 높다'는 뜻을 가진 우리말 '굼'을 비슷한 발음과 의미를 가진 한자 '君'으로 바꿔 표현한 것이기 때문이다.('단군'의 해석과 '굼'에 대해서는 이 책 「4 기왕이면 더 좋은 뜻을 가진 이름으로」 참고)

'배달'은 이렇게 오래전부터 쓰인 말이지만 우리에게는 '극진 가

** 이와 달리 배달을 '박달'에서 나온 것으로는 보되, '배(박)'를 '맏이[伯]', '으뜸[長]'의 뜻으로 해석해 배달민족이란 '첫째가는 민족'이라는 뜻이라고 풀이하는 학자도 있다. 앞의 180쪽 각주 참고.

라테'를 창시한 무도인武道人 최영의(崔永宜, 1923~1994년) 선생의 호
號로서 더욱 많이 알려지기도 했다.

맨손으로 황소의 뿔을 자르고, 전 세계를 돌면서 각종 무술의 고
수들과 '맞짱을 뜬' 그의 이야기는 신화처럼 전해지면서 '바람의 파
이터'라는 제목의 만화와 영화로도 만들어졌다.

사진으로 보아도 젊은 시절 꽤 머리숱이 많았던 그는 점점 숱이
적어져 노년에는 거의 대머리처럼 되었다. 그 이유에 대해 그는 한
TV 프로그램에서 "(세계를 돌면서 무예 고수들과 겨룰 때) 상대방
과 마주 서면 엄청난 공포감이 생긴다. 그런 공포감을 겪을 때마다
머리카락이 한 움큼씩 빠지더라"라고 말한 바 있다. 아무리 최강最
强의 무도인이라고 해도 그 실력을 가늠할 수 없는 상대와 처음 마
주 섰을 때 평정심을 유지하기란 쉽지 않았을 것이다. 그 스스로 말
했듯 "싸우다가 죽는 것보다 불구가 되거나 폐인이 되어서 평생을
살아야 할지도 모른다"는 두려움이 컸을 것이다. 그러나 그는 그 공
포심을 넘어서기 위해 다시 더 강한 상대를 찾아나섰다고 했다.

그런 그가 세상을 뜨기 몇 해 전 한 월간 잡지와 인터뷰를 했는데,
당시 그 인터뷰를 맡았던 기자로부터 나중에 전해 들은 얘기가 있
다. 두어 시간 동안의 인터뷰 내내 그가 자신의 손목과 무릎을 무척
아픈 표정으로 계속 주무르더라는 것이다. 그 이유를 알고 보니 젊
은 시절, 맨주먹으로 차돌을 깨고 다리로 통나무를 차는 것처럼 주
먹과 무릎 등을 단련하기 위해 너무 강한 훈련을 오랫동안 해온 탓
이었다. 그 때문에 손목과 무릎 부위에 있는 연골이 모두 닳아 없어
져 나이를 먹을수록 통증이 심해지고 있었던 것이다.

의사의 길을 걷고 있는 그의 큰아들이 아버지의 삶을 추모하는 한 TV 프로그램에 나와 이런 말을 한 일이 있다.

"생전의 아버지를 옆에서 보고 있으면 거인E∧의 풍모가 느껴졌다. 그러나 아버지가 하신 그 혹독한 수련은 의사로서는 권할 만한 것이 아니다."

의사의 입장에서는 사람의 몸이 더 이상은 견뎌낼 수 없는 한계점에 이를 때까지 체력을 쓰고, 신체에 무리가 가게 하는 혹독한 수련을 끝없이 반복하는 것이 오히려 몸을 망가뜨릴 수 있다는 사실을 잘 알기에 한 말일 것이다.

하지만 그런 수련이 없었다면 어떻게 그와 같은 경지에 이를 수 있었겠는가.

'붉'은 땅 이름뿐 아니라 사람의 이름에도 쓰였다.

신라의 시조인 박혁거세가 바로 그 대표적인 경우다.

『삼국유사』 제1권 '신라 시조 혁거세왕' 편에 이에 대한 내용이 나온다.

그래서 혁거세왕이라 이름 지었다. 이는 향언(한자어가 아닌 우리말)이다. 혹은 불구내왕이라고도 하는데 '밝은 빛으로 세상을 다스린다'라는 뜻이다(因名赫居世王 盖鄉言也 或作弗矩內王 言光明理世也).

여기서 '赫居(혁거)' 또는 '弗矩(불구)'가 곧 '붉'을 나타내는 말이다. '世(세)'나 '內(내)'는 우리말 누리(뉘), 곧 세상을 뜻한다. 따라서

'혁거세왕'이나 '불구내왕'란 '밝은 세상을 다스리는 사람', '붉 사상으로 온 세상을 다스리는 사람'이라는 뜻이 된다. 이 '赫居世'나 '弗矩內'는 지금의 한자음으로 그냥 읽으니까 '혁거세'나 '불구내'라고 발음되는 것이지 당시에도 이렇게 불렀다는 것은 아니다. 이것이 당시 우리말을 한자로 쓰고 읽었던 향찰식鄕札式 표기, 또는 한자 차용 표기라는 점에서 보면 당시의 발음으로는 '붉뉘'이나 이에 가까운 어떤 발음으로 읽혔을 것이다.

또한 그의 성 '박朴'도 '붉 사상'을 나타낸 것으로 볼 수 있다.

『삼국유사』에는 이에 대해 "그가 알에서 태어났는데, 그 알이 무척 커 박과 같다고 해서 붙인 것"이라고 나와 있지만 이는 신화적 표현 방식일 뿐이기 때문이다. 신화 속의 표현을 역사적 사실 등에 비춰보는 해석 방법을 따라보면 '박朴' 역시 한자의 뜻과는 관계없이 우리말 '붉'을 나타낸 것이라고 봄이 타당할 것이다.

최남선도 『불함문화론』에서 이런 설명을 하고 있다.

한반도에는 예로부터 '붉도'가 행하여 점차 국가적 색채를 띠게 되었는데 신라에서는 개국 당초부터 '박朴'이란 제사 계급에 의해 그것이 전승되고, 그 제사를 '붉은', 그 사제(司祭 : 제사를 주관하는 사람)를 박수(남자 무당)를 주로 하는 거서간居西干·차차웅次次雄·이사금尼師今·마립간麻立干 등으로, 그 교단教團을 원화(源花, 화랑, 붉은애)로, 그 시세(時世 : 시대)를 불구내(弗矩內·밝은이)라고 칭하였었다.*

이를 따른다면 '박(붉)'이란 제사장을 말하는 것이고, 남자 무당을 가리키는 '박수'가 여기서 비롯된 말임을 알 수가 있다.

박혁거세뿐 아니라 고구려의 시조인 동명왕東明王의 '동명'도 우리말 '새붉', 즉 '새벽'을 한자식으로 표현한 것이라 보는 학자들이 있는데 상당한 타당성이 있다.** 이뿐 아니라 최남선은 동명왕의 아버지인 부여의 왕 해부루解夫婁의 '부루夫婁'도 혁거세처럼 '붉'을 표현하는 것이라 해석한다. 성姓으로 쓴 '해'는 물론 우리말 '해', 즉 태양太陽을 말한다.***

한편 '붉'과 그 변형인 '박', '밝', '밝', '불', '발' 등을 가진 땅 이름이 한자로 바뀔 때 한자의 소리가 아니라 뜻을 따서 바뀌면 '光(밝을 광)', '明(밝을 명)', '赤(붉을 적)', '朱(붉을 주)', '足(발 족)' 등을 가진 이름이 된다. 이들 글자의 뜻에 '붉'과 비슷한 뜻이나 발음이 들어가 있기 때문에 일어나는 일인데, 이렇게 바뀌면 그 원뜻을 알아채기가 훨씬 어렵게 된다.

이 중 한 예로 충청북도의 '단양군丹陽郡'을 들 수 있다.

단양군은 조선의 최고 개국공신이자 왕조의 설계자라 할 정도전 (鄭道傳, 1342~1398년)의 고향이다.

그는 관광지로 이름이 널리 알려져 있는 단양군 도담리 도담삼봉嶋潭三峰의 인근 마을에서 태어났고, 자신의 호號도 여기서 따서 '삼봉'이라 지었다. 이곳에는 그와 도담삼봉에 얽힌 이런 이야기가

---

*앞의 『불함문화론』, 106~107쪽.

**동명왕東明王의 '東'이 '새롭다'는 뜻을 갖는 것에 대해서는 이 책 「15 새롭고 신성한 마을이 생기다」참고.

***이와 비슷한 입장에서 나라 이름 '부여夫餘'나 '해부루'의 '부루'가 모두 우리말 '불 [火]', 즉 태양太陽을 나타낸 것으로 보는 해석도 있다.

전해온다.

도담삼봉은 원래 강원도 정선군에 있던 삼봉산이 큰 홍수를 만나 이
곳까지 떠내려온 것이다. 그래서 이곳 사람들은 해마다 정선군에 세
금을 내고 있었다. 하지만 소년 시절 정도전이 말하기를 "우리가 삼봉
을 정선에서 떠내려오라고 한 것도 아니고, 오히려 도담삼봉이 물길
을 막아 피해만 주고 있으니 도로 가져가라"고 했다. 그 뒤로 정선군은
이곳 사람들로부터 세금을 받지 않게 되었다.

비극적인 죽음을 맞기는 했지만 어려서부터 워낙 총명한 사람이
었던지라 이런 이야기가 만들어졌을 것이다.

이곳 단양군이 고구려 영토였을 때는 그 이름이 '적산현赤山縣'이
었다.

통일신라 경덕왕 때 이를 이어받아 '단산현丹山縣'으로 바꾸었고,
고려 충숙왕 때 '단양'이라는 지금의 이름을 얻는다. 여기서 '赤山'
은 바로 '붉산'의 '붉'을 '赤'으로 쓴 것이고, '丹山' 역시 이를 '丹(붉
을 단)'으로 바꿔 쓴 것이다. '丹陽'의 '陽'은 산이나 언덕을 뜻하는
말이니 '적산'이나 '단산'의 '산山'과 같다.* 단양군 지역이 소백산
맥 줄기에 자리를 잡아 험준한 산으로 이뤄져 있다 보니 이런 이름
을 갖게 된 것이다.

---

*이와는 다르게 땅 이름에서 '陽'은 종종 '물(강물)의 북쪽'이나 '강물' 또는 '나라'를 뜻하
기도 한다. 서울의 옛 이름인 '한양漢陽'이 한강의 북쪽에 자리 잡은 땅이기 때문에 생긴
이름이라는 해석 등이 이에 해당한다.

강원도 철원군에 있는 '적근산赤根山'도 같은 경우다.

해발 1,071미터의 이 산은 『신증동국여지승람』의 기록을 통해 이전 이름이 '적산赤山'이었음을 알 수 있다. 이에 대해 "이 산에 있는 돌들이 붉은색이어서 생긴 이름"이라는 해석이 있지만 타당성이 없는 얘기이고, '붉산'의 '붉'을 '赤'으로 썼을 뿐이다.

이보다 더 유명한 이름으로 인천광역시 남구의 '주안동朱安洞'을 들 수 있다.

지금의 주안(동)은 '주안산朱雁山' 때문에 생긴 이름이다.

주안산은 지금은 쓰이지 않는 이름인데, 『신증동국여지승람』이나 「대동여지도」 등의 기록으로 미뤄보면 지금의 남동구 간석동 만월산滿月山을 가리키는 것으로 보인다. 위의 기록에 보면 '주안산'은 한자로 '朱雁山' 또는 '朱岸山'이라고 나온다. 이에 따라 "산에 있는 흙의 색깔이 붉고[朱], 산의 모양이 기러기[雁] 같아서 생긴 이름"이라는 식의 해석이 딸려 있다. 하지만 이 역시 객관적으로 전혀 타당성이 없다.

반면 이를 '붉 사상'에서 나온 이름으로 본다면 여기서 '朱(붉을 주)'는 '붉(=붉을)'으로 해석이 된다. '안'은 특별한 뜻이 있다기보다는 '붉'과 어우러져 '붉은' 정도로 불리던 이름의 '은'을 한자의 소리만 따서 '雁', '岸'으로 표현한 것이라 볼 수 있다. 최남선이 앞의 『불함문화론』에서 밝힌 '붉은'과 같다. 결국 주안산은 '붉은산'을 한자로 표현한 것으로 해석된다.

민족적 천재의 배신과 몰락

앞에서 말한 최남선의 『불함문화론』은 무척 웅장한 내용의 글이다.

하지만 이 글은 발표되었을 때부터 논란이 많았다. 지나치게 국수주의적國粹主義的이라거나 아전인수적我田引水的이라는 비판을 받은 것이다. 더 큰 논란은 이 글이 결국 조선과 일본을 같은 뿌리를 가진 것으로 묘사함으로써 일제가 조선 지배를 위해 내세운 '한일문화동근론韓日文化同根論'으로 이어질 수 있다는 것이었다.

이런 비판은 글의 내용을 지나치게 나쁜 쪽으로만 생각한 데서 나온 것이라 할 수도 있었다. 하지만 최남선이 1930년대 이후로 보여준 친일 행각들을 보면 이런 비판을 마냥 무시할 수만도 없다. 그는 학문 연구를 핑계로 일제의 도움을 받으면서 그들이 원하는 대로 다양하고도 적극적인 친일 행위를 했던 것이다. 민족적으로 촉망받던 천재였기에 그의 이런 배신과 몰락은 조선 사람들에게 더욱 큰 아픔과 실망을 안겨주었을 것이다.

이런 이유 때문에, 평생을 친일파 연구에 몸 바친 고故 임종국 선생은 자신의 책 『실록 친일파』에서 최남선의 친일 행위에 대해 '산 채로 죽어버린 한 민족파民族派 거물의 비극'이라는 표현을 썼다. 그리고 그 글을 이런 말로 끝맺었다.

최남선이 (일제의 꼭두각시였던) 만주국의 건국대학 교수로 갈 때 정인보鄭寅普는 그의 집 대문에 제주祭酒를 부으면서 대성통곡했다고 한다. "우리 최남선이 죽고야 말았구나" 하면서…… (중략) 독립선언서를 쓴 '우리 최남선'의 살해범은 1921년 10월 18일의 가출옥을 준 일제의 배려配慮 그놈이었다.*

하지만 시정잡배처럼 시시한 사람도 아니고 그만 한 인물이, 그만 한 나이가 되어서 벌인 일을 어찌 다른 사람의 탓이라고만 할 수 있겠는가.

*『실록 친일파』, 임종국, 돌베개, 1996년, 136쪽.

까치와 여우에 홀리다
까치울에서 여우내까지

앗·앚/엿·여시

작전동 • 작천 • 아차산 • 애기봉愛妓峰 • 애오개(아현동)
아재령 • 아시고개 • 여우골 • 여시고개 • 여무실

까치 까치 설날은 어저께고요, 우리 우리 설날은 오늘이래요. 곱고 고
운 댕기도 내가 드리고, 새로 사온 신발도 내가 신어요.

동요작가 윤극영(尹克榮, 1903~1988년) 선생이 만든 노래 「까치 까
치 설날」의 1절 가사다.

그는 "푸른 하늘 은하수, 하얀 쪽배엔, 계수나무 한 나무, 토끼 한
마리……" 하는 동요 「반달」로 가장 널리 알려져 '반달 할아버지'라
는 별명으로 불렸다. 좋은 동요를 많이 만들고 보급하며 아동문학
운동에 기여한 공로를 인정받아 1956년 제1회 '소파상'을, 1970년
에는 '국민훈장 목련장'을 받았다. 하지만 일제 강점기 때에 그가

중국 만주에서 오족협화회라는 친일 단체에 가입해 활동했던 사실 때문에 친일파 논란에 휩싸이기도 했다. 그래도 그가 만든 동요들은 여전히 사랑을 받아 지금도 설날이면 「까치 까치 설날」이 여기저기서 들려온다.

까치는 "갓갓" 하는 소리를 내며 운다고 해서 그 이름을 갖게 되었는데, 예로부터 우리나라에서는 행운을 가져다주는 새로 여겼다. 새롭게 한 해를 시작하면서 좋은 일만 생겼으면 하는 마음을 담아 표현하기에는 아주 적절한 짐승이 아닐 수 없다.

하지만 이 설날 노래 속의 '까치'는 사실 이 새와는 전혀 관계가 없다. '작다'는 뜻의 우리말 '아치'가 바뀐 단어일 뿐이기 때문이다.

따라서 '까치 까치 설날(까치설)'은 '작은설', 즉 섣달 그믐날을 말하는 것이다. 그리고 '우리 우리 설날'은 '큰설날'이라고도 불렸던 '설날', 즉 정월 초하루다.

앞에서 말한 '까치'의 원말 '아치'는 '작다, 적다'는 뜻을 가진 옛말 '앚다'에서 나온 것이다.

우리 중세국어에서 작은설을 '아촌설'이라 했는데, 이는 '앚다'의 어간 '앚~'에 관형형 어미 '은'이 붙어 '설'과 연결된 형태다(앚+은+설〉아촌설).

이 '아촌설'이 '아츤설'을 거쳐 '까치설'로 발음이 바뀌었다.

국어학자 조항범 교수는 자신의 책 『다시 쓴 우리말 어원 이야기』에서 이렇게 설명한다.

문헌에 나오는 '아촌설'은 '앚'의 관형형 '아촌'과 '설'이 결합된 것이다. (중략) 17세기의 『벽온신방』에는 '아츤설날'로 변해 나온다. '아츤설'에 이어 문헌으로 분명히 확인되는 것은 '아츠설(날)'도 아니고 '아치설(날)'도 아닌 '까치설(날)'뿐이다. (중략) 그러면 어째서 '아치설(날)'이 '까치설(날)'로 변하였는가? 그 이유는 '아치설'의 '아치'가 참뜻을 잃어버리자 언중言衆이 그 의미를 찾고자 하는 노력에서 그것과 우연하게도 음상音相이 비슷한 '까치'라는 단어를 임의적으로 결부시켰기 때문일 것이다. 마침 '까치'는 지혜와 부지런함을 갖춘 동물로서 '설날'이 지향하는 이미지와 맞아떨어지기에 '아치설'을 '까치설'로 바꿔 부르는 데 큰 저항이 없었던 것으로 볼 수 있다. (중략) 한편 '작은설(날)'에 대해 '설날'은 '한설날', '한첫날'이라 하였다. 16세기의 『분문온역이해방』에 '한설날'과 '한첫날'이 함께 나온다. 그런데 이들 단어는 모두 사라져 쓰이지 않는다.*

이 설명처럼 문헌 자료에서는 '아츠설'이나 '아치설'이 확인되지 않는다고 한다. 하지만 어떤 단어든 음운 변화는 오랜 시간을 두고 자연스럽게 일어나는 것이 일반적인 현상이다. 지금까지 전해오는 문헌 자료에는 남아 있지 않아도 '까치설'로 바뀌기 전에 '아츠설'이나 '아치설'이라 불리던 단계가 분명 있었을 것이다. 그리고 '아치'라는 말이 사라지면서 발음이 비슷하고 뜻도 좋은 '까치'라는 이름이 이를 대신해 오늘에 이르렀다는 얘기다.

이와 달리 '까치설'이 '작은설'이라는 뜻이기는 하지만, 그 말은

....
*『다시 쓴 우리말 어원 이야기』, 조항범, 한국문원, 1997년, 221~223쪽.

'가지설'에서 나온 것이라는 주장도 있다. 여기서 '가지'는 '나뭇가지' 등에 쓰인 것처럼 '(어미에게서 나온) 새끼'를 의미한다. 따라서 '까치설'은 '새끼 설', 즉 '작은설'을 뜻한다는 말이다.

'아차'라는 땅 이름과 만들어진 이야기들

'까치설'의 '까치'와 똑같은 사례는 땅 이름에서도 찾을 수 있다.

전국 여러 곳에서 볼 수 있는 '까치산', '까치실', '까치고개', '까치내' 같은 것들이다.

이런 땅 이름에는 예외 없이 "동네에 까치가 많이 살아서"라는 설명이 따라붙지만 '까치설'에서 보듯 이는 대개 사실이 아니다. 다만 산이나 냇물, 고개가 '작다'는 뜻일 뿐이다.

그중 한 예로 인천광역시 계양구 작전동鵲田洞의 옛 이름인 '까치울'을 들 수 있다. 이 이름은 지금도 '까치울정수장'과 같은 이름에 남아 쓰이고 있다.

작전동은 구한말 '작정리鵲井里'라 불리던 곳이고, '작정리'는 '까치울'에서 나온 이름이다.

"이 마을에 큰 우물[井]이 있었는데 주위에 까치[鵲]가 많아 작정리라 했고, 까치울이라는 이름도 여기서 나왔다"는 것이 일반적인 해석이다. 하지만 이는 아무런 근거도 없는 얘기다..

이곳 '까치울'의 '까치'는 역시 '작다'는 뜻이고, '울'은 마을을 뜻하는 '골[谷]'이 '골〉굴〉울'의 단계를 거쳐 변한 형태로 보는 것이 한결 타당하다. 결국 '작은 마을'이라는 뜻이다.

그런데 이를 한자 이름으로 바꿀 때 '까치'를 날아다니는 새로 잘못 알아 '鵲(까치 작)'이 붙었다. 한편 우리 땅 이름에서 '정井' 자는 '우물'이라는 본래의 뜻이 아니라 그냥 '마을'을 뜻하는 글자로도 많이 쓰였다. 그래서 '작정리鵲井里'라는 이름이 생긴 것인데, 이를 모르는 사람들이 '鵲'과 '井'을 글자 그대로 해석해 '까치 우물' 이 야기가 만들어진 것이다.

충청북도 청원군에 있는 '작천鵲川'도 이와 똑같은 경우로, 작천 은 '까치내'라는 우리말 이름도 그대로 갖고 있다.

한편 전라남도 장성군에서는 이곳 황룡면 아곡1리 아치실이라 는 동네에서 허균의 소설로도 유명한 의적 홍길동洪吉童이 태어났다 며, '홍길동 공원'을 만들어 운영 중이다.*

그것의 사실 여부야 어떻든 그가 태어났다는 '아치실'의 '아치' 가 바로 앞에서 얘기한 대로 '작다'는 뜻의 '앚다'에서 나온 말이다. 또 '실'은 골짜기를 뜻하는 우리 옛말로, '골'과 같은 말이다. 지금 은 사라져서 쓰이지 않지만 땅 이름에는 '밤실', '곰실' 하는 식으로 그 흔적이 많이 남아 있다. '실개천'이라고 할 때의 '실'도 바로 이 것이다. '실처럼 가느다란 개천'이라는 뜻이 아니라 '골짜기 사이 를 흐르는 개천'이라는 뜻이다. 따라서 '아치실'이란 '작은 골짜기 마을'이라는 뜻이 된다.

'앚다'의 '앚~'에서 '까치'라는 변형이 나온 것처럼 이 말에서 나 온 또 다른 변형 중에 '아차' 계열의 땅 이름들이 있다. 서울 광진구 와 경기도 구리시에 걸쳐 있는 '아차산峨嵯山'이나 인천광역시 강화

* 이 책 「14 길과 물이 갈리다」에서 이에 대한 내용을 간략하게 소개했다.

군에 속한 작은 섬 '아차도阿此島'가 대표적이다.

이곳들은 땅 이름이 특이하다 보니 당연히 전설이 딸려 있다.

조선 명종 때 홍계관이라는 점쟁이가 있었다. 그가 어찌나 점을 잘 보
는지 그 소문이 임금님의 귀에까지 들어가게 되었다. 명종이 그 능력
을 시험해보려고 홍계관을 궁궐로 불러 미리 준비한 상자를 앞에 내
놓고는 그 속에 무엇이 들었는지 알아맞혀보라고 했다. 만약 맞히면
푸짐한 상과 벼슬을 내리겠지만 틀리면 백성들의 마음을 어지럽게 한
죄로 사형시키겠다고 했다. 한참 상자를 쳐다보던 홍계관이 '쥐가 들
어 있다'고 대답했다. 명종은 깜짝 놀랐지만 다시 물었다. "쥐가 몇 마
리나 들어 있느냐?" 홍계관은 "두 마리, 아니 세 마리입니다"라고 답했
다. 그러자 명종은 "틀렸다"며 신하들에게 그를 끌고 가서 목을 치라
고 명령했다. 홍계관이 사형장으로 끌려간 뒤 명종은 '아차!' 하며 신
하들에게 상자 안에 있는 쥐의 배를 갈라보도록 했다. 과연 두 마리 중
한 마리가 새끼를 밴 상태였다. 이에 명종이 급히 사형장으로 신하를
보냈지만 홍계관은 이미 죽은 뒤였다. 그 뒤로부터 임금이 '아차!' 하
고 늦게 깨달았다고 해서 홍계관이 사형을 당한 이 산을 아차산이라
부르게 되었다.

이 아차산 전설은 『삼국유사』 속 '김유신金庾信' 편에서 신라 장군
김유신의 전생前生 인물로 나오는 고구려의 점쟁이 '추남楸南' 이야
기를 본떠 만들었다는 느낌이 강하지만, 어쨌든 이런 내용으로 전
해온다.

또한 이 산에는 아차산성이 있는데, 「바보온달과 평강공주」로 유명한 고구려의 온달 장군이 이곳에서 신라군과 싸우다가 '아차' 하는 순간에 화살을 맞고 전사했다는 전설도 함께 전해온다.

한편 강화군 아차도의 전설은 이렇다.

천 년 묵은 이무기가 있었다. 이무기는 천 년을 살면 용이 되는데 이 이무기도 천 년을 살아 용이 되려고 하늘로 오르기 시작했다. 그런데 하늘로 올라가다 문득 아래를 내려다보니 아주 아름다운 여자가 서 있는 것이 보였다. 이 여자에게 정신이 팔린 이무기는 하늘로 올라가는 일을 깜박 잊고 멍하니 그녀를 바라보다가 '아차!' 하는 순간 바다로 떨어져 이 섬이 되었다.

북한에도 평안북도 영변군과 평안남도 개천시에 각각 '아차산'이라는 이름을 가진 산이 있다. 이들 산에도 "힘센 장사가 강을 건너다가 발을 잘못 디디자 '아차' 하고 큰 소리를 쳐서 생긴 이름"이라는 등의 얘기가 딸려 있다.

이처럼 '아차~' 계열의 땅 이름은 거의 예외 없이 어떤 일이 진행되다가 '아차!' 하는 순간에 안 좋은 일이 생겼다는 내용의 전설을 갖고 있다. 하지만 이는 '아차'라는 감탄사의 의미나 쓰임새 때문에 만들어진 얘기일 뿐이고, 사실은 '작은 산(아차산)'이나 '작은 섬(아차도)'이라는 뜻의 이름이다.

이처럼 '아차'라는 땅 이름이 전설의 내용과 전혀 관계가 없다는 사실은 온달 장군의 이야기만으로도 분명히 확인할 수가 있다.

앞에서 온달 장군이 광진구의 아차산성에서 신라군과 싸우다 전사했다는 전설이 있다고 소개했다. 하지만 역사적으로는 온달 장군이 이 아차산성이 아니라 충청북도 단양군 영춘면에 있는 아차산성(지금의 온달산성)에서 싸우다가 전사한 것을 사실로 인정하는 경향이 강하다.

온달 장군이 아차산성 전투에 나섰다가 전사한 것은 고구려 영양왕 때인 서기 590년의 일이다. 하지만 이 전투에서 온달 장군이 '아차!' 하는 순간에 화살을 맞기 훨씬 전부터 이곳은 이미 아차산성이라 불렸다. 그 예로 『삼국사기』 「백제본기」 '개로왕蓋鹵王' 편을 보면 서기 475년 개로왕이 고구려 장수왕長壽王 군대의 침입을 받고 붙잡혀 이곳에서 죽임을 당하는 대목에 이런 글이 나온다.

(개로)왕이 도망해 나갔는데 고구려 장군 걸루桀婁 등이 왕을 보고 말에서 내려 절하고 조금 있다가 왕의 얼굴을 향해 세 번 침을 뱉고 그 죄를 낱낱이 말한 다음 꽁꽁 묶어 아차산성 아래로 끌고 가 죽였다. 걸루와 만년萬年은 백제 사람으로 죄를 짓고 고구려로 도망친 자였다.

개로왕이 아차산성 밑에서 죽임을 당하고 115년 뒤에 온달 장군이 전사했는데 온달 장군 때문에 '아차산성'이라 부르게 되었다는 말은 있을 수 없는 것이다.

김부식은 『삼국사기』를 쓸 때 지금은 전해지지 않는 많은 사료들을 참고했다. 그 자료들 속에서 아차산성은 온달이 전사하기 훨씬 전부터 그 이름이나 비슷한 이름으로 나와 있었을 것이다. 그리고 그 이름은 아마도 '아단성阿旦城'이었을 가능성이 크다. 이는 앞서 말한 『삼국사기』의 '개로왕' 편에서 김부식이 아차산성阿且山城에 대해 "아차阿且에서 '且(차)'는 '旦(단)'으로 써야 한다"고 적어놓았기 때문이다. 또 같은 『삼국사기』에서 개로왕보다 12대나 앞서는 백제 9대 '책계왕責稽王' 편을 보면 이런 내용이 나온다.

고구려가 대방帶方을 치니 대방에서 백제에 구원을 청하였다. 이에 앞서 책계왕이 대방왕의 딸 보과寶菓에게 장가들어 부인으로 삼았기 때문에 "대방은 우리와 장인·사위 관계의 나라이니 그 청을 듣지 않을 수가 없다" 하여 군사를 내서 지원하였다. 그러자 고구려가 원망하므로 왕은 그들의 침략을 염려하여 아단성阿旦城과 사성蛇城을 수리하여 대비하였다.

이런 내용들을 볼 때 아차산성은 이전에 '아단성'으로 불렸으리라 추정되는 것이다.

'아단阿旦'의 당시 우리말 발음과 뜻을 정확히 알 수는 없다. 하지만 이 말의 당시 발음이나 뜻은 이 글에서 얘기해온 '앚다'의 '앚~'과 비슷했고, 나아가서는 '아차'와도 비슷했을 것이다. '阿旦(아단)'이든 '阿且(아차)'든 당시의 어떤 우리말을 비슷한 발음의 한자로 옮겨 쓴 것이고, 우리 고대어에서 'ㅅ, ㅈ, ㅊ'은 지금과는 달리 서로가 명확하게 구분되어 사용되지 않았기 때문이다.

이런 내용들을 종합해보면 '아차산성'의 '아차'가 우리말 감탄사 '아차!'와는 아무 관계가 없음을 확인할 수 있다.

작거나 새롭다는 뜻의 '앗'

이렇게 '까치'나 '아차'를 만들어낸 말 '앗~'은 '작다/적다'는 뜻 외에 '새롭다', '처음' 등의 뜻으로도 연결된다. 동생(아우)을 뜻하는 중세국어 '아ᄉ/아ᅀᆞ(반치음에 아래아 받침)/아ᄋ'나 '앗'이 이에 해당된다.

이런 말의 뜻을 알고 나면 '아우'란 '앗', 즉 '작은 사람'이나 '새로 태어난 사람'이라는 뜻임을 알 수 있다. 또 '아침'이라는 말은 '앗(처음)+춤'의 형태다. 여기서 '춤'은 '새참'이나 '밤참' 같은 단어에서 알 수 있듯 어떤 '때'를 가리킨다. 결국 아침은 '앗춤>아춤>아침'의 변화를 겪은 말이니, '하루 중에 처음인 때'라는 뜻이다.

아저씨를 뜻하는 경상도 사투리 '아재비(준말은 아재)'도 '앗+아비(애비)'의 형태이니 '작은아버지'라는 뜻이다. '아주머니'는 '앗+어미'이니 '작은어머니'라는 뜻이다.

비슷한 내용이지만, 아저씨와 아주머니의 단어 유래를 앞서 말한 '아츤'과 연결 짓는 학자들도 있다. 이에 따르면 아저씨는 '아자비'에서, 아주머니는 '아ᄌ미'에서 나온 말이다. 이들은 원래 '아츤+아비(어미)'의 형태로, 작은아버지(어머니)라는 뜻이다. 이 중 '아자비'는 사투리에서 '아재'라는 줄임말로도 사용되었고, 여기에 존칭을 나타내는 접미사 '~씨'가 붙어 아저씨라는 말이 생겼다. 그리고 이 말이 굳어져 오늘날에는 표준어가 되었다.

'아ᄌ미'는 아저씨라는 말을 따라 '아짐씨'라는 말로도 쓰였고, 이 말이 '어머니'라는 단어의 영향을 받아 '아주머니'라는 말로 굳어지며 오늘날 표준어가 되었다는 설명이다.

이를 두고 아저씨는 '아기+씨'가 바뀐 말로서 '아기를 낳을 수 있는 씨를 갖고 있는 사람'이라는 뜻이고, 아주머니는 '아기+주머니'의 준말로 '아기를 낳을 수 있는 주머니를 갖고 있는 사람'이라는 뜻에서 생긴 말이라는 엉터리 해석도 있다. 이는 사람들이 근거 없이 얘기해 항간에 떠도는 일종의 민간어원설民間語源說인데, 그야말로 '해도 너무한' 엉터리라 하지 않을 수 없다.

한편 '앚~(앗~)'은 강아지, 송아지, 망아지, 돼지 등에 쓰여 '새끼(작은 것)'를 의미하는 접미사 '~아지'를 만들어내기도 했다.

여기서 돼지는 '돝+아지'의 형태이다. 중세국어에서는 지금의 돼지를 '돝'이라 했고, 이 '돝의 새끼'라는 뜻에서 '돝아지'라고 한 말이 줄어 돼지가 된 것이다. 그런데 지금은 다 큰 것이든 새끼든 관계없이 모두 돼지라는 말로 쓰이고 있다.

『삼국유사』 '김유신' 편을 보면 "맏누이는 보희寶姬인데 어렸을 때 이름은 아해阿海이고, 작은누이는 문희文姬인데 아이 때 이름은 아지阿之이다"라는 내용이 나온다. 또 같은 책 '김알지' 편에 "알지閼智는 토박이말로 어린아이라는 뜻이다"라고 나온다. 여기서 '아지'와 '알지' 모두가 한자의 뜻과는 관계없이 우리말 '앗'에서 나온 '아지'를 말하는 것이다. 이 '~아지'는 현대어에서 '모가지', '손모가지' 등의 단어에 보이는 것처럼 낮춤말의 뜻을 갖기도 한다.

'앗'은 또 '앗>아시>아희>아히'를 거쳐 '아이'나 그 준말인 '애'로 바뀌기도 했다. 앞서 말한 김유신의 맏누이 보희의 어렸을 때 이름 '아해阿海'가 바로 우리말 '아히(현대어 '아이')'를 발음이 비슷한 한자로 바꿔 쓴 것이다.

'아기'라는 말도 물론 이 '앛/앗~'에서 나온 말이다.

이 '아기'라는 말과 관련해서 빼놓을 수 없는 땅 이름이 안보관광지로 유명한 경기도 김포시의 '애기봉愛妓峰'이다.

해발 155미터로, 한강과 임진강이 만나 서해 바다로 흘러들어가는 곳에 있는 이 작은 봉우리는 이전에 '쑥갓머리산'이라는 이름을 갖고 있었다고 한다. 그 이름이 애기봉으로 바뀐 것은 이곳에 얽힌 전설 때문인데, 그 내용은 대략 이렇다.

병자호란이 일어날 무렵 평안감사에게 '애기愛妓'라는 이름을 가진 첩妾이 있었다. 호란이 일어나자 감사는 자신이 가장 사랑하는 이 첩을 데리고 한양을 향해 피난길에 올랐다. 하지만 감사는 한강을 건너기 전 청나라 군사에게 붙잡혀 북쪽으로 끌려갔고, 애기만이 겨우 강을 건너 화를 피했다. 혼자 남은 애기는 자신이 사랑하는 감사를 그리워해 날마다 북쪽 하늘을 보며 기다리다가 병이 들었다. 그리고 마침내 '임을 잘 볼 수 있게 이곳 봉우리에 묻어달라'는 유언을 남기고 숨을 거뒀다.

1966년 10월 이곳을 방문한 고故 박정희 대통령이 이 같은 애기의 전설을 듣고는 "애기의 한恨은 강 하나를 사이에 두고 오가지 못하는 우리 일천만 이산가족의 한과 같다"고 하며 이 봉우리의 이름을 '애기봉'이라고 붙였다. 그리고 친필로 그 이름을 써서 비석도 세움으로써 지금의 '애기봉'이 태어나게 된 것이다.

그런데 이 전설 속의 '애기'라는 이름은 분명히 '사랑하는[愛] 기생[妓]'이라는 뜻이 아니라 그냥 어린아이라는 뜻의 애기였을 것이다. 앞에서 본 김유신의 두 동생 '아해'와 '아지'가 그랬던 것처럼 '작고 예쁜 첩'을 어린애와 같이 귀엽다는 뜻에서 '애기'라 불렀을 것이라는 말이다. 그런데 그녀의 신분이 첩이었고, 기생妓生과 같은 것이었고 보니 이를 한자로 바꾸며 '愛妓'라 한 것이다.

이런 내용들을 두루 알고 나면 '애고개'나 '아시고개' 같은 땅 이름의 뜻도 어렵지 않게 짐작할 수가 있다.

'애고개' 계통의 땅 이름 중에 가장 유명한 것은 서울 서대문구 아현동의 '애오개'라 할 수 있다. '애오개'는 '애고개'에서 바뀐 말이기 때문이다. 여기서 '애'가 바로 '앗'에서 나온 말이다. 일반적으로 '애고개(애오개)'는 한 지역에서 '큰 고개'와 같이 존재하면서, 큰 고개에 비해 '작은 고개'라는 뜻을 갖는다. 서대문구의 애오개도 그 서북쪽에 있는 '큰 고개'에 비해 작은 고개라는 뜻에서 생긴 이름이다. 이 이름을 한자로 바꾼 '아현阿峴'도 '작은 고개'라는 뜻을 그대로 갖고 있다.

이런 내용을 잘 모르면 그 이름 때문에 엉뚱한 전설을 만들어내게 된다.

이곳 애오개에도 "옛날 이 고개에 아이(애)들의 시체를 많이 묻었기 때문에 생긴 이름"이라는 얘기가 있다.

경기도 가평군에 있는 '아재령兒才嶺'이나 강원도 양구군의 '아지령峨地嶺'은 모두 우리말 이름으로 '아지고개'였던 곳이다. 또 충청북도 청원군에는 '아시고개'가 있다. 이들 '아지~'나 '아시~'가 모두 '앗'에서 나온 것으로, 역시 '작은 고개'라는 뜻이다.

여우골에는 여우가 많이 살았을까?

한편 '여우골/여시골', '여우내', '여시고개' 등 우리나라 곳곳에 많은 '여우/여시~' 계통의 땅 이름들은 '앗/아시' 계통과 언뜻 비슷한 느낌이 있지만 대부분 달리 해석해야 한다.

산짐승 여우는 우리 중세국어까지 '엿' 또는 '여ㅿㆍ(여+반치음 시옷ㅿ+ㆍ)'라 했다. 반치음 시옷(ㅿ)은 그 뒤에 없어지면서 'ㅇ'이나 'ㅅ'으로 바뀐다. 이 때문에 여우는 사투리에서 '여수', '여시' 등으로도 불렸다. '여시'는 지금도 적지 않게 쓰이고 있다.

그러다 보니 '여우골'이나 '여시골'이라 하면 우선 짐승 여우를 떠올려 여지없이 "여우가 많은 동네라 붙은 이름"이라는 해석이 뒤따르곤 한다. 이런 곳에는 또 '꼬리가 아홉 개 달린 구미호'나 '천 년 묵은 여우' 등의 전설도 생기곤 한다.

그중 한 예로 강원도 춘천시 신북읍에 있는 '여우고개'에는 이런 전설이 전해온다.

이 동네의 한 총각이 윗동네에 세워진 서당에 글공부를 하러 가는 길에 어떤 처녀가 그를 유혹했다. 이 처녀는 자기 입에서 구슬 하나를 꺼내 총각의 입속에 넣어주었다가 헤어질 때면 그 구슬을 돌려받았다. 이 이야기를 전해 들은 서당 훈장이 총각에게 "다음번에 처녀가 입속에 구슬을 넣어주거든 돌려주지 말고 삼킨 다음, 그 처녀를 쳐다보지 말고 하늘만 쳐다보면서 서당으로 오라"고 말해주었다. 이튿날 서당에 오는 길에 처녀를 만난 그 총각은 구슬을 입속에 넣어주자 훈장의 말대로 삼켜버렸다. 하지만 하늘만 쳐다보며 오라는 말을 깜박 잊고 처녀를 바라보고 말았다. 그러자 그 처녀는 갑자기 여우로 변해 어디론가 없어져버렸다. 이 이야기를 들은 훈장은 "네가 하늘만 보고 걸어왔으면 큰 벼슬을 할 것이었는데 그 여우 처녀를 쳐다보는 바람에 모든 게 틀려버렸다"며 아쉬워했다. 이때부터 그 고개를 여우고개라 했다.

우리나라에 산이 워낙 많으니 실제로 예전에는 여우가 많았고, 그 때문에 '여우~' 계통의 이름을 갖게 된 곳들도 있을 것이다. 하지만 그 지형과 언어학적 입장을 합쳐 분석해보면 이와는 전혀 다르면서도 설득력 있는 설명이 나올 수 있다.

첫째는 '여우~'가 우리 옛말 '엳다/옅다'에서 비롯한 경우다.

지금도 '물이나 생각이 깊지 않다' 또는 '높이가 높지 않다'는 뜻으로 '옅다'라는 말을 쓴다. 이를테면 "옅은 꾀를 부린다"거나 "물이 옅은 곳을 골라 건너갔다"와 같은 표현이 있다.

그런데 중세국어에서는 이를 지금처럼 '옅다'라 쓰기도 했고, '엳다'로 쓰기도 했다. 따라서 높지 않은 골짜기는 '여튼골'이나 '여슨골' 등으로 불렸는데, 이것이 바뀌어 '여우골' 형태가 되었다고 해석하는 것이다.

인천광역시 남동구 도림동에 있는 '여무실'도 이에 해당한다고 볼 수 있다.

이곳 '여무실'은 한자로 '女舞室'이라 쓰며, 해석하면 '여자가 춤을 추는 방(집)'이라는 뜻이 된다. 이를 놓고 "옛날 이곳에 사람들이 커다란 집[室]을 지어놓고, 처녀들[女]을 뽑아와 노래와 춤[舞]을 가르친 뒤 기생이나 무당으로 키웠기 때문에 생긴 동네 이름"이라고 해석한다. 또는 "무당이 이곳에서 굿을 하고 춤을 추었기 때문에 생긴 이름"이라 해석하기도 한다. 하지만 이런 설명을 뒷받침하는 자료는 아무것도 없다.

따라서 '女舞室'은 우리말 이름 '여우실'의 발음이 바뀌어 '여무실'이 된 뒤에 한자를 대충 끼워 맞춘 것이라 보는 것이 한결 타당하다. 이곳의 땅 모양새가 이런 해석을 뒷받침한다.

이 동네에는 야트막한 산이 많이 있다. 이 때문에 옛날에 '여슨실' 정도로 불리던 이름이 '여우실'을 거쳐 '여무실'로 되었다고 보는 것이다. 여기서 '실'은 앞의 '아치실'에 쓰인 것과 같이 골짜기를 뜻한다.

한편 우리 중세어에서 '엿다'라는 말에는 '(어떤 곳이나 행동을) 엿보다'라는 뜻도 있었다.

이 때문에 동물 여우와 '엿보다'의 '엿다'를 합성한 전설이 전해 오는 경우도 있다. 경기도 포천시 이동면과 영북면 사이에 있는 '여우고개'의 전설이 그것이다.

후삼국시대 궁예가 왕건의 군사에게 패하여 자신의 군사들을 이끌고 이 근처로 피신해왔다. 왕건의 군대가 뒤쫓아왔지만 적이 얼마나 되는지 알 수 없어 함부로 나가 싸우지는 못했다. 이 때문에 왕건의 군사와 궁예의 군사들이 이곳에서 서로 눈치를 보며 '여우처럼 엿보았다고 해서' 여우고개라 부르게 되었다.

앞서 보았듯 '엿다'라는 말에서 '여우'나 '엿보다'라는 말로 바뀌는 경우가 생기다 보니 여우고개라는 땅 이름의 전설에서는 동물 여우와 엿보다는 뜻의 여우가 한꺼번에 나타나기까지 한 것이다.

둘째는 '여우~'를 우리말 '여위다'의 '여위~'에서 바뀐 말로 볼 수 있는 경우다.

'여위다'라는 형용사는 오늘날 '몸이나 얼굴이 말랐다(수척하다)'라는 뜻으로만 쓰인다. 하지만 중세국어까지도 이는 '몸이 말랐다'는 뜻 외에 '물기가 말랐다'는 뜻으로도 쓰였다. 이를테면 물기가 다 말라버린 연못을 '여윈못'이라 했다.

그런데 이 '여위다'의 어간 '여위~'가 '여우~'와 발음이 비슷하다 보니 원래는 '물기가 말랐다'는 뜻으로 쓴 '여위~'가 '여우~'로 발음이 바뀐 경우도 생길 수 있는 것이다. 우리나라 여러 곳에 있는 '여우내' 가운데 상당수가 여기서 비롯된 이름일 것으로 보인다. 그런 곳들은 동물 여우와는 아무 관계가 없이 '물기가 많지 않은 마른 내'라는 뜻일 뿐이다.

10

높은 곳에 넓은 터를 잡다

달구벌에서 섬진강까지

들

아사달 • 달래(고개, 강) • 다리재 • 달천 • 월출산 • 월악산
월이산 • 달암재 • 계룡산 • 계족산 • 계명산 • 계원봉 • 달기봉
월기봉 • 딸기봉 • 영암군 • 진안군(무진장)

중국 사람들이 지키는 금기 중에 '피휘避諱'라는 것이 있다.

'휘諱'란 천자天子나 왕王, 성인聖人 또는 윗사람의 이름을 말한다. 따라서 '피휘'란 이런 사람들의 이름을 함부로 부르거나 글에 적지 않는(피하는) 것이다. 이는 요즘도 될 수 있으면 돌아가신 조상의 이름을 직접 말하지 않으려는 풍습 속에 짙은 흔적을 남겨놓고 있다.

'피휘'가 생기게 된 이유는 크게 두 가지로 얘기된다.

첫째는 그 대상자의 권위를 높이려는 것이다.

고귀하신 분이나 웃어른의 이름을 누구나 함부로 불러서야 어찌 권위가 서겠는가. 옛날 동양적 사고로는 충분히 생기고도 남을 일이다.

둘째는 다른 사람들이 그 이름에 대해 나쁜 주술을 거는 것을 막기 위함이다. 사극이나 영화에서 가끔 나오는 것처럼 그 대상자의 이름을 써 붙인 인형을 만들어놓고 거기에 칼을 꽂으며 저주를 퍼붓는 것 같은 일을 막으려는 것이다. 이는 미신적인 성격이 강한 일이다. 하지만 부와 권력을 오래 누리고 싶은 사람일수록 굳이 이런 것까지도 세세하게 신경을 쓴다는 것은 동서고금을 막론하고 흔한 일이다.

그래서 중국 역사서에 보면 어떤 단어나 이름을 써야 하는데 그 속에 황제나 왕의 이름에 쓴 글자가 들어가게 되는 경우 그 글자 대신 다른 글자를 끌어다 붙인 사례가 줄곧 나온다. 이 때문에 뜻이 정확히 전달되지 않거나 심지어 잘못 전달될지라도 그 글자를 쓰지 않았으니 피휘의 정도가 어떠했는지 짐작할 수 있다.

이 '피휘'는 우리나라에도 전해졌고, 조선시대까지 임금이나 성인·조상의 이름을 부르거나 글로 적는 일을 피하는 것이 제도로 굳어지다시피 했다. 특히 성리학이 온 나라의 중심 사상으로 뿌리내린 조선 중기 이후에는 유학의 창시자인 '공자孔子'를 최고 성인의 반열에 올렸으니, 그의 이름을 함부로 부르거나 적는 것은 엄청난 불경죄가 되었다. 그래서 한자 이름이 바뀐 도시가 대구大邱광역시다.

『삼국사기』를 보면 대구광역시의 삼국시대 이름은 '달구화현達句火縣'이었다.

이것이 통일신라 경덕왕 때 '대구현大丘縣'으로 이름이 바뀌어 조선 중기까지 쓰였다. 그러던 중 영조 26년(1750년)에 이양채李亮采라는 대구의 한 유생이 조정에 상소를 올린다.

"대구의 구丘 자가 공자님의 이름인 '구丘'와 같으니, 사람들이 그 이름을 함부로 부르지 못하도록 고을 이름을 바꿔야 한다"는 내용이었다.

이 내용대로 공자는 성이 공孔, 이름은 '丘'이다. '丘'는 언덕, 산, 마을 등의 뜻을 갖고 있는 글자이다. 사마천司馬遷이 쓴 『사기史記』에 따르면 "공자가 태어났을 때 머리 중간이 움푹 파여 있었기 때문에 '丘'라 이름 지었다"고 한다.

이양채의 이 상소가 바로 받아들여지지는 않았다. 하지만 정조 3년(1779년) 실록에 '大邱'라는 이름이 처음 등장하면서 '大丘'와 '大邱'가 함께 쓰이기 시작한다. 그 뒤 철종이 즉위하면서부터는 지금처럼 '大邱'만 쓰이게 되었다. 아무래도 '피휘'가 끝내 그 힘을 발휘한 것이라 하지 않을 수 없다. '邱'는 '丘'와 모양만 다를 뿐 소리와 뜻은 같은 글자이다. 이는 중국에서 청나라 옹정제(雍正帝, 1678~1735년) 때 공자의 이름 '丘'를 피하기 위해 새로 만들어낸 글자라고 한다.

높고 넓은 마을을 다스리다

앞에서 밝혔듯이 통일신라 경덕왕 대 이전까지 불린 대구의 원 이름은 '달구화達句火'였다. 이는 당시 우리말로 된 땅 이름을 한자의 소리와 뜻을 빌려 적은 한자 차용 표기이다.

'달구화'의 '達句(달구)'는 우리말 '들'을 한자의 소리를 빌려 표현한 것으로 해석된다. '火(불 화)'는 우리말 '벌'을 나타낸 것인데,

이 한자의 뜻 '불'이 '벌'과 발음이 비슷하기 때문에 끌어다 쓴 것이다.*

결국 대구의 원래 우리말 이름은 '달벌'이었던 것이다. 여기서 '벌'은 지금도 '벌판'이라는 말에 쓰이는 것처럼 넓은 들판을 말한다.

한편 '달'은 '높다'는 뜻을 가진 단어로, 지금은 쓰이지 않는 말이다.

하지만 중세국어까지만 해도 지금의 '달[月]'을 '달'이라 했고, 오늘날 '매달다' 할 때의 '달다'도 '달다'에서 나온 말이다. 하늘에 있는 달이나 어떤 곳에 매다는 것이나 모두 '높다, 높은 곳'이라는 뜻과 연결되어 있다. 키가 큰 사람을 말하는 '키다리(키+달+이)'나 방안에 있는 '다락(달+악)', 비스듬하게 높은 곳을 말하는 '비탈(빗+달)'도 모두 여기서 나온 말이다. 이들 단어에서의 '달' 역시 '높다'는 뜻을 갖고 있다. '달동네'라는 말도 '달이 보이는 동네'라는 뜻이 아니라 '높은 곳[달]에 있는 동네'라는 뜻으로 풀이할 수 있다.

그런데 이 '달(<달)'은 땅 이름에 많이 쓰이면서 '높다'는 뜻 외에 '크다, 넓다' 또는 사람들이 모여 사는 마을이나 '성城'이라는 뜻까지 갖게 된다.

일반적으로 '달'이 어떤 땅 이름의 앞에 쓰이면 '높다, 크다, 넓다'라는 뜻을 갖는다. 또 땅 이름의 뒤에 오면 통치자가 다스리는 고을, 성城, 읍邑과 같은 뜻을 갖는다.

대구의 원이름인 '달벌'의 '달'이 바로 앞의 경우에 해당한다. 따라서 '달벌'은 '높고 넓은 벌판(마을)' 정도의 뜻이다. 팔공산 등의

---

* '불'과 '벌'의 상관관계에 대해서는 이 책 「15 새롭고 신성한 마을이 생기다」의 각주(318쪽)도 참고할 필요가 있다.

높은 산이 있고, 그 아래에 사람들이 살기 좋은 벌판이 넓게 펼쳐져 있어 붙은 이름이라 하겠다. 경덕왕이 붙인 이름 '大丘'를 해석하면 '큰 마을'이라는 뜻이니, 바로 '달벌'을 그대로 한자로 옮긴 것이다.

이처럼 '달=높다(達=高)'라는 관계는 『삼국사기』 '지리地理' 편의 다른 지역 설명에서도 찾아볼 수가 있다. 이를테면 "고봉현高烽縣은 본래 고구려의 달을성현達乙省縣이다"나 "고성군高城郡은 본래 고구려 달홀達忽"이라는 구절 등이다. 이들을 보면 '달達=높다[高]'의 관계가 바로 드러난다.

반면 『삼국유사』에서 우리 민족의 시조인 단군왕검이 도읍으로 정했다고 한 '아사달阿斯達'의 '달達'은 뒤의 경우에 해당한다. 마을이나 성城이라는 얘기다.

'아사阿斯'에 대해서는 학자들마다 해석이 달라 아직 일치된 견해가 없다.

이를 오늘날 '아침[朝]'의 옛말로 보는 사람도 있고, '시작'이나 '시초始初'를 뜻하는 우리 옛말 '아시'를 나타내는 것이라 풀이하는 학자도 있다. 또 '아우(동생)' 또는 '작다'는 뜻을 가진 우리 옛말로 보는 견해가 있는가 하면, 이와 반대로 '어머니[母]'나 '크다'는 뜻에서 출발해 '왕王'이라는 뜻으로 연결되는 옛말로 해석하는 경우도 있다. 이에 따른다면 아사달은 각각 '아침을 여는 큰 마을', '(한 나라를) 시작하는 땅', '작은 마을', '임금이 다스리는 큰 고을' 등 여러 가지로 해석이 된다.

우리나라 곳곳에 많은 '달내', '달래고개', '달랫골', '달래강' 등의 땅 이름에 쓰인 '달'도 거의 모두가 높은 곳, 즉 산山을 말한다. 따라서 이런 이름을 가진 땅들은 대개 산골 마을이다. 이 중 '달내' 또는 '달래강'은 '달[山]에 있는 내[川]', 즉 산속에 흐르는 냇물이나 산을 끼고 흐르는 강물을 말하는 경우가 대부분이다.

물론 이런 땅 이름에도 사실과 전혀 관계없는 전설이 따라다니곤 한다. 대표적인 것이 충청북도 충주 지방을 비롯해 전국 30여 곳에 전해오는 '달래강 전설' 또는 '달래고개 전설'이다. 이 중 두 곳의 전설을 소개한다.

옛날 이곳 산골 마을에 부모를 여의고 의좋게 살아가던 한 오누이가 있었다. 오누이는 집 앞 냇가 건너편에 있는 밭에서 농사를 지으며 살았다. 그러던 어느 여름날, 두 사람이 밭일을 끝내고 집으로 돌아가려는데 갑자기 소나기가 내렸다. 비가 그친 뒤 냇물을 건너려다 보니 물이 많이 불어 오빠가 여동생을 등에 업고 건널 수밖에 없었다. 두 사람의 옷은 모두 물에 젖었고, 젖은 옷 속으로 드러난 여동생의 몸을 보며 오빠는 자신도 모르게 여자에 대한 욕망이 일어났다. 심한 죄책감이 든 오빠는 동생을 먼저 보낸 뒤 물가에서 가지고 있던 낫으로 자신의 성기를 잘라 목숨을 끊었다. 한참을 기다려도 오빠가 오지 않자 되돌아간 동생은 오빠의 시신을 보고 모든 상황을 짐작하게 되었다. 이에 동생은 오빠의 시신을 끌어안고 "그럴 거면 나한테 달래나 보지, 달래나 보지" 하며 통곡하다가 결국 그 자리에서 함께 죽고 말았다. 그 뒤로 이곳을 사람들이 '달래강'이라 부르게 되었다.(충청북도 충주시 달래강 전설)

218

옛날 이 마을에 한 남매가 살고 있었다. 남매는 가끔씩 인근에 있는 암자에 가서 복을 달라고 기도를 하곤 했다. 어느 날 역시 두 사람이 암자에 가고 있는데 비가 많이 내렸다. 비를 맞으며 걷다가 비에 젖은 누이동생의 몸을 보게 된 오빠는 본능이 일어나는 것을 어쩔 수가 없었다. 이를 부끄럽게 여긴 오빠는 동생을 먼저 보낸 뒤 돌로 자신의 생식기를 내리쳐서 목숨을 끊었다. 뒤늦게 이를 알게 된 여동생이 "그렇게 죽을 거면 달래나 보지" 하며 탄식을 해서 이곳을 달래모퉁이라 부르게 되었다.(강원도 화천군 구운리 달래모퉁이 전설)

이 계통의 전설에서는 등장인물들의 관계가 대개 '오빠-여동생'이지만 그와 반대로 '누나-남동생'으로 바뀌어 나타나는 경우도 있다. 그러나 모두가 근친 관계라는 공통점을 갖고 있다.

하지만 그것이 어떤 식으로 나타나든 이는 이름을 보고 갖다 붙인 이야기에 불과하다. '달래'라는 땅 이름이 '(물건 등을) 달라'고 할 때의 '달래'와 같다 보니 생긴 이야기인 것이다.

충청북도 충주시와 제천시 사이에 있는 '다리재'는 한자로 '월현月峴'이라 하는데, '고개가 다락처럼 높고 다래나무가 많아서 생긴 이름'이라고 설명하곤 한다. 하지만 사실 이는 그저 '달[山]+재(고개)'의 변형일 뿐이다.

충주시에 있는 '달천達川'도 같은 계통이다.

이곳 달천은 속리산에서 시작한 물이 괴산군을 거쳐 흘러온 것인데, 다른 이름으로 '달래강' 또는 '감천甘川'이나 '덕천德川'이라고도 불린다. 그 이름에 대해서는 옛날 이 강물에 수달이 많아 살았기 때문이라거나 물맛이 달아서 '단냇물'이라 하던 것이 달천으로 바뀐 것이라는 해석이 있다.

『신증동국여지승람』에는 이곳 달천에 대해 이런 설명이 나온다.

달천達川은 덕천德川이라고도 부르고, 혹은 달천獺川이라고도 한다. 주州 서쪽으로 8리 떨어진 곳에 있다. 근원이 보은현報恩縣 속리산俗離山 꼭대기에서 나와서 그 물이 세 갈래로 나뉘는데, 그 하나가 서쪽으로 흘러 달천이 되었다. 배를 띄우고 겨울에는 다리를 놓는다. 본조本朝의 이행李行이 능히 물맛을 변별하는데, 달천 물이 제일이라 하여 마시기를 좋아하였다. 고려 고종 때에 주의 노군奴軍이 난을 일으키자 이자성李子晟 등을 보내 삼군三軍을 거느리고서 토벌하게 하였다. 삼군이 달천에 이르러 물이 깊어 건너지 못하고 한참 다리를 만들고 있는데, 적이 말하기를 "반역의 괴수를 베어 나와서 항복하려 한다" 했다. 이에 자성子晟이 "그렇게 한다면 너희를 반드시 다 죽이지는 않겠다"고 하자 적이 괴수인 중 우목牛木의 머리를 베어 가지고 왔다. 관군官軍이 드디어 남은 무리를 사로잡아 모두 베었다.

이 내용을 보면 달천은 물맛이 좋아서(달아서) 붙은 이름이라는 해석이 맞는 것처럼 보인다. '감천甘川'도 이를 한자로 바꾼 이름이다.

하지만 이 역시 '달천'이라는 이름이 생기고 나서 그에 맞춰 만든 이야기이며, 여기서의 '달'은 '달다'는 뜻이 아니라 '높다'는 뜻의 '들'일 가능성이 크다. 이는 '달천'이 '덕천德川'이라고도 불린다는 사실과 "속리산 꼭대기에서 나와 흘러온다"고 한 설명에서도 알 수가 있다. '덕천'의 '덕'은 한자 '德(큰 덕)'을 쓰고 있지만 이 역시 우리말을 같은 발음의 한자로 바꾼 것일 뿐이다. 이때의 '덕'은 지금도 '언덕'이라는 말에 남아 있듯이 '높은 곳'을 뜻하는 순우리말이다. 중세국어에서는 시렁, 곧 물건을 올려놓는 높은 곳도 '덕'이라 했다. 이렇듯 산에서 흘러오는 물이기에 '달천(<돌천)' 또는 '달래강'이고, '덕천'이라 불리기도 한 것이다.

달이냐, 닭이냐

그런데 이 '달'이 들어간 땅 이름이 한자로 바뀌는 과정에서는 순우리말 이름일 때보다 더욱 복잡한 변형들이 나타난다.

첫째는 '달'을 하늘에 있는 달로 보아 '月(달 월)' 자를 쓴 경우다.

전라남도 영암군에 있는 월출산月出山이나 충청북도 충주시와 제천시에 걸쳐 있는 월악산月岳山, 충청남도 금산군에 있는 월봉산月峰山 등이 대표적이다.

이 중 월출산月出山은 본래 '달나뫼' 또는 '달래뫼'라고 불리던 것을 한자로 바꾼 이름이다. '달나뫼'를 '달[月]+나[出 : 나다]+뫼[山]'로 분석하면 '달[月]이 떠오르는[出] 산', 곧 '월출산'이라는 이름이 된다.

하지만 '달나뫼'는 원래 '달래뫼'에서 발음이 바뀐 것이고, '달래'는 '돌[山]'을 말하는 것이다. 따라서 그 이름은 사실 '달이 떠오르는 산'이 아니라 그냥 '산'이라는 뜻일 뿐이다. 『고려사 지리지』에 "월출산은 신라에서 월내악月奈岳이라 불렸고, 고려 초에는 월생산月生山이라 불렸다"라는 내용이 나온다. 여기서 먼저 이름인 '월내악'은 '달래뫼'의 '달래'를 '月奈'라는 한자로 쓰고, '뫼'는 '岳'으로 나

달이 솟아오른다는 뜻을 가진 월출산. 하지만 원래는 '산'이나 '높은 곳'이라는 뜻을 가진 우리 옛말 '돌'에서 나온 이름일 것이다.

타낸 것이다. '월생산'은 '달나뫼(<달래뫼)'를 말하며, 여기서 '生(날 생)'은 물론 월출산의 '出(날 출)'과 같은 뜻으로 쓰인 것이다.

충청북도 옥천군에 있는 '월이산月伊山'도 우리말 이름이 '달이산(다리산, 달리산으로도 불림)'이어서 '月＝돌'의 관계를 직접 보여주고 있다. 이 월이산은 '현이산懸伊山'이라는 다른 한자 이름도 갖고 있다. 여기서의 '懸(매달 현)'은 앞에서 밝힌 것처럼 '매달다'라는 말에 들어 있는 '돌'을 나타낸 것으로 역시 '높다'는 뜻이다. 전라북도 무주군에 있는 고개 '달암재'도 '월암령月岩嶺'이라는 한자 이름을 갖고 있어 그 의미를 알게 해준다.

둘째는 '달'을 발음이 비슷한 '닭'으로 받아 '鷄(닭 계)' 자를 쓴 경우다.

가장 유명한 곳으로 충청남도에 있는 '계룡산鷄龍山'을 들 수 있다.

계룡산이라는 이름에 대해서는 우선 '산의 능선 모양이 닭의 볏을 쓴 용의 모양'이라 생긴 이름이라는 말이 있지만 객관적으로 타당성이 없는 얘기다.

또는 조선을 세운 태조 이성계와 무학 대사에 얽힌 이야기로 설명하는 경우도 있다.

두 사람이 지금의 계룡시 인근인 '신도안'에 도읍을 정하려고 이지역을 돌아볼 때 무학 대사가 이 산을 보고 풍수지리상 '금계포란형金鷄抱卵形'에 '비룡승천형飛龍昇天形', 즉 '금닭이 알을 품고 있는 형상'에 '용이 하늘로 오르는 형태'라고 했다. 여기서 '계鷄'와 '룡龍'자를 따서 계룡산이라는 이름이 생겼다는 얘기다. 하지만 이 역시그 이름을 보고 나중에 지어낸 얘기일 것이다.

이와 같은 맥락에서 풍수지리학에서는 산山을 '용龍'이라 하기 때문에 계룡산도 여기서 나온 이름이고, 우리나라 곳곳에 '龍' 자가들어간 산 이름이 많다는 설명도 있다.

하지만 언어학적 입장에서 계룡산의 '鷄'는 이와 관계없이 우리말 '달'을 나타낸 글자로 해석된다.

대전광역시, 전라남도 순천시, 전라남도 구례군 등 여러 곳에 있는 '계족산鷄足山', 또 '계족산'이라고도 불리는 충청북도 충주시의 '계명산鷄鳴山'도 모두 같은 경우로 본다.

이 중 계명산에는 그 이름 유래에 대해 이런 전설이 있다.

백제시대 이 산의 남쪽에 마고성麻姑城이 있고, 한 왕족이 성주城主로 있었다. 그때 이 산에는 독을 품은 지네가 많이 살았는데 어느 날 성주의 딸이 산에 갔다가 지네에게 물려 죽을 지경이 되었다. 이에 성주가 산신령에게 치성을 드리자 꿈에 한 노인이 나타나 말하기를 "지네는 닭과 상극相剋이니 산에 닭들을 풀어놓으라"고 했다. 그 뒤로 성주가 이 산 곳곳에 닭을 풀어놓아 길렀고, 산 모든 곳에 닭의 발이 닿지 않은 곳이 없다고 해서 계명산 또는 계족산이라는 이름이 생겼다.

"닭[鷄]의 발[足]이 닿지 않은 곳이 없어 계족산이라 부르게 되었다"니 전설의 내용을 이름에 꿰어 맞춰 만들려고 너무 무리한 흔적을 읽을 수 있다.

또 하나 재미있는 곳은 충청남도 금산군에 있는 '계원봉鷄圓峰'과 '달기봉'이다.

이 두 산은 서로 가까운 곳에 있는데, 두 산 모두 모양이 닭처럼 생겨서 생긴 이름이라고 한다. 그리고 계원봉은 암탉, 달기봉은 수탉으로 암수 간의 음양 상생 관계라고도 설명한다. 하지만 이 역시 이름을 보고 만들어낸 얘기다. 두 이름 모두 '닭〉달'에서 나온 이름인데, 하나는 우리말 '달'이 그대로 남아 있고, 하나는 '달'이 한자 '鷄'로 바뀌었을 뿐이다.

한편 북한 자강도 만포시에는 '월기봉月起峰'이라는 높은 산이 있는데, 이 산은 아예 '달기봉'이라고도 불린다. 또 같은 자강도의 중강군에는 '딸기봉'이라는 산도 있으니, 이 역시 '달기봉'의 발음이 강해져 생긴 이름임이 분명하다 하겠다. '달기산', '닭의산', '계산鷄山' 등의 다른 이름을 갖고 있는 충청북도 옥천군의 '닭이봉'도 당연히 같은 계통이다.

224

삼국시대 신라의 이전 이름이었던 '계림鷄林'의 '鷄'를 이 '달'과 관계된 이름으로 보는 경우도 있다. 계림은 월성月城과 남산南山 주변에 있는 넓은 땅이다. 따라서 이곳의 원래 우리말 이름이 '달'과 관계된 것이었으리라는 해석이다. 경상도 사투리에서 '닭'을 '달'이라 한다는 점도 이 해석을 뒷받침한다.

그런데 『삼국유사』에는 이와 달리 계림이 실제로 '닭' 때문에 생긴 이름이라는 설명이 나온다.

『삼국유사』에는 대략 다섯 곳에서 상징성을 가진 닭 이야기 또는 닭에 얽힌 땅 이름 이야기가 나오는데, 그 내용은 다음과 같다.

그날 사량리沙梁里 알영정閼英井 가에 계룡鷄龍이 나타나 왼쪽 옆구리에서 여자아이를 낳았다. 그녀의 얼굴과 용모는 매우 아름다웠으나 입술이 닭 부리와 같았다. 월성月城 북천北川에서 목욕을 시키자 그 부리가 떨어져나갔으므로 그 시내의 이름을 발천撥川이라 하였다.(기이 제1 '신라 시조 혁거세' 편)

처음에 왕이 계정鷄井에서 태어났으므로 계림국鷄林國이라고도 하였다. 이것은 계룡이 상서로움을 드러냈기 때문이다. 일설에는 탈해왕 때 김알지金閼智를 얻자 숲 속에서 닭이 울었으므로 국호를 고쳐 계림이라 하였다고 한다. 후세에 이르러 국호가 신라로 정해졌다.(기이 제1 '신라 시조 혁거세' 편)

영평永平 3년 경신년 8월 4일에 호공瓠公이 밤에 월성月城 서리西里를 지나다 시림始林 속에서 커다란 빛이 밝게 빛나는 것을 보았다. 자줏빛 구름이 하늘에서 땅까지 드리워지고, 구름 속으로 보이는 나뭇가지에 황금 상자가 걸려 있었다. 그 상자 속에서 빛이 나오고 있었고, 나무 밑에는 흰 닭이 울고 있었다. 호공은 이것을 왕에게 보고하였다. 왕이 숲으로 가 상자를 열어보니 사내아이가 누워 있다가 곧장 일어났는데, 마치 혁거세의 고사와 같았기 때문에 알지閼智라는 이름을 붙였다. 알지는 이 지역 말로 어린아이라는 뜻이다.(기이 제1 '김알지, 탈해왕대' 편)

천축국 사람들은 해동海東을 불러서 '구구탁예설라矩矩吒瞖說羅'라고 하는데, '구구탁'은 '닭[鷄]'을 말하는 것이고, '예설라'는 존귀함[貴]을 말하는 것이다. 그 나라 사람들이 전해 말하였다. "그곳에서는 계신鷄神을 받들어 존경하기 때문에 그 깃털을 꽂아서 장식한다."(의해 제5 '천축으로 돌아간 여러 스님' 편)

신모神母가 처음 진한辰韓에 와서 신령한 아들[聖子]을 낳아 동쪽 나라의 첫 임금이 되었으니, 아마 혁거세와 알영 두 성인의 시초일 것이다. 그러므로 계룡鷄龍, 계림鷄林, 백마白馬 등으로 일컬은 것은 이 닭이 서쪽에 속하기 때문이다.(감통 제7 '선도성모가 불교 일을 좋아하다' 편)

이처럼 『삼국유사』에서는 '계림'에 대해 "처음에 왕이 계정鷄井에서 태어났기 때문에 계림국鷄林國이라고도 하였다"거나 "김알지金閼智를 얻자 숲 속에서 닭이 울었으므로 국호를 고쳐 계림이라 하였다고 한다"라고 설명한다. 그리고 거기에 신성함을 가진 '닭' 상징을 불어넣고 있다.

실제로 우리의 전통적 의식意識이나 여러 설화 속에서 닭은 새로운 출발을 뜻하는 상서로운 짐승으로서의 상징적 의미를 갖곤 한다. 새벽에 울어 어둠을 걷어내고, 새로운 날이 왔음을 제일 먼저 알리는 새이기 때문이다. 『동국세시기東國歲時記』에 닭은 호랑이와 함께 새해 그림에 담아 집의 문이나 벽 위에 붙임으로써 액운을 몰아내는 역할을 하는 동물로 기록되어 있는데, 이 역시 같은 뜻에서 비롯한 것이다.

『삼국유사』속에 나오는 닭의 상징성도 이와 연관되어 있다.

특히 신라인들에게 닭은 개인 차원이 아니라 민족 전체의 토템 내지는 신성한 숭배의 대상으로 올라서 있는 특징을 보인다. 김알지의 탄생이 닭과 연관되어 묘사되는 것에서도 알 수 있듯이, 닭은 왕이 되거나 나라를 세우는 일을 예견하는 상서로운 동물로 묘사되고 있는 것이다. "신라 사람들이 계신鷄神을 받들어 존경한다"는 구절도 같은 맥락이다.

하지만 '계림'이라는 이름이 정말로 『삼국유사』에서 말한 이유 때문에 생긴 것이라고만 보기에는 다소 무리가 있다. 땅 이름 전설을 포함해 모든 전설은 그 이름이나 대상물이 먼저 생긴 뒤에 그에 맞춰 후대에 만들어낸 이야기이기 때문이다. 이는 신화, 전설, 민담 등 설화의 세 가닥 갈래 가운데 전설이 갖고 있는 가장 큰 특징이기도 하다.

한편 앞에서 월출산月出山과 '돌'의 관계를 밝혔는데, 이 산이 있는 영암군靈巖郡이나 마이산馬耳山이 있어 유명한 전라북도 진안군鎭安郡

도 모두 '둘'에서 비롯한 이름이다.

그냥 한자를 보아서는 전혀 관계가 없는 것 같지만, 옛날 우리말 땅 이름을 한자로 표현하는 과정에서 '둘'을 나타낼 때 '靈'이나 '珍(진)' 자를 종종 사용했던 것이다.*

『삼국사기』와 『고려사』 등 옛 자료에 따르면 영암군은 백제시대에 '월내군月奈郡'이라 불리다가 통일신라 때 경덕왕이 고쳐 만든 이름이다. 또 '진안군'은 백제시대에 '난진아현難珍阿縣'이라 불리다가 역시 경덕왕이 '진안현鎭安縣'으로 바꾸면서 생긴 이름으로, '월량현月良縣'이라는 다른 이름으로도 불렸다.

이들 이름에서 '月奈'나 '月良'의 '月'이 바로 '둘'을 말하는 것이다.

그리고 진안의 '鎭'은 '珍'과 발음이 같은 글자 가운데서 골라 써 같은 뜻(둘)을 나타낸 것이다. 영암은 월출산 자락에 자리 잡고 있는 곳이다. 또 진안은 소백산맥과 노령산맥에서 흘러내린 높은 산과 구릉지 지역에 자리 잡고 있다. 우리나라의 두메산골을 말할 때 그 대명사처럼 얘기되는 '무진장'이 바로 이곳 무주와 진안, 장수 등 세 곳의 첫 글자를 따서 생긴 이름인 것만 보아도 이곳이 얼마나 산골 지역인지 쉽게 알 수가 있다. 이런 이유 때문에 영암이나 진안

----

* 한자 '珍(진)', '靈(령)', '鎭(진)' 등이 '둘'과 관계되었다는 것은 이들 글자가 당시에 '둘'과 같거나 비슷하게 발음되기도 했음을 보여주는 자료들이 있기 때문이다. 『삼국사기』나 『고려사』 등이 대표적이다. 이를테면 『고려사 지리지』의 '전라도 마령현馬靈縣' 편에 "본래 백제의 마돌현馬突縣으로 마진馬珍이라고도 불렸다"는 기록이 있어 '돌突=진珍'이라는 사실을 알 수 있다. 하지만 이를 자세히 설명하는 것이 일반 독자들에게는 너무 딱딱하고 어려운 내용이 될 것이다. 이에 뒤의 영암군 전설과 관련해 약간의 설명만 하고 여기서 더 이상은 거론하지 않기로 한다. 이에 대한 자세한 내용은 『한국의 지명』(도수희, 아카넷, 2004년, 337~348쪽) 등에서 볼 수 있다.

두 지역 모두가 '들'과 관계된 이름을 갖게 된 것이다.

이 중 영암의 경우에는 『신증동국여지승람』에 그 이름 유래에 대해 다음과 같은 설명이 나온다.

구정봉九井峯은 월출산의 최고봉이다. 꼭대기에 바위가 우뚝 솟아 있는데 높이가 두 길이나 된다. 그 곁에 구멍이 하나 있는데 겨우 사람 하나가 드나들 만하다. 그 구멍을 따라 꼭대기에 올라가면 20여 명이 앉을 수 있다. 그 평평한 곳에 오목하여 물이 담겨 있는 동이 같은 곳이 아홉이 있어 구정봉이라 이름 붙인 것이다. 아무리 가물어도 그 물은 마르지 않는다. 속설에 아홉 마리 용龍이 그곳에 있었다고 한다. 동석動石은 월출산 구정봉 아래에 있다. 특히 층암層巖 위에 서 있는 세 돌은 높이가 한 길 남짓하고 둘레가 열 아름이나 되는데, 서쪽으로는 산마루에 붙어 있고, 동쪽으로는 절벽에 닿아 있다. 그 무게는 비록 천백千百 인을 동원해도 움직이지 못할 것 같으나, 한 사람이 움직이면 떨어질 것 같으면서도 떨어지지 않는다. 그러므로 영암靈巖이라 칭하고, 군의 이름도 여기에서 나온 것이다.

이는 영암이라는 이름이 구정봉 아래에 있는 돌, 쉽게 흔들리지만 아무리 흔들어도 절벽 아래로 절대 떨어지지 않는 신비한[靈] 바위[巖], 말하자면 흔들바위 때문에 생긴 이름이라는 말이다. 하지만 이는 영암이라는 이름이 생긴 뒤에 갖다 붙인 얘기로 보는 것이 타당할 것이다.

이보다는 앞서 밝혔듯, 영암군이 그 이전에 '월내군'이라고 불리다가 바뀐 이름임에 주목할 필요가 있다. 이를 보면 '靈=月'이라는 관계를 알 수 있기 때문이다. 이와 함께 『삼국사기』에 "백제의 '마돌현馬突縣'을 경덕왕이 '마령현馬靈縣'으로 고쳤다"고 밝힌 내용을 통해 '突=靈'의 관계도 알 수 있다. 여기서 '突'은 우리말 '들'이나 '돌'을 나타내기 위해 쓴 글자이다. 결국 영암의 '靈'은 '들'을 나타내기 위해 쓴 글자이며, 이 분석이 맞는다는 것은 앞서 말한 영암군의 지리적 상황이 든든하게 뒷받침해준다. 땅 이름 전설은 모두가 그 이름을 보고 나중에 지어낸 것이며, 앞의 『신증동국여지승람』 속 이야기도 여기서 벗어나지 않는 것으로 보아야 할 것이다.

산이 두꺼비로 둔갑한 사연

이처럼 우리말 '달'은 여러 가지 한자 이름으로 변신을 거듭하다가 '섬진강蟾津江'까지 간다.

섬진강은 전라남도 광양군과 경상남도 하동군 사이의 도道 경계를 이루는 강으로, '두꺼비 섬蟾' 자를 쓰고 있다.

이름이 특이한 만큼 당연히 이에 대한 전설이 있다.

섬진강의 이전 이름은 '두치강豆恥江'이었다. 그런데 임진왜란 당시 왜적이 쳐들어와 이 강의 나루터에 도착하자 나루터 일대에 수많은 무리의 두꺼비가 새까맣게 몰려들어 울부짖었다. 이 때문에 왜군들이 육지에 상륙을 하지 못하고 후퇴했다. 이에 두치강豆恥江이라 부르던 강 이름을 이때부터 섬진강으로 바꾸었다.

꽤 그럴듯한 사연인 것처럼 포장을 했지만 '蟾' 자에 '두꺼비'라는 뜻 말고 '달[月]'이라는 뜻도 있다는 것을 알고 나면 이 전설이 이름을 보고 억지로 만들어낸 얘기임을 쉽게 알게 된다.

하늘에 있는 달을 '섬궁蟾宮'이라고도 하는데, 이는 예로부터 달에 두꺼비가 살고 있다는 설화에서 비롯된 말이다. '섬토蟾兔'라는 말은 두꺼비와 토끼라는 말인데, 이 역시 달을 달리 부르는 말로 쓰인다. 달나라에 금두꺼비와 옥토끼가 살고 있다는 전설에서 나온 말이다.

두꺼비는 겨울이면 사라졌다가 봄이 되면 다시 나타난다. 이 때문에 중국에서는 예로부터 두꺼비를 재생再生이나 부활을 상징하는 동물로 인식해왔다고 한다. 달[月]도 1개월을 주기로 작아졌다 다시 커졌다 하기 때문에 재생이나 부활의 이미지를 갖고 있다. 이 같은 둘의 특성 때문에 두꺼비가 달을 상징하는 동물이 된 것으로 보인다. 중국에서는 또 도교道教의 영향으로 토끼가 달에서 불사약不死藥을 만든다고 생각해왔다고 한다. 게다가 토끼는 수컷이 없어도 달만 보면 새끼를 가질 수 있고, 새끼를 입으로 토해낸다는 이야기까지 있다고 한다. 중국어에서 토끼를 말하는 한자 '兎(토)'와 '(속에 있는 것을) 토한다'는 뜻의 한자 '吐(토)'가 똑같은 발음인 것도 이런 생각에서 비롯된 것이라는 설명이 있다.

우리나라도 일찍부터 이 같은 인식의 영향을 받았다. 그래서 중국 길림성 집안集安이나 북한 평양에 있는 고구려 고분벽화에 두꺼비와 토끼가 달에 함께 있는 것으로 나오곤 하는 것이다.

결국 '섬진蟾津'이란 이름은 '달+나루[津]'라는 우리말을 한자로

지리산에서 흘러내려오는 섬진강. 두꺼비에 얽힌 전설을 갖고 있으나 이는 이름을 보고 갖다 붙인 얘기일 뿐이다.

옮긴 것인데, 이때 '달'을 '月'이나 '鷄'가 아닌 '蟾' 자로 대신한 것일 뿐이다. 아마도 이 강이 지리산 계곡을 감싸며 산속에서 흘러오는 것이기에 그 원래의 우리말 이름에 '달'이 들어갔을 것이다.

이렇게 본다면 이 강의 이전 이름인 '두치강'의 '두치豆恥'도 한자의 뜻과는 관계없이 우리말 '머리재', 즉 '높은 고개'에서 나왔을 것이라는 추론이 가능해진다.

두치강은 '豆治江'이라는 다른 한자로도 쓰였다. 이에 대해 우리말 '머리'를 나타내는 글자로 '頭(머리 두)' 대신에 '豆(콩 두)'를 쓰고, 고개를 나타내는 한자 '峙(고개 치)' 대신에 같은 발음을 가진 한자 '恥(부끄러울 치)'나 '治(다스릴 치)'를 쓴 것이라 해석할 수 있기 때문이다. 이 강이 지리산이라는 높은 산을 끼고 흘러내려오는 것이기에 '머리재강'이라 불리다가 이런 한자 이름으로 바뀌었을 것이다.('머리'가 '크다' 또는 '높다'는 뜻을 나타내는 것에 대해서는 이 책 「1 더없이 크고 높고 귀하다」 참고)

주변을 휘감아 싸다
두무악에서 와우산까지

두름/둠

두무진 • 탐라 • 두문산 • 두류산(지리산) • 도라산 • 돌의도
두위봉 • 도마치 • 도마봉 • 도매봉 • 대둔산 • 두밀리
담방마을 • 학산 • 문학산 • 탁고개 • 하오고개, 와우산 • 우암산
우산동 • 분당(성남) • 석모도 • 석탄(돌여울) • 도미 부인 • 두문동 72현

2014년 5월 북한 평양시에서 23층 아파트가 무너져 그 안에 살던 주민 500여 명이 사망하는 큰 사고가 일어났다. 원인은 '부실 공사' 때문이었음이 곧 드러났다. 설계와 공사를 맡은 인민군 간부와 기술자들이 시멘트나 철근 등을 많이 빼내서 팔아먹고 나머지로 아파트를 지었던 것이다. 이 아파트 건설을 총지휘한 인민군 총국장은 해임되어 강제노동 수용소로 가고, 설계와 시공을 맡은 기술자 네 명은 총살을 당했다는 보도가 뒤를 이었다.

그런데 이런 일은 이보다 훨씬 전인 1970년 4월 서울 마포구 창전동에서도 일어났다. 이른바 '와우아파트 붕괴 사건'이다.

이 아파트는 서울시가 서민아파트 공급을 빨리 늘리겠다는 목표

(3년간 9만 가구) 아래 건설한 단지 중 하나였다. 그런데 아파트 받침 기둥에 써야 할 철근을 빼돌리고 설계 규정보다 훨씬 적게 쓴 부실 공사 때문에 15개 동 가운데 한 개 동이 무너져버린 것이다. 이 어처구니없는 사고로 입주자 33명이 죽고, 40여 명이 심하게 다쳤다.

이 아파트는 와우산臥牛山 기슭에 지은 것이어서 '와우아파트'라는 이름을 갖고 있었다. 이 때문에 당시 항간에는 "와우산, 즉 소[牛]가 누운[臥] 산山이어서 아파트가 '와우' 하고 누웠다(무너졌다)"는 얘기가 많이 돌았다. 물론 말도 안 되는 얘기지만 사람들은 늘 그런 식의 '이야기 만들기'를 좋아한다.

어쨌든 와우산은 이처럼 '산의 모양이 소가 누운 것 같아서 생긴 이름'이라는 설명을 흔히 달고 다닌다. 하지만 전국 곳곳에 있는 와우산, 와우고개 가운데 객관적으로 보아 그런 모양을 가진 경우는 거의 없다. 사실 그 이름은 '와우'라는 말과는 전혀 관계없어 보이는 우리 옛말 '두름/둠(두름>둠)'에서 나온 것이기 때문이다.

'두름/둠'은 '두르다'라는 말에서 나온, 그 말의 명사형이다.

지금도 자주 쓰고 있는 단어 '두르다'는 어떤 땅이나 물건 등의 '주변을 빙 둘러싸다'라는 뜻이다.

말이 만들어지고, 새 단어가 생겨나는 언어의 일반적인 순서를 생각할 때 이 단어는 아마도 '돌다'에서 나왔을 것이다. 우리 선조들이 어느 지역을 둥글게 한 바퀴 빙 돈다는 뜻으로 '돌다'라는 단어를 만들어 쓰다가 여기서 주변을 한 바퀴 휘감아 싼다는 뜻의 '두르다'라는 말을 만들어 쓰고, 이 말에서 다시 '두름/둠'이 나왔을 것이라 추정할 수 있기 때문이다. 이는 어느 민족의 언어에서든 일상

생활과 밀접한 단어일수록 먼저 만들어지고, 음절 숫자가 길지 않으며, 이런 기초 단어들을 바탕으로 의미상 연관이 있는 다른 단어들이 가지를 치듯 새로 만들어진다는 '어휘語彙 분화分化'의 일반적 원칙에 따른 추정이다.

이 '두름/둠'의 쓰임새는 땅 이름에서도 마찬가지여서 분지盆地처럼 '주변이 산 등으로 빙 둘러싸여 있는 곳', '우묵하고 깊숙한 곳', '땅 모양이 둥근 곳'을 흔히 '둠'이라 불렀다. 그리고 차츰 뜻이 더 넓어져 '산속 깊숙한 데 있어서 외딴 곳'을 말하기도 했고, 때로는 산 자체를 나타낼 때도 쓰였다.

그런데 '둠'은 지역에 따라 '도로', '두로', '두르', '두렵', '도마', '두마', '두모', '두무', '두미', '두밀', '둔', '담', '덤', '대마', '대미', '다모', '담방', '더미', '떼미' 등의 다양한 변형을 갖고 있다. 그런 만큼 언뜻 보아서는 그 원래의 뜻을 알아채기 쉽지 않은 경우가 많다.

땅 이름은 우리말의 일부이고, 말이란 끊임없이 변화한다. 이 때문에 같은 말로 출발한 땅 이름이라 해도 오랜 역사 속에서 지역에 따라 다양한 변형을 갖게 되는 것이다. 그런데 이 계열 땅 이름의 전국적인 분포를 보면 그래도 역시 원형인 '두름(둠)'과 여기서 발음이 조금 변한 '두무' 계열이 가장 많은 것으로 나타난다.

땅 이름이 아닌 일반 단어에서도 이 말의 자취가 화석化石처럼 남아 지금까지 쓰이고 있는 경우를 찾아볼 수 있다. 한복의 겉에 입는 옷 '두루마기', 사방이 산으로 둘러싸인 깊은 곳을 뜻하는 두메산골의 '두메(둠+뫼)', 논의 물이 바깥으로 흘러 나가지 못하도록 주위를 높게 막아놓은 곳을 뜻하는 '(논)두렁'의 '두렁(두르+엉)', 새들이 둥그렇게 보금자리를 트는 '둥지(<둠지)', 어떤 땅을 중심으로 그 바깥쪽을 말하는 변두리의 '두리' 등이 그것이다.

'둥글다'라는 말도 원래 '둠글다'라는 말에서 발음이 바뀐 것이다. '둥글다'가 주변을 한 바퀴 빙 도는(두르는) 형태를 뜻하는 것이니, 바로 '두름/둠'인 것이다. 건물의 바깥을 빙 둘러싸고 있는 벽을 뜻하는 현대어 '담'도 '둠'의 발음이 바뀌어 생긴 단어다.

우리 중세국어에서 커다란 솥을 '두명'이라 했는데 이 역시 '둠'에서 나온 말로 본다. 솥이란 둥글고, 속이 우묵하게 파여 있는 물건이어서 '두명(<둠+엉)'이라 불린 것이다.*

병풍처럼 둥그렇게

땅 이름에서 이 말이 쓰인 곳 중에 우선 꼽을 수 있는 곳이 제주도 한라산의 다른 이름이었던 '두무악'이나 인천광역시 옹진군 백령도에 있는 유명 관광지 '두무진'이다.

이 중 먼저 두무악(한라산)에 대해서는 조선조 『세종실록 지리지』 '제주목' 편에서 이런 기록을 찾아볼 수 있다.

(제주도의) 진산鎭山은 한라漢拏이다. 주州의 남쪽에 있는데, 일명 두무악頭無岳 또는 원산圓山이라 한다. 그 고을 관원이 제사를 지내는데 둥그스름하고 높고 크며, 그 꼭대기에는 연못이 있다.

---

*두명(둠+엉)에서 '~엉'은 구멍(굼+엉)이나 시렁(실/실+엉), 두렁(두르+엉) 같은 단어에서 보듯 어떤 장소를 나타내는 접미사이다. 그리고 두명은 한자를 빌려 '뎌毛(두모)'라 쓰기도 했다.

238

이 기록을 보면 두무악을 '둥근 산', 즉 원산圓山이라고도 했다는 것을 알 수 있다. 거기에 아예 '둥그스름하다'는 설명까지 덧붙어 있으니 '두무'가 '둥글다'라는 뜻임을 쉽게 알 수 있다. 여기서 한 발 더 나아가 국어학자 고故 양주동 선생은 제주도의 예전 이름인 '탐라耽羅'를 우리말 '둠닉'로 풀이하고, 이 이름이 '두무악'에서 나온 말이라고 분석하기도 했다. '탐라'는 '둠+닉', 즉 '둥근 (산이 있는) 땅'이라는 뜻을 한자로 바꿔 쓴 것이라는 얘기다.

이렇게 보면 '頭無'라는 한자 이름은 '머리가 없다(?)'라는 그 뜻과는 전혀 관계없이 우리말 '두무'를 표현하기 위해 한자의 발음만 빌려 쓴 차자借字 표기임을 알 수 있다. '耽羅'도 마찬가지다. 북한에도 황해북도 수안군이나 신평군에 '두무頭霧, 杜霧'라는 이름을 가진 산들이 있는데, 당연히 이들도 같은 부류다.

백령도에 있는 두무진頭武津은 아름다운 풍광 때문에 '서해의 해금강'이라 불리는 곳이다. 깎아지른 절벽에 기암괴석이 마치 병풍을 두른 듯 빙 둘러서 있다. 이처럼 바위들이 빙 둘러서 있는 모양이 마치 '여러 장수[武]들이 모여 머리[頭]를 맞대고 회의를 하는 모습'이어서 '두무頭武'라는 이름을 갖게 되었다는 것이 일반적인 해석이다.

하지만 이는 그 모양과 지금의 한자 이름을 보고 얘기를 갖다 붙인 억지 해석일 뿐이다. 두무진頭武津이 '두모진頭毛津'이라는 다른 이름으로 쓰이기도 했다는 점을 따져보면 이는 더욱 분명해진다. '장수[武]들이 모여 머리[頭]를 맞대고 회의를 하는 모습'이어서 두무頭武가 된 것이 맞는다면 '머리[頭] 털[毛]'이라는 뜻의 '두모頭毛'가 생

멋진 풍광으로 '서해의 해금강'이라 불리는 백령도의 두무진. 기암괴석들이 둥그렇게 둘러 서 있는 모양에서 그 이름이 나왔다.

긴 이유를 설명할 길이 없기 때문이다.

'頭武'든 '頭毛'든 역시 '둥글다'는 뜻의 우리말 '두무/두모'를 나타내기 위해 한자의 소리만 빌려 썼을 뿐이다. 이곳 포구[津]가 천연적으로 둥글게 생긴데다 기암괴석이 병풍처럼 빙 둘러 있는 지형 때문에 이런 이름이 생긴 것이다.

한편 김정호의 「대동여지도」에 보면 전국 곳곳에서 '豆毛山(두모산)', '豆無山(두무산)', '豆音山(두음산)', '豆尾山(두미산)', '豆尾岾(두미잠)', '都馬洞(도마동)' 등의 지명을 많이 찾을 수 있다. 이 역시 모두가 '두름/둠'의 뜻을 가진 우리말 땅 이름들에 대해 발음이 비슷한 한자를 적당히 갖다 붙여 나타낸 것에 불과하다. 전라북도 무주군에 있는 '두문산斗文山' 역시 '두무' 계열에 들어간다.

경상남도, 전라남도, 전라북도 등 3개 도道에 걸쳐 있는 지리산智異山을 '두름'에서 나온 이름이라 보는 학자들도 있다.

큰 산답게 '방장산方丈山', '남악산南岳山' 등의 다른 이름으로도 불리는 지리산은 '두류산頭流山'이라는 이름도 갖고 있다. 그런데 여기서 '두류'는 한자의 뜻과는 관계없이 원래 형태가 '두르'였을 것으로 본다. 바로 '두름/둠'을 생기게 한 단어 '두르다'의 어간이다. 이 '두르'가 '두류'라고 발음이 바뀐 것에 적당히 한자를 갖다 붙인 것이 '두류산'이다. 또한 이 '두르'가 '두르>드르>드리>디리>지리'와 같은 구개음화와 전설모음화 과정을 거쳐 '지리(산)'까지 왔고, 여기에 또 적당한 한자를 붙인 것이 '智異山'이라고 보는 것이다. 지리산이 무척 큰 산인데다 평탄한 능선이 길게 이어지다 보니 "산을 타보면 지리(지루)하게 느껴져 지리산"이라는 말도 흔히 하지만 이는 그저 말장난일 뿐이다.

'두류산'이라는 이름의 산은 북한의 자강도와 평안남도 등지에도 있는데, 한자 이름도 똑같이 '頭流山'이라 쓴다. 북한의 두류산들 역시 '두름'에서 생긴 이름일 것이다.

경기도 파주시 장단면에 있는 도라산都羅山도 같은 계통의 땅 이름이다.

이 산은 신라의 마지막 왕인 경순왕이 고려 태조 왕건에게 항복한 뒤 여생을 보낸 곳이라 한다. 그래서 이에 얽힌 이야기가 전해온다.

(서기 879년) 신라가 망하자 고려 태조 왕건은 송도까지 찾아와 항복을 한 경순왕에게 자신의 딸인 낙랑공주를 시집보냈다. 낙랑공주는

나라를 잃은 경순왕의 우울한 마음을 달래주기 위해 도라산 중턱에 암자를 짓고 머물게 했다. 이에 경순왕은 아침저녁으로 이 산에 올라 신라의 옛 도읍(경주) 쪽을 바라보며 눈물을 흘렸다. 그래서 도읍을 뜻하는 '도都' 자와 신라의 나라 이름에서 따온 '라羅' 자를 합쳐 도라산都羅山이라는 이름이 생기게 되었다.

하지만 이는 전형적인 억지 지명 전설에 지나지 않는다.

우선은 "경주 쪽을 늘 바라보았기 때문에 도읍 '도都' 자와 신라의 '라羅' 자를 합쳐 도라산都羅山이 되었다"는 설명이 무척 억지스럽다. 하지만 이보다도 『삼국사기』나 『삼국유사』, 『고려사』 등의 기록으로 볼 때 경순왕은 왕건에게 투항한 뒤 이곳 도라산이 아니라 고려의 수도였던 개경(지금의 개성)에서 풍요롭게 살다가 죽은 것으로 보이기 때문이다.

이들 사료에 나오는 경순왕 관련 기록은 대략 비슷한데, 이 중 『삼국유사』의 것을 추려보면 대략 이렇다.

경순왕은 백관百官을 거느리고 우리 태조(왕건)에게 귀순했는데 개경으로 (향하는) 아름다운 수레와 훌륭한 말이 30여 리를 연달아 뻗쳐 길이 막히고 구경꾼들로 담을 이뤘다. 태조는 교외로 나가 그를 맞아 위로하고, 궁궐 동쪽의 한 구역을 내리고, 맏딸 낙랑공주를 아내로 삼아주었다. (중략) 김부(金傅 : 경순왕)를 정승政丞에 봉하니 지위는 태자太子 위에 있었으며, 녹봉 1,000석을 주고, 시종과 관원과 장수들도 모두 임용하였다. 그리고 신라新羅를 고쳐 경주慶州라 하고, 그의 식읍食邑

으로 삼았다. (중략) 김부를 정승에 봉하여 상보尚父*로 삼았는데 무인년(978년)에 죽으니 시호를 경순敬順이라 하였다.

따라서 도라산의 '都羅'는 그 한자의 의미와는 아무 관계가 없는 이름이며, 원래 한자가 아니라 우리말인 '도라'에 한자를 대충 갖다 붙인 것으로 보인다. '도라산'은 '도리미', '도라미'라는 다른 이름도 갖고 있다. 이를 보아도 '도라'는 순우리말일 가능성이 훨씬 크다.

언어학적 입장에서 '도라'는 우선 '돌다回'의 '돌'에서 생긴 말로 볼 수 있다. '돌아가는 산'이라는 뜻이다. 이 산이 들판의 한가운데 있어서 어느 쪽에서 가든 "돌아서 가게 되어 있다"는 말이다.

이와는 조금 다르게 '도라'가 '둥글다'는 뜻의 우리 옛말 '도련ㅎ다/도렷ㅎ다'에서 나왔을 것이라고 보는 해석도 있다. '도련ㅎ다/도렷ㅎ다'는 어감이 커지면 '두련ㅎ다/두렷ㅎ다'가 된다. '동그랗다'와 '둥그렇다'에서 느껴지는 어감의 차이가 나는 셈이다. 하지만 앞에서 밝혔듯이 '돌다'와 '둥글다', '두르다', '두름/둠'은 모두가 같은 계통의 말이기 때문에 어느 쪽으로 해석하든 큰 차이는 없다고 할 수 있다.

이 '도련ㅎ다'나 '두름/둠'에서 '도리산', '도래미', '두리봉', '두루봉' 등의 땅 이름이 생겼다.

지금도 둥근 기둥을 '두리기둥', 모나지 않고 둥그스름한 것을

* '아보亞父'와 같은 말로, 아버지에 버금간다는 뜻이다.

'두루(두리)뭉수리'라고 하는데 이 모두가 여기서 나온 말이다. 도라산도 이와 같은 변형의 하나로 볼 수 있다. 이런 땅 이름들은 대부분 그 모양이 둥그렇고 원만하게 생긴 경우에 붙는다. 전라남도 장흥군 삼산리에 있는 섬 '돌의도突衣島'는 우리말 이름 '도리섬'을 비슷한 발음의 한자로 바꿔 쓴 것인데, 섬 모양이 동그랗게 생겨서 붙은 이름이다.

다른 사례로 강원도 정선군에 있는 '두위봉斗圍峯'은 산 모양새가 두리두리해서 '두리봉'이라 불리다가 그 발음이 바뀌어 '두위봉'이 되었다.

'둠'의 변형 중 하나인 '도마'도 땅 이름에 꽤 많이 쓰인다.

우선 대전광역시 서구에 있는 '도마동道馬洞'에는 "인근 유등천柳等川 북쪽의 산 모양이 도마뱀처럼 생겨서 나온 이름"이라는 해석이 딸려 있다. 하지만 이 역시 그 산의 모양이 둥글기 때문에 나온 '두름/둠'의 변형으로 봄이 옳을 것이다. '도마뱀'이라는 말의 '도마'가 바로 산山을 말하는 '두름/둠'의 변형 중 하나이며, 따라서 도마뱀이란 원래 산에 사는 뱀을 말하는 단어이기 때문이다.

충청북도 음성군에 있는 '도마치倒馬峙'에는 "옛날 이 고개 너머에 군량미 창고가 있어 말에 곡식을 싣고 고개를 넘어 다니는 일이 많았는데 고개[峙]의 경사가 심하다 보니 말[馬]이 미끄러져 구르는 [倒] 일이 잦아 도마치라 부르게 되었다"는 얘기가 있다. 하지만 이 역시 이름을 보고 엉성하게 끼워 맞춘 이야기에 불과하다.

북한 자강도 성간군에 있는 '도마봉道摩峰'이나 자강도 자성군에 있는 '도매봉桃梅峰' 같은 산도 모두 한자의 뜻과 관계없이 '두름/둠'

을 나타내는 것이라 할 수 있다.

도립공원으로 지정되어 있는 전라북도 완주군의 '대둔산大芚山'은 '한듬산'을 한자로 바꾼 이름인데, 여기서의 '듬' 역시 '둠'의 변형으로 본다. 따라서 '한듬'은 '큰 둠', 즉 '큰 산'이라는 뜻이다. 북한의 황해북도 금천군에도 똑같은 한자를 쓰는 '대둔산'이 있다. 이 산은 '한둠산'이라는 이름도 갖고 있으니, 역시 같은 뜻에서 나온 것이다.('한'이 '크다'는 뜻을 갖는 것에 대해서는 이 책 「16 이름은 달라도 '크다'는 뜻은 같다」 참고)

경기도 가평군 대금산 자락에 자리 잡고 있는 두밀리杜密里의 '두밀', 경기도 포천시 가산면 담방이마을과 인천광역시 남동구 만수동 담방마을의 '담방'도 모두 '둠'의 변형이다.

'두름'이 두루미와 누워 있는 소로 바뀌다

이 '두름/둠' 계열의 땅 이름들이 여기서 한 걸음 더 변화를 거치면 원래의 모양과는 전혀 다른 변형으로 간다.

가장 대표적인 것이 '학산鶴山'이나 앞서 말한 '와우산臥牛山' 계열의 것들이다.

우리나라 여러 곳에 퍼져 있는 이들 땅 이름에 대해서는 예외 없이 "산의 모양이 학(두루미) 또는 누워 있는 소(와우)와 같아서 생긴 것"이라는 해석이 딸려 있다. 하지만 실제로 그 모양이 비슷해서 그런 이름이 생긴 경우는 거의 없고, 대부분이 '두름/둠'의 변형일 뿐이다.

이 중 학산은 '두름'이 '두루미'와 발음이 비슷해서 생긴 변형이다.

처음에는 당연히 순우리말로 되어 있던 땅 이름들이 한자가 들어온 뒤로는 한자 이름으로 많이 바뀌게 된다. 이 과정에서 앞서 밝힌 '두모/두무'처럼 한자의 뜻과는 관계없이 소리만 빌려 쓰는 경우가 많았다. 또한 한자의 소리가 아닌 뜻을 이용해 이름을 붙이는 경우도 있고, 소리와 뜻을 동시에 이용해서 이름을 붙인 경우도 있다.

'학산'은 한자의 뜻을 이용한 것이라 하겠는데, '두름'의 발음이 '두루미'와 비슷하다 보니 두루미를 뜻하는 한자 '鶴(학)'을 쓴 것이다. 이는 '두름'을 '두루미'로 잘못 생각해 벌어진 일로 볼 수도 있고, 새로 짓는 이름에 기왕이면 좀 더 좋은 뜻을 가진 글자를 갖다 쓴 것으로 해석할 수도 있다. 이 두 가지 현상―뜻을 잘못 알았거나, 알기는 했지만 기왕이면 좀 더 좋은 뜻을 가진 글자를 갖다 붙이는 경향―은 땅 이름의 변화에서 가장 흔하고도 중요한 원인이다.

이렇게 해서 '두름'이 학산 또는 학고개와 같은 '학' 계열 땅 이름으로 바뀌기도 한 것이다.

대구광역시 달서구나 전라북도 전주시 완산구에 있는 학산, 대전광역시 중구와 동구에 걸쳐 있는 학고개 등이 그 대표적인 경우라 할 수 있다. 이런 곳에는 물론 "산 모양이 학이 날아와 앉은 것 같아서 생긴 이름"이라거나 "옛날에 이곳에서 학이 날아갔다"는 식의 얘기가 딸려 있다. 하지만 이는 앞서 말했듯 대부분이 전혀 객관성이 없으며, 이름을 보고 나중에 갖다 붙인 얘기일 뿐이다.

비류沸流백제의 전설이 얽혀 있는 인천광역시 남구의 문학산文鶴山도 같은 경우로 볼 수 있다.

문학산은 『세종실록 지리지』나 『신증동국여지승람』 등의 옛 문헌에 '남산南山' 또는 '성산城山'이라는 이름으로 등장한다. 그러다가 영조 때인 1760년대에 나온 『여지도서』부터 문학산이라는 이름이 '남산', '성산'과 함께 쓰이기 시작한다. 중종 대 이후 영조 대에 이르는 사이에 문학산이라는 이름이 새로 생긴 것이다. 물론 이에 대해서도 "산의 모양이 학과 같아서 생긴 이름"이라는 해석이 있지만 실제 모양을 보면 전혀 받아들일 수가 없는 얘기다.

그 대신 이곳에 지금도 터가 남아 있는 '학산서원鶴山書院' 때문에 '학산'이라는 이름이 생겼다는 해석은 따져볼 가치가 있다.

이에 따르면, 이 동네에 살던 이정빈李廷賓이라는 유생이 집안과 동네 어른들로부터 "부제학을 지내고 죽은 이단상李端相이 인천부사仁川府使로 있을 때 선정善政을 베풀었다"라는 말을 듣고 그를 추모하기 위해 서원을 세우도록 해달라고 상소를 했다고 한다. 이 상소가 받아들여져 숙종 34년(1708년)에 서원이 완공되었고, 임금이 '학산서원'이라는 이름을 내려주었다고 한다.

실제로 『조선왕조실록』 숙종 28년(1702년) 기록에 보면 이정빈의 이 같은 상소를 예조에서 받아 임금에게 아뢰자 숙종이 이를 행하도록 특별히 명하였다고 나와 있다.

그런데 문제는 숙종이 왜 '학산'이라는 서원 이름을 내려주었을까 하는 점이다.

우선은 두루미, 곧 학鶴이라는 새가 무척 기품이 있는 만큼 고결한 선비를 추모하며 그에 빗대 '학산'이라는 이름을 썼을 것이라 생각해볼 수 있을 것이다.

하지만 이와 달리 '두름' 때문에 생긴 이름일 것이라 추정해볼 수도 있다. 이 산이 '남산'이나 '성산'으로 불릴 당시에도 인근 주민들 사이에서는 그냥 '두름'이라 불렸을 가능성이 적지 않다. 인구도 많지 않고 대부분 농사를 지으며 살던 그 시절, 사람들은 동네에 있는 이 산을 그냥 평소에 쓰는 편한 우리말 이름으로 불렀을 것이기 때문이다. 그런데 이를 조정에서 두루미로 받아들였거나, 그 어감을 그대로 살리면서 뜻도 좋은 쪽으로 풀어 '학산(서원)'이라는 이름을 내려줬으리라 보는 것이다.

그렇게 생긴 '학산'이라는 이름에 시간이 가면서 '글월 문文' 자가 더해져 문학산이라는 이름이 자리 잡게 된다. '文' 자가 덧붙은 것에 대해서는 이곳에 서원뿐 아니라 글을 가르치는 향교鄕校가 있어 그리된 것이라는 해석이 있다.

이와는 다르게 한자 '文(글월 문)'을 '크다'는 뜻으로 해석하는 국어학적 입장도 있다. 이는 우리말 땅 이름을 한자로 나타낼 때 '文' 자의 '글(월)'이라는 뜻 때문에 '크다'는 뜻의 '클(<글)'을 이 글자로 나타낸 경우가 종종 있어서 나오는 주장이다. 이렇게 본다면 문학산은 '큰 두름', 즉 '큰 산'이라는 뜻이 된다.

한편 북한 황해북도 신평군에는 '탁고개'라는 이름의 고개가 있다. 이 고개는 '학고개', '하우고개'라고도 불린다 한다. 결국 '학고개'의 발음이 바뀌어 '탁고개'까지 갔으니 일반인들이 여기서 '두름/둠'을 생각해낸다는 것은 거의 불가능한 일이 아닐 수 없다.

'와우산'이나 '와우고개' 등 '와우~' 계열의 땅 이름은 '학산' 또는 '학고개' 같은 '학~' 계열의 이름들이 시간이 지나면서 다시 변화한 것이다. 이를테면 '학고개>하오고개>아오고개>아우고 개>와우고개'와 같은 발음의 변천이다. 그런데 이렇게 이름이 바뀌고 나면 그 원래의 뜻은 간 곳이 없어지고 으레 "땅의 생김새가 소가 누워 있는 모양"이라는 식의 해석이 새로 만들어지곤 한다.

위에서 예를 든 서울 마포구의 와우산 말고도 충청북도 청주시 우암동에 있는 '우암산牛岩山'이 일제 식민지 시절 이전까지만 해도 '와우산'으로 불렸다. 이 산에도 "산 모양이 소가 누워 있는 형상"이라는 얘기가 딸려 있다. 물론 사실이 아니다.

광주광역시 북구에 있는 '우산동牛山洞'이나 충청남도 청양군에 있는 '우산牛山'도 모두 '와우', 즉 '두름'에서 나온 이름이다.

경기도 성남시 '분당구盆唐區'도 '두름/둠'과 관계가 있는 이름이다.

분당은 1914년 일제가 식민지 조선의 행정구역을 전부 정비할 때 이 동네에 있던 분점리盆店里와 당우리唐隅里를 합하면서 두 동네의 '盆'과 '唐' 자를 합쳐 새로 만든 이름이다.

이 중 '盆(동이 분)'은 물동이처럼 '동이'라는 뜻을 갖고 있는 글자이다. 하지만 이 동네 이름에서의 '동이'란 살림 도구의 하나인 동이가 아니라 '두름/둠'의 변형 중 하나로서의 동이일 가능성이 크다.

분점리라는 이름에 대해 일반적으로는 옛날 이곳에 동이를 만들던 옹기점이 있었기 때문에 생긴 것이라고 한다. 하지만 이 내용은 사실 여부가 분명치 않다. 반면 이 동네가 탄천 주변의 평야지대를 빼고는 모두가 불곡산, 태봉산 등의 산지에 둘러싸여 있다는 점을 따져보면 '두름/둠'에서 나온 이름이리라는 추정을 어렵지 않게 받아들일 수 있다. 조선 중기 문헌인 『신전자초방新傳煮硝方』에 '盆' 자가 우리말 '둠'을 표현하는 데 쓰인 사례가 나오고, '盆地(분지)'라는 단어가 산으로 빙 둘러싸여 있는 지역을 가리킨다는 사실 또한 이 같은 분석의 타당함을 강하게 뒷받침한다.

한편 앞서 말한 '도라산'처럼 '돌다'라는 뜻에서 생긴 땅 이름 중에 무척 특이한 곳으로 인천 강화군에 속해 있는 '석모도席毛島'가 있다.

'席毛'라는 한자를 그대로 해석하면 '돗자리[席] 털[毛]'이라는 뜻이다.

이쯤 되면 또 '섬의 모양이 돗자리를 깔아놓은 것 같아서 생긴 이름'이라는 식의 억지 해석이 생길 수도 있다. 하지만 석모도는 돗자리와는 아무 관계가 없는 이름이다. 조선시대 말까지 '석모로도席毛老島'라고 불리다가 이름이 줄어 석모도가 되었는데, '석모로도'는 '돌모루섬'이라는 우리말을 한자로 바꾼 것이기 때문이다.

'돌모루'는 '돌다'는 뜻의 '돌'과 모퉁이라는 뜻의 '모루'가 합해진 말이다. 이는 '바닷물이나 강물이 돌아가는 곳'이라는 뜻이어서 우리나라 곳곳에 흔한 이름이다.

그런데 이 '돌'을 한자로 바꿀 때 '돗자리'라는 뜻을 가진 한자 '席(돗 석)'을 썼다. 일반적으로 '돌'을 표현하기 위해 '石(돌 석)' 자를 쓰는 경우가 많은데, 여기서는 같은 '석' 자를 발음으로 가진 '席' 자를 썼다. 또 '毛老(모로)'는 우리말 '모루'를 비슷한 발음의 한자로 바꿔 쓴 것이다. 그 결과 '물이 돌아가는 모퉁이'라는 뜻의 '돌모루'가 난데없이 '돗자리 털'이 되어버렸으니 이 정도면 한마디로 '유전자 조작' 수준이라 할 수 있겠다.

충청남도 서천군에 있는 '석탄石灘'은 우리말 '돌여울'을 한자로 바꾼 것이다. 이 이름에 대해 강가에 큰 돌[石]이 많기 때문에 생긴 것이라고 해석한다. 하지만 이는 이름을 보고 만든 해석이며, 실제로는 석모도와 마찬가지로 물줄기가 돌아간다는 뜻에서 '돌여울'이라 불렸을 것이다. 이 물줄기는 계룡산에서 시작해 공산의 남쪽을 지나고, 다시 서쪽으로 돌면서 금강과 합류하기 때문이다.

그런데 '두름/둠' 계열 땅 이름 해석에서 한 가지 특별히 조심해야 할 점이 있다.

이 말의 변형으로 볼 수 있는 '두무/두모' 등의 이름을 갖고 있는 땅 가운데 일부가 '주변이 산 등으로 빙 둘러싸여 있는 곳'이 아니라 '두 개의 물줄기가 만나는 곳'을 뜻하는 경우도 있다는 점이다.

이는 강물이나 개천 같은 물줄기가 두 곳에서 흘러오다가 합쳐지는 곳들을 말한다. 그래서 경기도 양평군 '두물머리(양수리)'처럼 원래는 '두물'이어야 할 땅 이름들인데, 그 발음이 변해 '두무/두모'가 된 것이다. 경상남도 합천군에 있는 '두모리斗毛里', 충청북도 청원군에 있는 '두무실杜舞室' 등이 이런 경우다.('두물'에 대해서는 이 책 「12 둘이 만나 하나로 어우러지다」 참고)

도미 전설과 '두문불출'

지금까지 말한 '두름/둠'과 관련해 알아둘 만한 옛이야기 두 편을 덧붙여둔다.

첫째는 『삼국사기』 열전에 나오는 '도미都彌' 전설로, 그 내용은 대략 다음과 같다.

도미는 백제 사람인데, 그의 부인이 무척 아름답고 절개가 있었다. 이 소문을 들은 개루왕蓋婁王이 도미의 부인을 빼앗으려고 도미에게 억지로 죄를 뒤집어씌워 두 눈을 빼버리고, 배에 태워 멀리 떠나보냈다. 이어 그 부인을 불러 강제로 욕보이려 하니 부인이 "월경月經 중이라 몸이 더러우니 목욕재계하고 오겠다"라고 속이고 달아났다. 강가에 이르러 물을 건널 수 없음에 하늘을 우러러 통곡하자 어디선가 조각배가 다가왔다. 이를 타고 건너가 섬에서 풀뿌리를 캐어 먹으며 살고 있던 남편 도미를 만났고, 함께 고구려로 건너가 살았다.

학자들에 따르면 이 전설에서 도미와 그 부인이 배를 타고 고구려로 건너간 나루터는 오늘날 경기도 하남시 일대의 한강변으로 보인다고 한다.

그 일대에는 지금도 '도마산', '도마치' 등 '두름/둠' 계열의 땅 이름이 여러 곳 남아 있다. 전설의 주인공인 '도미'라는 이름도 사실은 이 같은 동네 이름이었고, 이 역시 '두름/둠' 계열 땅 이름이었으리라는 것이다.

이는 옛날 귀족 계급이 자신들의 관직 이름이나 신분 또는 출신지를 성씨로 삼았던 사실이나, 예로부터 어떤 사람을 일컬을 때 '순천댁', '강릉댁' 하는 식으로 그의 출신지를 붙여 부르는 일이 흔했다는 데서 나온 추론이다.

이렇게 본다면 '도미' 부부는 산동네에 살던 사람들이었음을 알 수가 있다.

두 번째 전설은 '두문동杜門洞 72현賢'과 '두문불출杜門不出'이라는 고사성어에 대한 것이다.

그 내용은 대략 이렇다.

태조 이성계가 조선을 세우자 고려의 충신 72명이 조정에서 일하기를 거부하고 두문동에 들어가 세상과의 인연을 끊었다. 이들을 계속 불렀으나 끝내 소용이 없자 태조가 이 동네에 불을 지르도록 했다. 불길이 타오르면 바깥으로 나올 수밖에 없을 것이라는 생각에서였다. 하지만 그들은 끝내 나오지 않고 안에서 모두 타 죽고 말았다.

이에 이들은 꿋꿋한 충절의 상징이 되었고, 흔히 이들이 "두문동에 숨어 밖으로 나오지 않았다"고 해서 '두문불출杜門不出'이라는 말이 생겼다고 한다. 하지만 '두문불출'이라는 말은 조선 건국보다 1,500여 년 전에 사마천이 쓴 중국 역사서 『사기』에 이미 여러 차례 나오는 말이다.

이 중 한 예로 '사마상여司馬相如 열전'에 보면 이런 내용이 나온다.

사마상여가 임공臨邛이라는 곳에 머물 때 그 지역의 큰 부자인 탁왕손卓王孫의 딸 문군文君을 알게 되었다. 그는 뛰어난 거문고 솜씨로 과부寡婦인 그녀를 꾀어 고향 성도成都로 몰래 도망쳤다. 탁왕손은 화가 나서 '(딸을) 차마 죽이지는 못하지만 한 푼도 딸에게 나눠주지 않겠다'고 했다. 그 뒤 사마상여는 고향에서의 생활이 잘 풀리지 않자 문군의 제안에 따라 다시 임공으로 돌아왔다. 그리고 그곳에 술집을 열었다. 문군은 술을 팔게 하고, 자신은 잡일을 했다. 탁왕손이 그 소문을 듣고 부끄러워 문을 닫고 나가지 않았다(卓王孫 聞而恥之 爲杜門不出).

이 말은 그 뒤 중국 북위 왕조 때 좌구명左丘明이 지은 『국어國語』
등의 다른 역사서에서도 거듭 쓰였다. 이는 '두문동' 때문에 '두문
불출'이라는 말이 생긴 것이 아니라 거꾸로 '두문불출' 때문에 '두
문동'이 생겼다는 것을 말해준다.

『조선왕조실록』 영조 16년 9월 1일자 기사에는 이를 더욱 분명
히 해주는 설명이 나온다.

임금이 고려의 도읍이었던 개성 일대를 돌아보는 길에 '부조현不
朝峴'이라는 땅 주변을 지나게 되었다. '不朝'란 "조정에 나와 정치를
하지 않는다"는 뜻이다. 임금이 그 동네 이름의 유래를 묻자 이회원
李會元이라는 신하가 이렇게 대답한다.

태종께서 과거를 시행했는데 그곳의 50여 개 큰 가문에서 이에 응하
려 하지 않았기에 이 이름이 생긴 것입니다. 그리고 그들이 두문불출
杜門不出했으므로 동리 이름을 두문동杜門洞이라 한 것입니다.

이런 내용들로 볼 때 두문동이 '두문불출'이라는 중국의 고사성
어에서 나온 이름이라는 것은 분명하다. 하지만 우리나라 곳곳에
있는 동네 이름 '두문동'은 사실 이 고사와는 전혀 관계없이 '두름/
둠'에서 생긴 것이다. 깊은 산속에 있어 '두름/둠'이라 불리던 곳들
이 발음이 바뀌어 '두문'이 되었는데, 마침 그 이름이나 동네 위치
가 '두문불출' 고사와 비슷하다 보니 뒤늦게 그 전설을 갖다 붙였

을 뿐이다. 이는 '두문동'이라는 땅 이름이 '72현 전설'의 실제 배경
이라는 황해도 개풍군 광덕산뿐 아니라 강원도 정선군이나 충청도
월악산 등 여러 곳에 있다는 사실만으로도 충분히 설명이 된다.

둘이 만나 하나로 어우러지다

아우라지에서 동두천까지

12

아우/아울/어울~

아우내 • 병천竝川 • 어천 • 월미도 • 교하交河
두물머리(양수리) • 두물개(옥수동) • 합내 • 모듬내
회천會川 • 두내 • 이내 • 귀내 • 쌍천雙川 • 빙현氷峴

눈이 올라나 비가 올라나 억수장마 질라나
만수산 검은 구름이 막 모여든다.
(후렴) 아리랑 아리랑 아라리요
아리랑 고개로 나를 넘겨주소.

아우라지 뱃사공아 배 좀 건너주게
싸리골 올동백이 다 떨어진다.
(후렴)

한치 뒷산에 곤드레 딱죽이 임의 맛만 같다면

올 같은 흉년에도 봄 살아나네.

(후렴)

명사십리가 아니라면은 해당화는 왜 피나.

모춘 삼월이 아니라면은 두견새는 왜 우나.

(후렴)

정선읍내 물레방아는 사시장철 물을 안고 뱅글뱅글 도는데

우리 집에 서방님은 날 안고 돌 줄을 왜 모르나.

(후렴)

「아리랑」은 우리나라를 대표하는 노래다.

전국 곳곳에 퍼져 있는 이 노래 중에서도 진도, 밀양, 그리고 정선의 아리랑을 '3대 아리랑'으로 꼽는다. 위에 적은 가사는 「정선아리랑」이다.

입에서 입으로 전해온 것인데다 노동요勞動謠로서 그때그때 상황에 따라 가사를 바꿔 부르는 일이 흔하기 때문에 「정선아리랑」의 가사는 모두 1,500여 종류나 된다고 한다. 위의 가사는 그중 하나.

「정선아리랑」이 어떻게 생긴 노래인가에 대해서는 두 가지 전설이 전해온다.

첫째는 고려 말 조선의 개국에 반대한 72명의 충신과 관계된 것이다.

흔히 '두문동 72현杜門洞 72賢'으로 불리는 이들은 고려의 수도 개

성 근처의 두문동에 숨어 지냈는데, 그중 일곱 명이 나중에 이곳 정선으로 옮겨와 살았다고 한다. 그들은 이곳에서 풀을 캐어 먹고 살면서 멸망한 고려 왕조에 대한 애달픔, 고향과 가족에 대한 그리움 등을 한시漢詩로 지어 읊었다. 그를 뒷사람들이 우리말 노래로 풀어 부른 것이 「정선아리랑」이라는 얘기다. 하지만 '두문동 72현' 이야기 자체가 만들어진 얘기일 가능성이 워낙 크기 때문에(이 책 「11 주변을 휘감아 싸다」참고)에 이 이야기도 얼마나 믿어야 할지 알 수가 없다. 이 때문인지 '두문동 72현'이 아니라 조선시대 사화士禍를 피해 정선으로 내려온 선비들이 그들의 심정을 읊은 것에서 이 노래가 유래되었다고 하는 설명도 있다.

또 다른 전설은 사랑 이야기인데, 위 노래의 두 번째 절節과 관계가 있다.

옛날 이곳 마을 여량리에 사는 한 처녀가 아우라지 나루 건넛마을에 사는 한 총각과 사랑에 빠졌다. 여량리 처녀는 날마다 머릿기름에 쓰는 동백을 따러 간다는 평계를 대고 나루를 건너, 총각이 사는 마을(싸리골)로 가서 사랑을 나누었다. 그러던 어느 여름날 장마로 물이 불어 배를 타고 나루를 건널 수가 없게 되었다. 이에 총각을 만날 수 없게 된 처녀가 슬픈 마음에 부른 노래가 「정선아리랑」이 되었다는 얘기다.

아우라지와 얼음, 그리고 어른이 된다는 것

이런 내용의 전설은 그저 전설일 뿐이니 굳이 어느 것이 맞는지 따질 필요는 없을 것이다.

그 대신 이 노래의 두 번째 절과 전설에 나오는 땅 이름 '아우라지'에 대해 알아보기로 한다.

'강원도 정선' 하면 먼저 떠오르는 단어가 '아우라지'라고 할 만큼 이는 우리에게 꽤 친숙한 이름이다.

이 이름은 우리 옛말 '아올다'에서 나온 것이다. "여럿을 한데 합친다"는 뜻을 가진 이 말은 오늘날 '아우르다'로 바뀌었다.

'아우라지'는 이 말의 어간 '아올~'에 접미사 '~아지'가 덧붙은 형태로 본다.

구절리에서 흘러온 물 송천과 삼척시 중봉산에서 흘러온 물 골지천이 이곳 아우라지 선착장 앞에서 '합쳐져' 한 줄기 강물이 된다. 이 때문에 '아올아지'라 부르던 이름의 발음이 조금 바뀌어 '아우라지'가 된 것이라 보는 해석이다.

접미사 '~아지'는 원래 '어린 아기'라는 뜻으로, 망아지·송아지·강아지처럼 작은 것을 뜻할 때 쓰이는 말이다. 그런데 땅 이름에서는 그런 뜻으로 사용된 사례를 찾기 어려워, 여기서도 그 뜻이라고 해석하기에는 다소 문제가 있다. 이 때문에 '아우라지'를 '아우라(아올+아/어)+지'로 분석하기도 한다. 이때 '~지'는 우리 땅 이름에서 특별한 의미 없이 '어떤 곳(땅)'이라는 뜻을 나타낼 때 흔히 쓰인 말이며, '只(다만 지)'라는 한자로 쓰기도 한다.

어떤 쪽으로 해석하든 '아우라지'가 '두 개의 물줄기가 어우러지는 곳'이라는 뜻에서 생긴 이름인 것만은 틀림이 없다.

이곳 '아우라지'는 남한강의 상류가 된다. 이 때문에 옛날에는 이 일대 산에서 얻은 목재들을 뗏목으로 만든 뒤 이곳에서 한양(서울)

정선의 아우라지는 두 개의 강물이 이곳에서 한데 어우러진다는 뜻에서 생긴 이름이다.

까지 물길로 보냈다. 한양에서는 남한강과 북한강을 따라 이렇게 떼목으로 옮겨온 목재들을 주로 뚝섬 일대에서 받아 궁궐이나 관청의 건축용 또는 왕과 사대부들의 관곽棺槨용으로 썼다고 한다.

'아우라지'와 같은 뜻의 이름으로 충청남도 천안시 병천면에 있는 '아우내'가 있다.

3·1운동 당시 유관순 열사가 만세운동을 벌인 곳으로도 유명한 이곳은 마을 앞쪽으로 병천천이 흐르며, 동북쪽에서 광기천이 흘러와 이곳에서 두 물줄기가 합쳐진다. 두 냇물[川]이 아우러지기 때문에 '아우른내'라 할 것이 '아우내'가 된 것이다. 그런데 이를 한자로 바꾸면서 '竝(아우를 병)' 자를 써서 '병천竝川'이라는 이름이 생겼다.

'아올다/아우르다'에서 나온 '아우(ㄹ)~'와 같은 계통의 땅 이름으로 '어울/얼~' 계통의 이름들을 들 수 있다. 이는 대략 '아우라지다'와 '어우러지다'의 어감 차이 정도로 볼 수 있다.

또한 '어울/얼~' 계통 땅 이름들은 우리 중세어 '어울다' 또는 '얼다/어르다'와 같은 뿌리를 이루고 있다.

'어울다'는 '어우러지다'라는 뜻이다.

'얼다'는 '섞이다', '교합交合하다', '성교性交하다'라는 뜻이다. 또 얼음이 어는 것도 현대어와 똑같이 '얼다'라고 했다. 어는 것은 '(물이) 굳게 합해 있다'는 뜻이니 '교합하다'라는 뜻의 '얼다'와 같은 줄기에서 나온 말이 된다. 이 단어는 '얼우다'나 '얼이다'라 쓰기도 했다.

'어르다'도 '교합하다', '혼인하다'라는 뜻을 갖고 있었다.

이들 말에서 나온 단어 중에 오늘날 나이 먹은 사람을 뜻하는 '어른'이 있다.

어른은 중세어에서 '얼운', '얼운사름' 또는 '어룬', '어룬사름'이라고 했다.

이 중 '얼운'과 '어룬'은 '얼~' 또는 '얼우~'에 관형형 어미 'ㄴ'이 붙은 형태다. 따라서 원래는 뒤에 '사름'이 붙어야 명사가 되지만 이를 생략하고도 그 자체로 명사 역할을 했다. 그리고 이들의 발음이 바뀌어 오늘날 '어른'이 된 것이다. 결국 '어른'이란 그 바탕을 따져보면 '어르는 행위를 한 사람'이라는 뜻이니, '남녀 간에 성행위[교합]를 한 사람'이라는 말이다. 요즘도 결혼을 하지 않은 사람은 웬만큼 나이가 많아도 어른 대접을 안 해주고 아이라 부르는 풍습이 남아 있는데, 이는 '어른'이라는 말에 그 이유가 담겨 있다. 결혼을 해서 '어르는 행위'를 해야만 말 그대로 '어른'이 되는 것이기 때문이다.

조선시대 명기名技로 꼽히는 황진이의 시조 중에 이런 것이 있다.

동짓달 기나긴 밤을 한 허리를 베어내어
춘풍 이불 아래 서리서리 넣었다가
얼운님 오신 날 밤이어든 굽이굽이 펴리라.

여기서 '얼운님'이라는 말은 날씨가 추워서 님의 몸이 얼었다는 뜻으로 볼 수 있지만 이보다는 성적인 의미를 갖고 있는 말로 해석함이 더욱 타당할 것이다.

나이 든 사람을 부를 때 쓰는 단어 '어르신'도 '어른'과 똑같은 구조에 존칭을 나타내는 어미 '~시~'가 붙은 것이다. 곧 '어르+시+ㄴ'의 형태이니, '남녀 간에 어르는 행위를 하신'이라는 말 '어르신'이 명사로 굳어져 쓰이는 것이다.

물이 섞이다

이런 뜻에서의 '얼~'이나 이 말의 변형인 '어~' 자가 들어간 땅이름도 여러 곳에 있다.

예를 들어 강원도 정선군에 있는 '어천漁川'의 경우, "이 강에 물고기가 많아서 고기잡이[漁]에 좋기 때문에 붙은 이름"이라고 한다. 하지만 물 맑은 강원도의 수많은 냇물 중에 고기잡이에 좋은 곳이

어찌 이곳 하나뿐이겠는가.

이곳 어천은 백전리 산간지대에서 흘러내려온 여러 물줄기가 합해지는 곳이다. 이처럼 물줄기가 어우러지는 곳이기 때문에 '어천(<얼천)'이라는 이름을 갖게 된 것이다. 충청남도 공주시에도 '어천魚川'이 있는데, 이곳 역시 안양천과 용봉천 등 여러 물줄기가 합해지는 곳이다. 이 때문에 "물이 섞인다"는 뜻에서 '어천'이라는 이름이 생긴 것이고, 한자 '魚(고기 어)'는 소리만 빌려준 것이다.

이들 어천보다 훨씬 유명한 곳으로 인천의 '월미도月尾島'를 꼽을 수 있다.

'월미도'는 『비변사등록』이나 『승정원일기』 등의 옛 자료를 통해 볼 때 원래 이름이 '얼미도' 또는 '어을미도'였기 때문이다.

한 예로 『비변사등록』 숙종 21년(1695년) 3월 4일 조에 보면 나라에 큰일이 났을 때 임금이 피난하는 문제를 놓고 이야기하는 가운데 이런 내용이 나온다.

(좌윤 이세선이 아뢰기를) 자연도(紫燕島 : 지금의 영종도)의 영종진永宗鎭은 어영청의 진보珍寶입니다. 만일 완급이 있으면 법가法駕가 인천에서 초지진草芝鎭을 거쳐야만 섬에 도착할 수 있는데, 그 사이에 어을미도於乙味島가 있습니다. 지난 병신년에 처음으로 관사를 짓고 행궁行宮으로 부르고 있으나, 해가 오래되고 퇴락하여 수습할 수 없기 때문에 지금 중건하려 하는데…… (이하 생략)

여기서 말한 '어을미도'가 지금의 월미도로, 당시에는 '얼미도彎

尾島'라 부르기도 했다. '어을№ઠ'이라는 말은 우리말 '얼'을 한자로 풀어쓴 것이니, 결국 월미도의 원래 이름은 '얼미도'였던 셈이다. 그리고 여기서 '얼'과 '미'는 모두 순우리말이기 때문에 '孼尾'나 '於乙味'에 쓰인 한자들은 뜻과 관계없이 소리만 빌려준 것이다.

'얼미'는 '얼+미'의 구조이다.

'얼~'은 앞에서 얘기한 '얼다', 곧 '합쳐진다'는 뜻이다.

'미'는 물[水]을 말한다.

우리가 지금 쓰고 있는 말 '물'은 우리 옛말에서 '믈' 또는 '미', '매', '메' 등으로도 쓰였다. 그것이 17세기 이후에 '물'로서 고정되어 오늘날까지 이어져 오는 것이다. 하지만 조선시대 이전에도 '물'은 거의 지금과 비슷한 발음의 단어였던 것으로 보인다. 이는 『계림유사』에 '水曰沒(수왈몰)'이라 나와 있는 것을 통해서도 알 수가 있다. 고려 사람들이 "물[水]을 몰沒이라 한다"는 말이다. 이는 중국인들에게 '믈'이라는 발음을 가진 한자가 없어서 비슷한 발음을 가진 글자를 쓴 것이겠지만, 이를 통해 당시 고려인들의 이 말 발음이 지금과 큰 차이가 없었으리라는 점을 짐작할 수 있다.

이처럼 우리 옛말에서는 물을 '믈'뿐 아니라 '미'라고도 했다. 이는 지금도 쓰이고 있는 단어 '미역', '미나리', '미더덕', '미꾸라지', '미끌미끌' 등에 그 흔적을 남겨놓고 있다.

이를 종합해보면 '얼미도'란 '물(미)이 섞이는(얼) 섬'이라는 뜻 정도로 해석할 수 있다. 육지와 거의 맞닿은 곳에 있고, 바닷물이 이 섬을 타고 돌면서 섞이기 때문에 이런 이름을 갖게 되었을 것이다.*

이 얼미도가 18세기에 들어서면서부터는 '월미도'로 이름이 바뀌어 쓰이기 시작한다.

월미도라는 이름이 처음 등장하는 공식적인 기록은 『조선왕조실록』 숙종 34년(1708년) 4월 21일자 기사에 나오는 민치대閔致岱의 상소문이다. 그는 여기서 홍명하洪命夏라는 신하가 인천과 월미도에 임금을 위한 행궁行宮을 짓자고 건의했던 일을 이야기하면서 '월미도'라는 이름을 거론한다.

이처럼 '얼미도'가 지금처럼 '월미도'라는 이름을 갖게 된 것은 아마도 '얼'과 비슷한 발음에 '달[月]'이라는 좀 더 좋은 뜻을 가진 글자를 갖다 붙이다 보니 생긴 일일 것이다. 이처럼 우리말 땅 이름이 한자로 바뀌는 과정에서 본래의 의미와는 다르게 좋은 뜻의 글자를 갖다 붙이는 일은 매우 흔하다.

월미도와 똑같은 옛 이름을 갖고 있다가 지금은 완전히 다른 이름으로 바뀐 곳이 경기도 파주시에 있는 '교하交河'다.

'교하'는 서쪽으로 흐르는 한강과 북동쪽에서 흘러오는 임진강이 만나서 어우러지는 지점이다. 그래서 고구려 때는 이 동네를 '어을매於乙買'라 불렀다. '매買'는 고구려어에서 '물'을 뜻할 때 썼던 한자 중 하나이다. 따라서 어을매는 '물(매)이 어우러진다'는 뜻이니, '얼미'와 같은 말이다. 『고려사 지리지』에도 이에 대한 설명이 나온다.

---

* 월미도는 1974년 이 섬과 옆에 있는 소월미도 사이에 갑문閘門을 만들어 인천항 내항內港 전체를 부두로 만드는 사업이 끝나면서 완전히 육지와 연결되어 이때부터 '섬 아닌 섬'이 되었다.

교하군交河郡은 본래 고구려의 천정구현泉井口縣으로 굴화군屈火郡이라고도 하고, 어을매곶於乙買串이라고도 한다. 신라 경덕왕 때 지금의 이름으로 고쳤다. 현종 9년(1018년)에 내속하였다. 별호는 선성宣城이다. 오도성(烏島城 : 한강과 임진의 하류가 여기서 섞인다), 낙하도(洛河渡 : 현의 북쪽에 있다)가 있다.

이 내용대로 한강과 임진강이 만나는 '어을매'를 경덕왕 때 같은 뜻을 갖는 한자로 바꾼 것이 '교하交河'이다. 이름 그대로 '물[河]이 섞인다[交]'는 말이다.**

이렇게 물이 합친다거나 섞인다는 뜻의 이름을 가진 곳 중에 경기도 양평군에 있는 '두물머리(양수리)'도 빼놓을 수 없다. 이곳은 남한강과 북한강이라는 '두 줄기 물이 합해지는 곳(머리)'이어서 이런 이름을 갖게 된 것이기 때문이다.

서울 성동구 옥수동玉水洞의 옛 이름인 '두물개'도 같은 뜻에서 나온 것이다.

옥수동은 이곳에 '옥정수玉井水'라 부르는 우물이 있어서 '옥정숫골'이라 불리다가 바뀐 이름이라고 한다. 하지만 조선시대에 이곳은 '두물개', '두뭇개', '두멧개' 또는 '두모포豆毛浦'라는 이름으로 불렸다.

** 교하交河의 이전 우리말 이름 '어을매'에 대해 '얼미'가 아니라 '늘미'로 읽어야 하며, 그 뜻은 샘내[泉川]라고 풀이하는 다른 학설도 있다. 그리고 교하는 '어을매/얼미'와는 의미상으로 별 관계가 없이 경덕왕이 새로 지어 붙인 이름이라고 본다. 이에 대해서는 『한국지명연구』(한국지명학회, 한국문화사, 2007년) 중 315~333쪽의 '어을매를 다시 해독함'(김종택)을 참고할 수 있다.

이 동네의 동쪽에는 응봉산이 있고 남쪽에는 한강이 흐르는데, 동쪽에서 응봉산 앞으로 거쳐 흘러오는 중랑천이 동네 앞에서 한강과 만난다. 이렇게 한강과 중랑천이 만나는 곳에 있는 갯가 마을이기 때문에 '두물개'라 불렸던 것이다. '두뭇개'는 '두물개'의 발음이 바뀐 것으로 볼 수도 있고 '두멧개', '두무포'와 함께 높은 곳을 뜻하는 '둠/두무'에서 나온 이름으로 볼 수도 있다. 이곳에 응봉산이 있기 때문이다.('둠/두무'에 대해서는 이 책「11 주변을 휘감아 싸다」참고)

조선시대 중기 이곳 두물개는 꽤나 풍광이 좋으면서도 한적한 동네였던 것 같다. 나라에서 이곳에 '동호당東湖堂'이라는 집을 지어놓고 학문이 뛰어난 관리들에게 책을 읽고 공부를 하는 휴가, 즉 '사가독서賜暇讀書'를 즐기도록 했기 때문이다. 지금은 그 독서당이 남아 있지 않고, 그 터마저 어디였는지 정확히 알 수가 없다고 한다. 하지만 이 때문에 지금 이 동네에는 '독서당로'라는 길 이름이 있다.

두 개의 냇물이 흐르다 만나는 곳

한편 우리 땅 이름 중에는 물줄기가 합쳐지는 곳을 말하지만 '얼/어울~' 또는 '아우~' 말고 다른 형태를 갖고 있는 경우도 무척 많다.

위에서 말한 '두물머리'뿐 아니라 '합내', '모듬내', '회천會川', '두내', '이내', '귀내', '쌍천雙川' 등이 모두 그런 이름들이다.

이 중 '합合내'나 '회천', '쌍천' 등은 '둘[雙]'이나 '모인다[合, 會]'는 뜻을 가진 한자를 쓴 이름들이니 금세 그 내용을 알 수 있다.

'모듬내'의 '모듬'은 우리 옛말 '몯다' 또는 '모도다'에서 나온 말이다.

'몯다'는 현대어 '모이다'이고, '모도다'는 현대어 '모으다'에 해당한다. 요즘 생선회 집에서 쓰는 말 '모듬회'나 사람들이 만나는 '모임'이라는 말이 모두 이 '몯~'에서 나온 것이다. 따라서 '모듬내'도 "물이 모인다"는 뜻이 된다.

'이내'는 "두 개[二]의 물[내]이 만난다"는 뜻이다.

그런데 여기서 한 걸음 더 나아가 '귀내'라는 이름쯤 되면 그 내용을 짐작하기 어렵고, "냇가의 모양이 귀처럼 생겼다"는 식의 말을 만들어내기 일쑤다. 하지만 사실은 이 역시 두 개의 물줄기가 만나기 때문에 '이내(二내)'라고 한 이름이 바뀐 것에 불과하다. 두 줄기 물이어서 '二(두 이)'로 써야 할 것을 '耳(귀 이)'로 쓰는 바람에 '이내(耳내)'가 되었고, 그것이 다시 우리말 이름으로 바뀌면서 '귀내'가 된 것이다.

이런 이름들을 연구한 조강봉 교수는 자신의 논문 「물줄기의 합류合流를 소재로 명명된 지명」에서 이렇게 설명했다.

(경상남도 진양군 진성면 이천리의) '귀내'는 다른 이름이 '耳川'이다. 또 (경상북도 영주군 영주면 고현리의) '귀네'는 '두 냇물이 합해지는데 그 모양이 귀처럼 생겼다'는 말을 갖고 있다. 따라서 '귀내'는 두 냇물이 합하기 때문에 '二川'으로 불러야 할 것을 '二川'과 음이 같은 '耳川'으로 바꾸어 표기함으로써 뒤에 '耳川'이라는 한자의 뜻에 이끌려 '귀내'라 불리게 된 지명임을 알 수 있다.

조 교수는 경기도 '동두천東豆川시'에 대해서도 같은 해석을 하고 있다.

'동두천'은 흔히 이 마을의 동쪽에서 냇물이 흘러오기 때문에 생긴 이름이라고 말한다. 하지만 조 교수에 따르면 동두천은 두 개의 냇물이 흐르다 만나는 곳이어서 '두내' 또는 '두천'이라 불렸고, 이를 한자로 '豆川'이라 썼던 것으로 추정된다. 그리고 이 중 한 줄기가 동쪽에서 흘러오기 때문에 앞에 '동東' 자가 붙어 동두천이 되었다는 것이다.

실제로 동두천시에는 시내 동쪽으로 '동두천'이 흐르고, 이 물이 시내 남북으로 흐르는 '신천'과 만난다. 이렇게 두 개의 물줄기가 어우러지니 '두내(두천)'이고, 여기서 '동두천'이라는 지명이 생겼다는 해석은 타당성이 충분하다고 하겠다.

『고려사 지리지』에 보면 동두천의 옛 이름인 '사천현沙川縣'에 대해 "본래 고구려의 내을매현內乙買縣으로, 신라 경덕왕 때 지금 이름으로 고쳐 견성군堅城郡의 영현으로 삼았다"라는 내용이 나온다. 여기서 '내을매'는 우리말 '알미' 또는 '알매'를 한자로 옮긴 것일 가능성이 크다. 한자 '內(안 내)'의 뜻인 '안'에 '乙(을)'의 'ㄹ' 받침을 합쳐 우리말 '알'을 나타냈고, '買'는 앞서 말했듯 '물'을 뜻하는 글자로 해석할 수 있기 때문이다. 이렇게 본다면 '알미(알매)'는 앞서 나온 '얼미'와 같은 뜻인데 발음만 조금 달라진 것으로 풀이할 수 있으니 동두천에 대한 조 교수의 해석이 한층 더 타당성을 갖게 된다.

때로는 충청남도 천안시에 있는 '빙현氷峴', 곧 '어리미재'처럼 '어울린다'는 뜻이 '氷(얼음 빙)' 자로 바뀌어 나타나는 땅 이름들까지 있다. 이곳은 산이 높고 험해서 예전에 도적이 많았으므로 여러 사람들이 어울려서 넘어 다니던 고개였다고 한다. 이 때문에 여러 사람들이 '어울리는 고개'라는 뜻으로 '어리미재'라 했던 것이다. 그런데 이 이름을 한자로 바꾸면서 '어울림'을 '얼음'으로 받아 '氷' 자를 쓴 것이다. 앞에서 설명한 것처럼 '얼음'이라는 단어가 실제로 '얼다' 또는 '얼우다'에서 생긴 것은 분명하다. 하지만 이렇게 땅 이름에서 '氷峴'과 같은 모양으로 바뀌어버리면 "날씨가 추워 얼음이 많이 얼기 때문에 생긴 이름"이라는 식으로 엉터리 해석이 생기기 십상이다.

비스듬히 꺾이거나 비탈지다

옹진에서 비로봉까지

별ㅎ/벼ㄹ/빌~

버루말 • 베르내 • 베틀고개 • 베틀산 • 비끼내(사천) • 비리고개
별고개(별리현, 별루현, 성현) • 디비리암 • 비치네고개 • 빛고개
비슬산 • 비룡산 • 비봉산 • 비산 • 비래산
비랭이(비랑리) • 연석산 • 강상골 • 망골 • 축령산

한국인들에게는 일반적으로 '단일민족'이라는 환상이 있다.

반만년 역사 속에서 우리만의 순수한 혈통을 이어왔다는 자부심 같은 것이다. 이 자부심은 다시 우리 민족 속에 다른 민족이 섞여드는 것을 좀처럼 용납하지 않으려는 배타심으로 이어지곤 한다. 고위 공직자 가운데 외국인을 찾아볼 수 없고, 각종 운동경기의 국가대표팀 구성에서는 귀화했을지라도 외국 출신이 자리를 차지하기 어렵다. 많이 달라지고 있다고는 하지만, 새로 결혼하는 신혼부부 열 쌍 중 한 쌍이 다문화가정이 된 지 이미 오래고, 수많은 외국인 근로자들이 우리와 더불어 살고 있음에도 그들에 대한 시선은 여전히 살갑지 않다. 그런 한편으로 서양의 백인들에게는 상당한 호

의를 보이는 반면 동남아시아나 아프리카 등지 사람들은 무작정 낮춰보는, 이해할 수 없는 편견이 꽤 널리 퍼져 있기도 하다.

진작 했어야 할 일이지만, 이제라도 우리는 스스로에게 이런 질문을 던져봐야 한다.

'왜 굳이 단일민족이어야만 되나?'

민족이란 근대국가 형성 과정에서 필요에 따라 '만들어진' 개념이라는 학설이 큰 힘을 얻고 있다. 또한 그 필요에 따라 끊임없이 재구성되고 재해석되는 것이기도 하다. 하지만 굳이 이런 식으로 얘기를 어렵게 할 필요도 없다.

민족을 따질 것 없이 '사람'은 누구나 귀하고, '어떤 민족인가'보다 '어떤 사람인가'가 훨씬 더 중요하며, '잡종강세雜種强勢'라는 말처럼 섞인 것이 순수한 것보다 더 강하기 때문이다. 모두 같은 피부색에 비슷한 얼굴, 비슷한 생각을 가진 사람들끼리만 모여 사는 것보다 피부색이나 생김새에 생각까지도 아주 다른 사람들이 두루 섞여 '알록달록'하고 시끌벅적하게 사는 세상은 생각만 해도 재미있고 활기차지 않은가.

그런데 이에 더해 또 하나 분명히 알아야 할 것은 역사적으로 보아도 우리 민족은 결코 단일민족이 아니라는 사실이다. 우리 핏속에는 이미 수많은 민족의 피가 섞여 있다.

『삼국유사』나 사마천의 『사기』 '조선 열전'에 보면 중국 연나라 사람 위만魏滿이 무리를 이끌고 조선에 건너와 고조선의 준왕準王을 몰아내고 위만조선을 세운 사실이 나온다. 그리고 그의 손자 우거右渠 때에 이르면 중국 한나라에서 조선으로 도망친 백성이 점점 많아지면서 세력이 커져 때마다 중국 황실에 찾아가서 하던 인사를 하지 않았다고 적혀 있다.*

또 중국 한나라가 우리 땅에 설치했던 한사군漢四郡의 멸망 뒤 이곳에 살던 상당수의 중국인들이 우리나라에 그대로 남아 살았다고 한다.

우리가 그 이름만 입에 올려도 으쓱해하는 고구려는 초기부터 멸망할 때까지 줄곧 선비, 거란, 말갈인 등과 어울려 살았다.

향가 「처용가」의 주인공 처용이 아랍인일 것이라는 추정이 가능할 만큼 신라시대부터 조선 초까지 아랍계 사람들도 우리나라에 자주 왔다. 특히 고려시대에는 인종이나 피부색에 대한 편견이 적어서 흔히 '서역인西城人'이라 불리는 중앙아시아·서아시아 지역 사람들이나 중국인, 몽골인 등이 고려에 귀화한 뒤 조정에서 높은 벼슬을 한 일이 적지 않았다. 이 계통에는 공민왕 때 귀화해 조선 개국 뒤까지도 중국과의 외교에 큰 역할을 한 위구르인 설장수偰長壽나, 역시 같은 위구르인으로 고려 조정에서 높은 벼슬을 하고 오늘날

---

*『삼국유사』 '진한辰韓' 편을 보면 한반도의 남쪽에 자리 잡고 있던 마한, 진한, 변한 등 삼한三韓 가운데 진한은 중국 진秦나라에서 망명한 사람들이 와서 세운 나라라는 내용이 나온다. 이어 고운 최치원 선생의 말을 빌려 "진한은 본래 중국 연나라 사람들이 피신해와 세운 것"이라는 내용도 나온다. 『삼국사기』 「신라본기」 '시조 혁거세 거서간' 편에도 "예전에 중국 사람들 중 진秦나라의 난리에 시달려 동쪽으로 건너온 자가 많았는데 대개 마한의 동쪽에 자리 잡아 진한과 더불어 섞여 살았다. 그들이 이에 이르러 차츰 번성해지므로 마한이 시기하여……"라는 내용이 있다. 하지만 우리 사학계에서는 이를 사실史實로 받아들이지 않는 의견이 우세한 것 같다. 그렇다 해도 이는 당시 중국인들이 그만큼 이 땅으로 많이 건너와 섞여 살았음을 말해주는 이야기로 볼 수는 있을 것이다. 황하黃河 유역에 뿌리를 두고 있는 중국인들은 시베리아 일대에서 내려온 우리 민족의 주류主流와는 계통적으로 전혀 다른 민족이다.

덕수德水 장씨張氏의 시조가 된 장순룡張舜龍 같은 사람들이 있다.

조선시대에 소·돼지를 잡거나 고리(버드나무로 만드는 바구니의 일종)를 만들거나 춤과 노래 같은 기예技藝를 하며 천대받고 살던 백정白丁 계층이 있었다. 1920년대 '형평운동衡平運動'이라 불린 신분해방운동 등을 거쳐 뒤늦게나마 우리 사회의 당당한 구성원이 된 그들 중 상당수는 고려시대 대내외적 혼란기에 여러 차례에 걸쳐 우리나라에 들어온 북방 유목민들의 후손이다.

임진왜란 때 왜군 선봉장으로 출전했다가 명분 없는 전쟁에 회의懷疑를 느껴 3,000여 명의 부하를 이끌고 조선으로 귀화한 뒤 김충선金忠善이라는 우리 이름을 받고, 진주목사의 딸과 결혼해 한 가문의 시조가 된 사야가沙也可 장군은 또 어떤가.*

어떤 민족이건 절대적으로 순수한 혈통을 지킬 수가 없고, 모두가 같은 인간으로 함께 섞여 잘 살면 그만일 뿐 굳이 순수성을 지켜야만 할 이유도 없는 것이다. 물론 민족의 고유성과 문화적 특수성은 서로에게 좋은 자극이 되어 인류 전체의 발전을 가져오고, 생활에 활력과 재미를 준다는 점에서 무척 중요하다. 하지만 그와 반대

---

*서울 성동구 이태원梨泰院의 이름 유래를 임진왜란과 관련지어 설명하는 잘못이 있어 따로 소개한다. 이에 따르면 이태원은 원래 '異胎院'이라는 한자를 썼다고 한다. '다른[異] 나라 사람의 아이를 뱄다[胎]'는 뜻이다. 임진왜란 때 한양에 쳐들어온 왜군이 조선의 많은 여인들을 겁탈해 아이를 갖게 했고, 나중에 조정이 이런 아이들을 이곳에 모아 기르게 하면서 '異胎院'이라는 이름이 생겼다는 것이다. 그 뒤 효종 임금 때 이곳을 배나무[梨]가 많다고 해서 '梨泰院'이라는 지금의 이름으로 바꿨다고 한다. 하지만 『조선왕조실록』만 봐도 '이태원'은 임진왜란보다 훨씬 전인 조선 세종 임금 때부터 이미 '利太院' 등의 이름으로 쓰인 기록이 나오기 때문에 '異胎院'은 억지 설명임을 알 수가 있다. '이태원'의 원래 이름 유래는 알 수가 없지만 전쟁 때문에 민족 간에 혈통이 섞이는 것은 지극히 흔한 일이다.

로 이것이 상대와 우리를 갈라 편을 만들고, 서로를 배척하게 만드는 이유가 될 수는 결코 없는 것이다. 세상에 필요한 것은 민족이나 국가를 따질 것 없이 누구에게나 똑같이 적용되는 보편적 인권이나 도덕이지 민족에 따라, 또는 힘이 센가 약한가에 따라 기준이 달라지는 인권과 도덕이 아니다.

우리 역사에는 이 밖에도 외국인들의 숱한 귀화와 집단 이주의 사례가 있는데, 그중에 오늘날 화산花山 이씨李氏의 시조가 된 이용상李龍祥이 있다. 그는 베트남 '리Ly 왕조'의 후손으로, 고려 고종 때 베트남 황실 내 권력 다툼을 피해 우리나라로 와 황해도 옹진군 화산면花山面에 정착해 살았다. 고려 왕실은 그를 '화산군花山君'으로 봉하고 잘 대우해주었다. 그러기에 몽골군이 고려에 침입해 옹진 땅까지 쳐들어오자 그는 주민들과 함께 몽골군을 물리쳐 고려에 보답하기도 했다.

벼루도 베틀도 아닌 비탈진 곳

이용상이 몽골군을 물리친 옹진甕津은 지금의 인천광역시 옹진군이 아니라 북한 땅인 황해도 옹진반도 일대를 가리킨다. 이곳이 원조元祖 옹진이다. 인천광역시 옹진군은 1945년 이후 남북이 갈라지면서 원래 옹진군에 속했던 백령도·대청도·연평도 등의 서해 5도와 덕적도, 부천군에 속해 있던 영흥도 등의 다른 섬들을 하나로 묶어 새로 만든 행정구역이다.

원조 옹진은 한사군 시대에 낙랑군樂浪郡에 속했고, 고구려에 들어가서는 '옹천甕遷'이라 불렸다. 물론 이 한자음대로 발음한 것이 아니라 우리말로 된 어떤 이름을 한자로 옹천이라 옮긴 것일 뿐이다. 그렇다면 그 우리말 이름은 과연 무엇이었을까.

옹천의 '옹甕'은 물을 담는 독(항아리)을 말한다.

또 '천遷'은 '(어디로) 옮긴다'는 뜻이니, 이 이름을 지금의 글자 그대로 해석하면 "독이 옮겨간다"는 이상한 말이 된다.

그런데 '遷'은 고려 이후 조선시대까지 여러 문헌에서 특이하게도 '벼랑(길)'을 뜻하는 글자로 많이 쓰였다. 이 글자는 특히 물가에 있는 돌로 된 절벽길을 뜻했다. 한 예로 『신증동국여지승람』 '경기 광주목廣州牧' 편을 보면 이런 설명이 나온다.

도미진渡迷津은 주 동쪽 10리, 양근군 대탄 용진龍津 하류에 있는데, 그 북쪽 언덕을 도미천渡迷遷이라 부른다. 동쪽으로 봉안역을 향하여 돌길이 7~8리나 빙빙 둘렀는데, 신라 방언方言에 흔히 물 언덕 돌길을 천遷이라 불렀다.

이를 통해서도 '천遷'이란 현대어 '벼랑'을 뜻하는 글자임을 알 수가 있다. 지금도 큰 한자 자전字典 중에는 '遷'에 '벼랑', 즉 낭떠러지라는 뜻도 있음을 밝혀놓은 것들이 있다. 그런데 '벼랑'은 우리 중세국어에서 '벼로' 또는 '별ㅎ'이라고 했으니, 고대에는 이와 비슷한 어떤 발음을 가지고 있었을 것이다.

학자들에 따르면 고구려 때 옹진군의 중심이던 본영리本營里라는 곳에 화산산성花山山城이 만들어졌는데, 이 성은 삼면이 바다와 강으로 둘러싸인 천혜의 요새였다고 한다. 이용상이 좋은 계책을 마련해 주민들과 함께 몽골군을 물리친 곳도 이곳 화산산성이었다고 전한다. 이 같은 모양, 곧 가운데의 산성은 독[甕]을 눕혀놓은 것 같고, 그 주변은 모두 낭떠러지[遷]로 된 견고한 지형이었기 때문에 '옹천'이라는 이름이 나온 것이다. 이렇게 본다면 한자 이름 옹천 이전에 있었을 순우리말 이름은 '독벼로' 정도였을 것이라 추론해볼 수 있다.

옹천은 고려 건국 뒤 행정구역 명칭 변경에 따라 옹진으로 이름이 바뀌었다. 그곳이 모두 바다와 이어진 곳이었기 때문에 '항아리[甕] 모양의 산성과 그 앞의 포구[津]', 즉 '독ㄴㄹ'라는 이름을 붙인 것으로 보인다. 이 우리말 이름 '독ㄴㄹ(독나루)'를 한자로 옮긴 것이 옹진이다.

앞에서 '옹천'이라는 이름이 벼랑 때문에 생긴 것임을 밝혔다.

19세기 이후로 쓰이기 시작한 현대어 '벼랑'은 앞서 말했듯 중세 국어 '별ㅎ' 또는 '벼로'에서 나온 것으로, 이 '별ㅎ'에 장소를 나타내는 접미사 '~앙'이 붙어 벼랑이 되었다.

이 '별ㅎ'이나 '벼로'는 낭떠러지 또는 '비탈진 땅'을 말할 때 쓰인 말이다. 그리고 이들과 함께 우리 옛말에는 산이나 언덕의 경사진 곳을 뜻하는 말로 '빗~'도 있었다.

이 '빗~'은 지금도 '빗나가다', '비슷하다', '빗금', '빗대다', '비끼다', '비뚤다[歪]', '비스듬히', '빗장' 같은 단어에 남아 쓰이고 있다. '비탈'이라는 말도 이 '빗'에 높은 곳을 뜻하는 우리말 '들'이 붙어 이뤄진 단어다. '빗들>빗달>비탈'의 과정을 거친 말로, '비스듬하게 높은 땅'이라는 뜻이 된다.('들'에 대해서는 이 책 「10 높은 곳에 넓은

터를 잡다」 참고)

그런데 이 '별ㅎ' 또는 '벼로', '빗'은 실제 땅 이름에서 그 원형을 알아채기 어려울 만큼 여러 가지 모양으로 바뀌어 나타난다. '벼루', '베르', '벼리', '베리', '비리', '비랭이', '배랑', '비랑', '벼락', '비락', '비룩', '베틀' 등이 그것이다.

이런 땅 이름에는 흔히 "옛날에 그 땅이 벼락을 맞았다"거나 "땅 모양이 벼루 또는 베틀을 닮았다"는 식의 이야기가 딸려 있기 십상이다.

일례로 충청북도 괴산군 도안면이나 전라북도 고창군 고창읍 등 여러 곳에 있는 '벼루말'이라는 동네에는 대개 "땅 모양이 벼루를 닮아서"라는 설명이 달려 있다. 하지만 이는 그 이름을 보고 뒤에 지어낸 얘기일 뿐이다. 실제로는 '별[崖]+마을[村]'이 '별마을>별말>벼루말'로 바뀐 것이다. 그 뜻은 '비탈진 땅'이다.

또 경기도 부천시 성곡동에는 '베르내'라는 개천이 흐르는데 '베리내', '비린내', '비리내' 등으로도 불린다. 이를 두고 흔히 "비린내가 많이 나는 물이어서 붙은 이름"이라고 해석한다. 하지만 이 역시 '벼랑내'에서 나온 이름일 뿐이다. 개천이 낭떠러지(벼랑)를 휘감고 가기 때문에 붙은 것이다.

경기도 남양주시 인창동에 있는 '베틀고개'에는 "인근에 있는 왕숙천王宿川의 물이 넘쳤을 때 사람들이 이 고개에서 배를 타고 피했기 때문에 원래 배탈고개라 부르던 것이 바뀐 이름"이라는 이야기가 전해온다. 고개에서 무슨 배를 어떻게 탈 수 있었다는 말일까.

또 전라남도 보성군 금화산에 있는 '베틀바위'에는 "옛날 이 바위 밑에 깊은 굴이 있었는데 피란을 온 어느 부인이 이 굴 안에 베틀을 차려놓고 베를 짰기 때문에 생긴 이름"이라는 얘기가 전한다. 그런데 이 이야기를 만든 사람들도 내용이 너무 뜬금없다고 생각했는지 "그 뒤에 아이들이 함부로 그 안에 들어가 베틀을 보다가 다치는 일이 생겨 지금은 그 굴을 메워버렸다"고 말을 덧붙여놓았다. 그냥 들어도 느낌이 오듯이 이들은 모두 건성으로 꾸며놓은 이야기일 뿐이다.

이들 이름은 모두가 별고개, 곧 '비탈진 고개'라는 말이 바뀐 것이다. 경상북도 구미시나 경상남도 창원시에 있는 '베틀산'들도 산모양이 베틀처럼 생겨서가 아니라 비탈이 져서 생긴 이름이다.

이들에 비하면 '비끼내'는 그 유래를 비교적 쉽게 짐작할 수 있는 편이다.

이 이름을 가진 물줄기는 충청북도 청주시 상당구, 충청남도 청양군 대치면, 전라남도 진도군 의신면 등 전국 여러 곳에 있다. 그 이름은 냇물 같은 물줄기가 흘러가다가 이들 지점에서 '비스듬히' 꺾어지기 때문에 '비껴간다'는 뜻에서 생긴 것이다. 그래서 이런 이름이 한자로 바뀔 때는 대개 '斜(비스듬할 사)' 자를 써서 '사천斜川'이 된다. '빈내'나 '비스내' 같은 이름도 대개 같은 뜻이다.

이 분야를 연구한 학자들에 따르면 우리나라에 '벼랑', '벼로', '벼루', '벼리' 식 땅 이름은 100여 곳, '베틀' 식 지명은 300여 곳, '빗~' 식의 땅 이름은 200여 곳이나 된다고 한다. 비탈진 땅이야 곳곳에 널려 있으니 당연한 일이다.

땅 이름이 엉뚱한 이야기를 만들어내다

이런 식의 땅 이름들이 그에 딸린 전설을 어떻게 만들어내는지 잘 보여주는 예를 인천광역시 남동구 만수동에 있는 '비리고개'에서 찾아볼 수 있다.

만수동에서 부평으로 넘어가는 곳에 있는 이 고개는 '비루고개'나 '별고개'라고도 불린다. 한자 이름으로는 '별리현別離峴', '별루현別漏峴', 또는 '성현星峴'이라고도 한다.

이 고개에는 몇 가지 전설이 전해온다.

그중 가장 대표적인 내용은 이렇다.

(옛날 삼국시대에 이곳은 백제 땅에 속해 있었다.) 백제의 사신使臣들이 중국으로 떠날 때 수도首都를 떠나 이곳 비리고개를 넘고, 남구 문학산의 삼호현을 거쳐, 송도 해변의 능허대 한나루에서 배를 탔다. 사신들을 배웅하려고 따라온 가족들은 이곳 비리고개에서 이별을 해야만 했다. 이렇게 서로가 이별[別離]을 아쉬워해서(또는 이별[別]을 아쉬워해) 눈물[淚]을 흘린 고개[峴]였기 때문에 별리현 또는 별루현이라 부르게 되었다. 그리고 여기서 (발음이 비슷한 우리말 이름) '비리고개' 또는 '비루고개'라는 이름이 생겼다.

이와는 달리 조선 중기에 중국에서 한 사신이 우리나라에 왔다가 공주를 만나 사랑에 빠졌는데, 다시 중국으로 떠나 헤어지게[別] 되자 이곳에서 눈물[淚]을 흘려 '별루현'이라는 이름이 생겼다는 이야기도 있다. 또 원래 이름은 고개가 높아서 "별을 따러 간다"는 뜻의 ‘별고개’였다거나, 고구려의 시조인 주몽朱蒙의 아들 비류沸流가 이 고개를 넘어 미추홀에 들어왔기 때문에 ‘비류고개’라 했다가 발음이 바뀌어 ‘비루고개’가 되었다는 얘기도 있다.

하지만 이들은 모두 근거가 전혀 없는 얘기일 뿐이다.

위에서 밝힌 첫 번째와 두 번째 전설을 보면 한자 이름 별리현이나 별루현이 먼저 생기고, 그에 맞춰 우리말 이름 비리고개나 비루고개가 생긴 것으로 되어 있다. 하지만 상식적으로 생각해도 순우리말 이름과 한자 이름을 모두 갖고 있는 땅들에는 아무래도 우리말 이름이 먼저 생기고, 그다음에 한자 이름이 생겼다고 보는 것이 그 반대의 경우보다 한결 타당할 것이다. (물론 가끔씩 예외도 있다.*)

이렇게 보면 이곳 비리고개는 우선 ‘비탈진 땅’이라는 뜻의 우리말 ‘별ㅎ’이나 ‘벼로’ 또는 ‘빗겨가다’라는 뜻인 ‘빗’의 변형 ‘비리’가 붙어 고개 이름이 생겼다고 보아야 할 것이다. 그런 다음 이런 이름이 시간이 흐르면서 ‘비루고개’나 ‘별고개’로도 바뀌어 불렸고, 여기에 발음이 비슷한 한자를 적당히 갖다 붙인 것이 ‘별리현’이나 ‘별루현’이다. 그리고 이런 한자 이름이 생기자 이에 맞춰 백제 사신이나 중국 사신이 등장하는 전설이 생겨난 것이다.

경상남도 진주시 남강南江변에 있는 ‘디비리암’의 경우에는 그 원뜻이 제대로 전해지고 있다.

남강이 선학산仙鶴山과 마주치며 만들어진 이곳은 높은 벼랑이 병풍처럼 펼쳐진 곳인데, ‘디벼리’라는 이름도 갖고 있다. 그 이름의

*이런 예외의 사례를 이 책 「12 둘이 만나 하나로 어우러지다」에 소개한 ‘이내>귀내’의 경우에서 볼 수 있다.

'디'는 경상도 사투리에서 '매우' 또는 '크다'는 뜻이라고 한다. 또 '비리'는 '벼랑'을 뜻하고, '암巖'은 '바위'를 말한다. 결국 '디비리 암'은 '큰 바위로 된 벼랑'이라는 뜻이며, '디벼리'의 '벼리'도 앞서 말한 '별ㅎ' 또는 '벼로'의 변형임을 알 수가 있다.

경기도 가평군 상면에 있는 '비치네고개'에서도 이와 같은 변화의 과정을 확인할 수 있다.

이 특이한 이름의 고개에는 전설이 하나 딸려 있다.

옛날 어느 선비가 이 고개를 넘어가는데 길 옆 바위에서 이상한 광채가 났다. 그 빛이 무척 강해서 따라가보니 그곳에서 금빛 색깔을 가진 닭 한 마리가 울고 있었다. 선비가 그 닭을 잡으려고 하자 푸드득 하며 날아가 한 바위 밑으로 숨어버렸다. 선비가 다시 쫓아가보자 바위 아래에 닭은 보이지 않고 달걀 모양의 금항아리 하나가 놓여 있었다. 선비는 닭이 자기에게 준 귀한 선물이라 생각해 이를 집에 가져왔고, 큰 부자가 되었다. 이후로 이곳은 금빛 닭이 빛을 비춘 고개라 해서 '비치네고개'라 불리게 되었다.

대략 이런 내용인데, 『삼국유사』의 '김알지 신화'를 흉내 낸 느낌이 강하지만 무척이나 어설프게 꾸민 이야기라 아니할 수가 없다.

이 고개 역시 '빗~'에서 생긴 이름인데, 다만 다른 이름들보다 좀 더 길고 특이하게 바뀐 것일 뿐이다. 마침 가평군에는 청평면에 아예 '빛고개'라는 이름을 가진 고개가 따로 있다. 이 고개도 비탈졌다는 뜻의 '빗고개'가 바뀐 이름인데, 비치내고개와는 달리 딸린 전설은 없다. 이름이 그다지 특이하지 않으니 갖다 붙일 이야기도 마땅치 않았기 때문이었을 것이다.

대구광역시 달성군과 경상북도 청도군에 걸쳐 있는 '비슬산琵瑟山'도 같은 경우로 볼 수 있다.

'소슬산所瑟山'이라고도 불린 이 산에는 신라시대에 우리나라에 놀러온 한 인도 스님이 산 모양이 거문고[瑟]와 같아서 '비슬산'이라 이름을 붙였다거나, 산의 모양이 닭의 볏(경상도 사투리로는 '벼슬')을 닮아 '벼슬산'이라 했던 것이 발음이 바뀌어 비슬산이 되었다는 이야기가 딸려 있다. 하지만 거문고와 닭의 볏처럼 전혀 달리 생긴 모양을 하나의 산에 갖다 붙인 것만 보아도 이들 이야기는 객관성이 전혀 없음을 알 수가 있다. 이 역시 '빗산'에서 생긴 이름이며, '소슬산'도 한자의 뜻과는 관계없이 그냥 우리말로 '솟아 있는 산'이라는 뜻일 뿐이다.

위에서 비리고개의 한자 이름 중에 '성현星峴'이 있다고 했는데 이를 해석하면 '별고개'이다.

'星峴'은 경상북도 포항시에 있는 '별래재'의 한자 이름이기도 하며, 다른 곳에도 같은 이름을 가진 고개가 또 있다.

여기서의 '별 성星'은 벼랑을 뜻하는 '별ㅎ'을 하늘에 있는 별로 잘못 생각해 붙인 것이다. 그런데 이렇게 이름을 붙이고 나면 '비탈'이라는 원래의 뜻은 거의 온데간데없어진다.

이처럼 '빗~'이나 '별ㅎ' 계열의 땅 이름들은 한자로 바뀌는 과정에서 또 한 번의 커다란 변화를 겪었다. 맨 처음에 밝힌 옹천의 '천遷'처럼 그 원래의 뜻을 알 수 없게 만드는 글자가 많이 쓰인 것이다.

우선 '빗'은 비슷한 소리의 한자를 빌려 '飛(날 비)'나 '榧(비자나무 비)' 등을 쓰곤 했다. '빗~'이라는 발음을 가진 한자가 없다 보니 그와 비슷한 발음의 한자를 이것저것 끌고 온 것이다. 또 '별ㅎ'은 소리를 따서 '別(다를 별)'을 쓰거나, 별 또는 벼루 등의 뜻을 갖고 있는 '硯(벼루 연)'이나 '星(별 성)'을 쓴 경우가 많다.

경기도 양평군의 비룡산飛龍山, 강원도 정선군·경기도 안성시·경상북도 영주시·경상북도 의성군·충청북도 제천시 등 전국 곳곳에 있는 비봉산飛鳳山, 강원도 원주시의 비산飛山, 전라남도 곡성군의 비래산飛來山, 인천광역시 남구 용현동의 원이름인 '비랭이'나 '비랑리飛狼里' 등이 모두 이에 속한다. 이 중 비봉산의 경우 거의 모두가 "산이 봉황새[鳳]가 날아가는[飛] 모양이어서 생긴 이름"이라고 설명하지만 도대체 봉황새는 어떻게 생긴 새인가. 터무니없는 얘기일 뿐이다.

또 전라북도 완주군에 있는 '연석산硯石山'은 "이 산에서 벼루[硯]를 만드는 돌[石]이 많이 나기 때문에 생긴 이름"이라고 한다. 하지만 이 역시 사실은 앞에서 말한 '빗들'을 말하는 이름일 뿐 벼루와는 아무 상관이 없는 산이다.

'별ㅎ~' 계열의 땅 이름은 '강상골[綱常谷·강상곡]'이라는 한자 이름으로까지 바뀌어나가기도 한다. 경기도 부천시 오정구 고강동에 이 이름을 가진 곳이 있는데, 밀양 변씨 집안의 선산과 선영이 있는 골짜기이다.

이곳에서는 '강상'이라는 동네 이름이 조선조 세조 때 판서를 지낸 이 집안사람 변종인 선생의 시호 '공장恭莊'에서 나온 것으로 보고 있다고 한다. 곧 '공장' 선생이 살았던 곳이라 '공장골'이라 부르던 것이 발음이 바뀌어 '강장골'이 되었다가 다시 '강상골'이 되었다는 것이다. 하지만 이는 우리 땅 이름에서 '강상'이라는 이름이 나올 수 있는 조건을 잘 모르다 보니 나온 설명으로 보인다.

'강상綱常'이란 '삼강三綱'과 '오상五常', 즉 유교적 입장에서 '인간이 지켜야 할 도리'를 일컫는 말이다. 우리가 흔히 '삼강오륜三綱五倫'이라 쓰는 말과 같다. 윤리적으로 큰 문제가 되는 사건이 일어났을 때 "강상의 도道가 땅에 떨어졌다"라고 표현하기도 한다.

이런 말이 엉뚱하게도 땅 이름에 쓰인 것은 한자 '강綱'의 뜻인 '벼리'라는 말 때문이다.

'벼리'는 원래 물고기를 잡는 그물의 코를 꿴 굵은 줄을 말한다. 이 줄을 당기거나 풀어서 그물을 치거나 거두는 것이다. 이 때문에 '전체를 총괄하고 규제하는 것'이라든가 '일이나 글의 줄거리'라는 뜻도 갖게 되었고, 사회의 틀을 올바르게 유지하기 위해 '사람들이 지켜야 할 도리'라는 뜻까지 갖게 된 것이다.

그런데 '벼리'라는 이 말이 비탈진 땅을 말하는 '별ㅎ'의 변형 '벼리'와 발음이 같다 보니 땅 이름에 한자로 '綱(벼리 강)' 자를 붙인 것이다. 그리고 여기에 기왕이면 좀 더 좋은 뜻을 갖도록 '五常'의 '常' 자까지 붙여 아예 '강상'이라는 이름을 만들었다. 지역에 따라서는 한자로 '綱上(강상)'이라 이름 지은 곳도 있는데, 어떤 한자를 쓰든 우리말 '별ㅎ>벼리'에서 출발한 땅 이름일 뿐 도덕이나 윤리와는 아무 관계가 없다.

간절하게 소원을 빌다

한편 학자에 따라서는 위에서 말한 '비리고개'를 비탈졌다는 뜻의 '빗~'이 아니라 '(소원을) 빌다'의 '빌~'에서 나온 것이라 해석하는 경우도 있다.

사람들은 어떤 일이 이루어지길 원할 때 하늘이나 신神에게 빌곤 하는데, 이렇게 '빌던' 곳에 '빌~' 계통의 이름이 붙었다는 얘기다. 이렇게 보는 학자들은 경상북도 사투리에서 지금도 '(하늘의) 별'을 '빌'이라고 하듯이 '빌'과 '별'은 근원이 같은 말이라고 해석한다.

이를 받아들인다면 '비리고개' 또는 '별고개'는 사람들이 그곳에서 하늘을 보며 소원을 빌던 곳(빌고개)이어서 생긴 이름이라 해석할 수 있을 것이다. 또는 이 고개에 얽힌 전설과 연결 지어 사람들이 이곳에서 가족이나 연인과 헤어지면서 그가 무사하길 빌던 곳이라고 할 수도 있겠지만 아무래도 앞의 해석이 한결 매끄럽다.

이렇게 사람들이 하늘을 향해 빌던 곳을 말하는 땅 이름 중에 가장 흔하고 유명한 것이 '비로봉'이다.

비로봉은 금강산의 최고봉인 비로봉毗盧峰을 비롯해 지리산, 속리산, 치악산, 묘향산, 오대산 등 전국의 크고 유명한 산마다 있는 봉우리 이름이다. 북한 평안북도 창성군의 '비래봉飛來峯'처럼 간혹 발음이 조금 달라진 변형들도 있다.

옛사람들은 이런 산봉우리에 제단을 쌓아놓고 하늘과 산신에게 제사를 지내거나, 굳이 제단까지 쌓지는 않더라도 이곳에서 간절한 마음으로 소원을 빌었던 것이다. 그래서 '(소원을) 비는 산'이라는 뜻의 '비로봉'이라는 이름이 생겼다.

이는 국토의 70퍼센트가 산지인 우리나라에서 자연스럽게 생긴 산악신앙山岳信仰의 한 형태이다.

산신은 크게는 국가를, 작게는 한 마을이나 가정을 지켜주는 수호신으로 인식되어왔다. 이런 인식이 풍수지리 사상과 결합되면서부터는 고을마다 '진산鎭山'과 '안산案山'이라는 개념까지 생겼다. 그 마을의 뒷산이 진산으로, 마을을 지켜주는 산으로 인식되는 것이다. 서울의 북한산이나 개성의 송악산처럼 마을마다 진산이 있어 해마다 고을의 수령이 그곳에서 제사를 지냈다. 안산은 마을의 앞에 자리 잡은 산으로, 진산의 맞은편에서 마주 보며 보조하는 역할을 맡는다.

그런데 산 중에서도 높고 장엄한 산일수록 그에 대한 사람들의 신앙심은 더욱 컸을 것이다. 이런 곳에 와서 소원을 빌면 훨씬 더 잘 이루어질 것이라 믿었을 터이니 이런 산들에 '비로봉'이라는 이름을 가진 봉우리들이 생긴 것이다.

'비로'는 한자로 '毗盧' 또는 '飛蘆' 등으로 쓰지만 이는 '빌다'라는 우리말의 어간 '빌~'을 나타내기 위해 비슷한 발음의 글자를 끌어온 것일 뿐이다.

이처럼 '빌다'라는 뜻에서 나온 땅 이름 중에는 경기도 부천시 여월동의 '망골'이나 경기도 남양주시와 가평군의 경계에 있는 '축령산祝靈山' 같은 경우도 있다.

이 중 '망골'은 우리말 '빌골'을 한자로 바꾸면서 '빌'을 한자 '望(빌 망, 바랄 망)'으로 바꾼 것이다. 그런데 원래 사람들이 소원을 빌던 곳을 말하는 이름을 '망골'이라 바꿔놓고 보니 '(누가 오는지)

망을 보는 곳'과 같은 모양새가 되어버렸다. 실제로 전국 곳곳에 많은 '망골'이라는 땅 이름에는 대부분 '망을 보던 곳'이라는 얘기가 딸려 있다. 하지만 사실은 망을 보던 곳보다 소원을 빌던 곳이 더 많을 것이다.

한편 축령산은 한자 그대로 해석하면 '신령[靈]에게 비는[祝] 산'이라는 뜻이다.

이는 조선의 태조 이성계가 등장하는 전설로 이어진다.

이성계 장군이 왕에 오르기 전 이곳으로 사냥을 왔는데 하루 종일 돌아다녀도 짐승을 한 마리도 잡지 못했다. 마음이 상해서 돌아가려는데 사냥에 따라왔던 몰이꾼들이 "이 산은 신령스러운 산이기 때문에 산신령에게 먼저 고사를 지내야 한다"고 말했다. 이에 이성계는 다음 날 사냥을 시작하기에 앞서 산 정상에 올라가 제사를 지냈고, 그날은 산돼지를 다섯 마리나 잡을 수 있었다. 이처럼 산신령께 빌고 사냥을 한 산이라 해서 그 뒤로 이 산을 '빌령산' 또는 '축령산'이라 부르게 되었다.

내용은 이러한데, 이 역시 이름을 보고 만들어낸 전형적인 지명 전설일 뿐이다.

이 산의 이름 유래를 제대로 알기 위해서는 이 산이 전설 속에 나오는 '빌령산'뿐 아니라 '비랑산非郎山', '비령산飛靈山', '비룡산飛龍山' 등의 다른 이름도 갖고 있다는 점을 주의해 보아야 한다. 이들 이름은 모두 '빌다'의 '빌'을 나타내기 위해서이거나 앞서 말한 것처럼

'비탈지다'라는 뜻을 나타내기 위해 갖다 쓴 글자에 불과하기 때문이다.

결국 그 뜻은 '소원을 빌던 산'이거나 '비탈진 땅'이라는 것인데, 축령산은 이 중 '빌다' 쪽을 택한 뒤 이를 '祝(빌 축)' 자로 받아서 만든 이름인 것이다.

맨 앞에서 말한 다른 민족을 거부하는 우리의 폐쇄성.

이 문제에 깨우침을 줄 수 있는 이야기 한 편이 사마광의 『자치통감資治通鑑』에 실려 있어 간략히 소개한다. (이 글의 원 이야기는 사마천의 『사기』 '이사 열전'에 한결 긴 분량으로 나온다.)

중국 최초의 통일 왕조를 세운 진시황이 재상宰相이었던 여불위呂不韋를 면직시켜 낙양 땅으로 내려 보내자 대신들이 황제에게 이렇게 건의했다.

"다른 나라에서 진나라에 들어와 벼슬을 하는 사람들은 모두 자기 나라를 위해 유세遊說하는 것입니다. 그들은 우리나라에 도움이 되지 않으니 모두 내쫓아야 합니다."

이에 황제가 이런 사람들을 모두 찾아내 쫓아냈는데, 그중에는 초나라에서 온 사람 이사李斯도 있었다. 그가 떠나면서 황제에게 글을 올려 옛날 진나라의 목공穆公이나 효공孝公 같은 네 명의 왕이 백리해百里奚나 상앙商鞅처럼 외국에서 온 재사才士들을 통해 나라를 부강하게 만들었던 예를 든 뒤 이렇게 말했다.

"황제께서는 무릇 여색女色, 음악, 보물 등에 대해서는 진나라 것이 아니어도 잘 쓰시면서 사람을 쓰는 일은 그렇게 하지 않으십니다. 옳고 그른 것을 묻지 않고, 곧고 굽은 것을 따지지 않은 채 진나라 사람이 아닌 외지인이라는 이유로 쫓아버립니다. 이는 황제께서 여색·음악·보물은 중시하면서 백성은 경시한다는 증거입니다. 제가 듣기로, 태산泰山은 그 어떤 흙도 물리치지 않았기에 그렇게 큰 산이 되었으며, 강과 바다는 그 어떤 가느다란 시냇물도 가리지 않고 받아들여 깊게 될 수 있었다고 합니다. 마찬가지로 왕도王道를 실현한 사람들은 뭇사람들을 물리치지 않았기에 덕을 밝힐 수 있었던 것입니다."

시황제는 이 편지를 보고 바로 이사를 불러들여 다시 원래의 관직에 앉히고, 외지인을 내쫓으라는 명령을 철회했다. 그리고 그들의 지략을 잘 활용한 결과 마침내 몇 년 만에 천하를 손에 넣었다.

길과 물이 갈리다

가야에서 노령까지

가륵/갈~

가라 • 가락 • 낙동강 • 가락동 • 가리봉동 • 가리왕산 • 갈골 • 갈산 • 갈마치
갈미봉 • 갈모봉 • 관모산 • 가리산 • 칡골 • 치실 • 횡성군 • 추령

신라시대를 대표하는 음악가로 옥보고玉寶高와 우륵于勒을 들 수
있다.

옥보고는 거문고, 우륵은 가야금의 대가였다.

우륵은 '가야금伽倻琴'*이라는 이름에서도 알 수 있듯 원래 가야
국 출신으로, 가야국 가실왕嘉實王의 악사樂師였다. 하지만 나라가 점
차 어지러워지자 악기를 들고 신라의 진흥왕에게 귀순했다. 진흥
왕은 그의 뛰어난 음악 실력을 높이 사서 후하게 대접을 했다. 하지

---

* '가야금'은 한자로 된 이름이고, 원래 우리말 이름은 '가얏고(가야+ㅅ+고)'였다. '고'는 고
대에 현악기를 두루 이르던 우리말이었으니, 가얏고는 '가야의 현악기'라는 뜻이다. 거
문고의 '고' 역시 같은 뜻이다.

만 이는 기득권을 갖고 있던 신라 귀족들에게 우륵이 시샘과 경계의 대상이 되는 결과를 가져왔다. 진흥왕은 만덕萬德 대사 등 세 사람을 우륵에게 보내 음악을 전수받게 했고, 이들은 우륵에게서 전수받은 열한 곡을 다섯 곡으로 요약·정리해 진흥왕 앞에서 연주했다. 왕이 이를 듣고 무척 좋아하자 신하들은 "멸망당한 가야국의 음악이니 취할 것이 못 됩니다" 하며 막고 나섰다. 물론 우륵을 견제하기 위한 것이었다. 이에 진흥왕은 "가야왕이 음란하여 자멸自滅한 것이지 음악이 무슨 죄가 있느냐" 하며 이 곡들을 궁궐에서 쓰는 음악[大樂: 대악]으로 삼게 했다.

『삼국사기』에 실려 있는 이 내용을 보면 진흥왕의 현명한 판단 덕분에 가야금이 살아남아 지금까지 전해올 수 있었음을 알 수 있다.

"(왕이 문제지) 음악이 무슨 죄가 있느냐"는 그의 말은 정곡을 찌른 것이다.

예나 지금이나 어떤 법규나 제도 등을 놓고 어느 것이 더 나으니 못하니 하는 말싸움이 그치지 않는다. 이를테면 대통령제가 나은가 내각제가 나은가, 단임제와 중임제 중 어느 쪽이 더 좋은가 하는 식이다. 또 중앙정부든 지방정부든 정권이 바뀔 때마다 온갖 이유를 붙여가며 벌이는 공무원 조직 개편도 마찬가지다. 모두가 번지르르하게 설명을 갖다 붙이지만, 따지고 보면 이들 모두가 결국은 '누가 어떤 마음을 갖고 어떤 자세로 운영해나가느냐'에 따라 낫고 못함이 갈리는 '사람의 문제'일 뿐이다. 딴마음을 먹고 제 잇속에 따라 일을 하는 사람들이 문제지, 법규나 제도 또는 조직 구성 자체가 더 낫거나 못해서 문제가 생기는 경우야 사실 얼마나 되겠는가.

땅을 가로지르면서 양쪽으로 가르다

그 우륵의 나라 '가야'는 옛 문헌에 '伽倻', '伽耶', '加耶' 등의 한자 이름으로 나타난다. 또는 '가라(加羅, 可羅, 迦羅)', '가락(伽落, 駕洛)'이라는 이름으로 나타나기도 한다.

하지만 이들은 모두 당시 우리말로 된 하나의 이름을 표기한 것일 뿐이다.

그때는 우리말을 나타낼 우리의 문자 한글이 없던 시절이었다. 그러니 어쩔 수 없이 그 우리말 이름과 발음이 같거나 비슷한 한자 또는 그 이름의 뜻을 갖고 있는 한자를 이것저것 끌어다 썼다. 그런데 그 '끌어다 쓰기'에 통일된 원칙이 없다 보니 한 이름을 나타내는 데 여러 가지 한자가 사용된 것이다.

당시 그 '우리말로 된 하나의 이름'은 아마도 '가ᄅ'나 이와 비슷한 것이었을 것으로 추정된다.

이 '가ᄅ'가 무슨 뜻인가에 대해서는 학자들마다 해석이 달라서 4~5가지의 해석이 있다.

이 말이 강물을 나타낸 것이라는 해석, 이리저리 갈라져 있다는 뜻이라는 해석, 낙동강 하류에 있던 작은 나라를 뜻한다는 해석, 성城이나 나라[國] 또는 '크다[大]'는 뜻을 가진 말이라는 해석,* 일본

* '가ᄅ'가 성城을 뜻한다는 해석 중에서 이 말이 '구루溝漊'의 발음이 바뀐 것이라는 설명이 있다. 이 구루는 '돌로 쌓은 성'을 뜻하는데, '고구려高句麗'라는 나라 이름의 '구려'가 이 말의 발음이 바뀐 것이라는 해석이 있어 관심을 끈다. 이와 달리 '구려'는 우리말 '골'이나 '고을'을 뜻하는 말이며, '고高'는 높다는 뜻의 우리말 '수리'를 한자로 옮긴 것이라고 보는 해석도 있다. 이에 따르면 고구려는 '수릿골', 곧 '높은 곳', '해가 뜨는 곳(마을)' 정도의 뜻으로 해석된다.('수리'에 대해서는 이 책 「6 조금 더 높은 곳이면」 참고)

말 '구로[玄]'나 '구라[暗]'처럼 '검다'는 뜻으로 어둠에서 아침을 새로 시작하는 때를 가리킨다는 해석 등이 그것이다.

이들은 모두 나름대로의 근거를 가지고 있어서 어느 해석이 절대적으로 옳고 나머지는 틀렸다고 잘라 말할 수는 없다. 다만 여기서는 이 말이 중세어를 거쳐 지금까지 이어져 내려오며 쓰인 내용들로 미뤄 '갈라져 있다'라는 뜻으로 보는 입장에 서기로 한다.

이렇게 본다면 '가ᄅ'는 '갈라져 있다', '나뉘어져 있다'라는 뜻이 된다. 이는 지금도 우리가 쓰고 있는 말 '가르다', '갈라지다', '갈래' 등의 뿌리가 되는 단어다.

가야는 여러 작은 나라가 모여서 구성한 연맹체제聯盟體制였다. 그 작은 나라들이 지금의 낙동강 주변에 이리저리 나뉘어(갈라져) 자리를 잡고 있었기 때문에 이런 이름이 생겼을 것이다.

그런데 한자로 '가라', '가야', '가락'이라고 쓸 때 뒤에 쓰인 글자 '라(羅)', '야(倻, 耶)', '락(洛, 落)'은 일반적으로 우리 옛날 땅 이름에서 '땅'이나 '나라' 등을 뜻하는 데 쓴 글자이다. 이를테면 고대국가 '신라新羅'의 '羅'와 같다.

따라서 이런 내용을 종합해보면 앞에서 말한 '가라'라는 나라 이름은 '가ᄅ+라'가 줄어든 것으로 볼 수 있고, 이는 곧 '갈라져 있는 땅(나라)'이라는 뜻으로 해석된다. '가야'나 '가락'은 이와 같은 뜻을 갖고 있는 '가라'를 다른 한자로 나타낸 것이다.

낙동강洛東江이라는 이름도 '駕洛(가락=가라)의 동쪽에 있는 강'이라는 뜻에서 붙여진 것이라 볼 수 있다. 낙동강을 달리 '낙수洛水' 또는 '낙강洛江'이라고도 불렀다 하는데, 이 모두가 '가락의 강'이란 뜻이다.

이에 대해 이중환은 『택리지』에서 "낙동강의 낙동洛東이란 상주尙州의 동쪽이라는 뜻이며, 상주의 다른 이름은 낙양洛陽이다"라고 밝히고 있다. 초기 삼국시대에 지금의 경상북도 상주시 함창읍 일대에 '고령가야'가 자리 잡고 있었던 것으로 추정되니, 그 동쪽의 강이라는 뜻이 된다.

따지고 보면 '강江'이라는 말도 '가ᄅᆞ'에서 나온 말로 볼 수 있다.

강은 중세국어에서 'ᄀᆞ름'이라는 말로 쓰였다. 이 'ᄀᆞ름'은 'ᄀᆞᄅᆞ'에서 나온 말로 볼 수도 있고, '가ᄅᆞ'에서 나온 말로 볼 수도 있다.

'ᄀᆞᄅᆞ'는 '가로지르다'라고 할 때의 '가로[橫 : 횡]'에 해당하는 옛말이다. 강이란 땅을 흐르면서(가로지르면서) 그 땅을 양쪽으로 나누는(가르는) 형태가 된다. 따라서 'ᄀᆞᄅᆞ'나 '가ᄅᆞ' 중 어느 쪽으로 해석하든 결국은 '가로지른다', '나누어진다', '갈라진다'라는 뜻을 갖기 때문이다.

이 '가ᄅᆞ'와 똑같은 뜻에서 생긴 땅 이름 중에 서울 송파구의 '가락동可樂洞'이 있다.

이 동네의 원래 이름은 '가라골'이었고, 옛날 이 동네에 집이 몇 채씩 여기저기 나뉘어져 있었기에 붙은 이름이라고 한다. 그 우리말 이름 '가라골'의 발음이 '가라골>가락골'로 바뀌고, 그것이 다시 '가락동'이 되었다. 그런데 이름이 일단 '가락'으로 바뀌자 이를 한자로 나타낼 때 기왕이면 좋은 뜻의 글자를 갖다 붙여 지금의 '可樂洞'이 생긴 것이다. '可樂'은 '즐겁다'는 뜻이지만 실제 이 동네의 이름 유래와는 아무 관련이 없이 우리말 '가락'과 발음이 같은 한자를 끌어다 쓴 것에 불과하다.

'가락'이 '가ᄅ'처럼 '갈라지다'라는 뜻을 갖고 있음은 오늘날 '손가락', '발가락', '숟가락', '젓가락', '엿가락', '가락지', '가락국수' 등에 쓰인 '가락'으로도 쉽게 알 수가 있다. 다리 사이(갈라진 곳)를 뜻하는 '가랑이'도 여기서 나온 말이다.

칼처럼 뾰족해서, 목이 말라서?

이 '가라'나 '가락'처럼 '갈라져 있다'는 뜻을 가진 말로 '가리~' 또는 '갈~'도 있다. 땅 이름에서는 이들이 '가라'나 '가락'보다 훨씬 많이 쓰였다.

우리 중세어에서 '(둘로) 가르다'라는 말을 '갈다'라고 했다. 여기서 지금 우리가 쓰는 '칼'이라는 말이 나왔다. '칼'은 중세어 '갈ㅎ'(ㅎ 종성체언)이 바뀐 것이다. 칼을 쓰면 음식이나 물건 등이 갈라지기 때문에 생긴 말이다. (사람을) '가르친다'는 말도 이 '갈다'에서 나온 말로 보는 학자들이 있다. 어느 것이 옳고 어느 것이 그른지 '가를 수 있도록 키운다(치다)'는 뜻이다.*

중세어에서는 또 길이나 물줄기 등이 나누어지는 것을 '가리다 (현대어 '갈리다')'라 했다. 이 '가리다'의 어간이 '가리~'이고, '갈라지다'라는 뜻을 갖는 것이다. 이 말은 지금도 (머리의) '가리마(가르

---

*이와 달리 '가르치다'를 중세어 '글다'에서 나온 말로 보는 학자들도 있다. '글다'는 '땅을 갈다(농사를 짓다)'나 '잘게 부수어 가루로 만든다(맷돌에 갈다)'라는 뜻의 현대어 '갈다'로 이어지는 단어다. 결국 '가르치다'란 '농사를 짓듯 사람을 만들어 키운다'라는 뜻으로 보는 것이니 이 또한 상당한 타당성이 있다.

마)' 등에 남아서 쓰이고 있다. 소갈비나 돼지갈비 같은 단어에 쓰인 '갈비'도 원래는 '가리'라 불리던 것이다. 뼈가 여러 갈래로 갈라져 있어 붙은 말이다. 민족을 뜻하는 우리말 '겨레'가 '갈래'에서 나온 것이라고 보는 학자들도 있다. 하나의 조상에서 이리저리 갈라져 나간 피붙이라는 뜻이다. '가래떡'의 '가래'도 마찬가지다.

이런 뜻의 '가리~'가 쓰인 땅 이름 중에 우선 꼽을 수 있는 것이 서울 구로구의 '가리봉동加里峰洞'이다.

가리봉동은 예전 이 동네의 전체적인 땅 모양이 바짓가랑이가 갈라져 있는 것과 비슷하게 생겨서 붙은 이름이다. '加里'는 한자의 소리만 빌린 것이고, '봉峰'은 이 동네의 양쪽에 조그만 산이 있기 때문에 붙었다.

2018년에 열릴 '평창 동계올림픽'의 스키장 건설 문제를 놓고 환경 훼손 논란이 계속되고 있는 '가리왕산加里王山'도 산줄기가 이리저리 갈라졌다는 뜻에서 생긴 이름이다. 강원도 평창군과 정선군 일대에 걸쳐 있는 이 산에는 "옛날 맥국貊國의 갈왕葛王 또는 가리왕加里王이 이 산에 피난해서 성을 쌓고 살았다고 해서 가리왕산이라 부르게 되었다"는 말이 있지만 이는 별다른 근거가 없는 이야기이다.

이 '가리'가 줄어든 것이 '갈'이다.

땅 이름에서는 산줄기나 물줄기, 또는 길 등이 갈라져 있을 때 이 말이 흔히 쓰였다. 이런 뜻에서의 '갈~'이 들어간 땅 이름은 전국 곳곳에 무척 많이 퍼져 있다.

우선 '갈골'이 있는데, 이는 '골짜기가 이리저리 갈라져 있다'는 뜻에서 붙은 경우가 많다. 경기도 화성시나 강원도 양양군, 경상북도 영덕군 등에 있는 '갈골'이 여기에 해당한다.

이 밖에 '갈말'(강원도 철원군), 갈고개(가루개=갈현동 : 경기도 과천시), 갈미(갈산동 : 경기도 안양시), 갈야산(강원도 삼척시), 갈내(갈천리 : 경상남도 고성군), 갈티고개(충청남도 아산시) 등이 모두 이 부류에 속한다.

그런데 같은 '갈~'이나 '가리~'를 쓴 땅 이름이어도 '갈라지다'가 아닌 다른 뜻에서 온 것으로 해석되는 경우가 적지 않다.

이럴 경우 '갈~'은 삿갓처럼 머리에 쓰는 '간(현대어 '갓')'에서 나온 말로 보는 것이 일반적이다. 이렇게 해석할 때의 '갈'은 '높다/크다'라는 뜻을 갖는다. 지금도 사람의 머리(높은 곳)를 뜻하는 '대가리'라는 말이 있는데, 여기서의 '가리(갈)'가 바로 이에 해당한다.

또는 그 산봉우리의 모양이 삿갓이나 갈모를 닮아 '간뫼', '간산'이라 불리다 갈산이 되었다고 해석하기도 한다. '갈모'는 옛날 비가 올 때 갓 위에 덮어쓰던 고깔 모양의 물건으로, 비에 젖지 않도록 기름종이로 만든 것이다.

이처럼 '갈~'을 '갓'에서 나온 말로 보는 곳으로는 충청남도 공주시 사곡면에 있는 갈미봉葛美峰이나 충청북도 영동군 용화면에 있는 갈모봉葛冒峰을 꼽을 수 있다. 이들 산의 봉우리 모양이 갈모를 닮아서 이런 이름이 붙었다는 것인데, 사실 객관적으로 이를 얼마나 인정해주어야 할지는 판단하기 어렵다.

갈모가 아니라 '관모冠帽'라는 이름을 쓰는 경우도 있다. 관모는 옛날 벼슬아치들이 쓰던 모자를 말하는 것인데, 산꼭대기의 모양이 그것을 닮았다는 것이다. 충청북도 옥천군에 있는 관모봉이나 인천광역시 남동구 장수동에 있는 관모산 등이 이에 해당한다. 하지만 이때의 '관모'는 '갈모(<갓)'와 발음이 비슷해서 쓰인 것일 뿐이며, 그 모양이 실제로 그렇다고 인정하기는 어려울 것 같다.

앞에서 현대어 '칼'이 중세어 '갈ㅎ'에서 나온 것이라 했는데, 이런 면에서 '갈'이 뾰족하다는 뜻으로 쓰이는 경우도 있다. 높고 뾰족한 산봉우리에 '갈~'이라는 말을 붙인 것이다.

이와 관련해 『세종실록 지리지』 '경도한성부' 편을 보면 '갈두(<가을두 : 加乙頭)'라는 땅 이름에 대해 "서소문 밖 12리에 있다. 오똑하고 기이하게 빼어났고, 남쪽으로 큰 강을 임하여 벽처럼 서서 100길이나 되는데, 나무를 휘어잡고 아래를 굽어보면 터럭 끝이 오싹해진다"라고 설명이 되어 있다.

이런 의미에서 '갈'을 쓴 곳으로 전라남도 장흥군에 있는 '갈치葛峙'를 들 수 있다. 이곳 '갈치'는 '葛(칡 갈)' 자를 쓰고 있지만 '칡'과는 전혀 관계없이 "고개의 모습이 칼처럼 생겨서 갈치라 부르게 되었다"고 한다.

한편 '가리~'는 곡식이나 장작을 묶은 더미를 뜻하는 말 '가리'로 해석하는 경우도 많다. 산 모양이 그렇게 생겼다는 것이다. 해발 1,000미터가 넘는 산으로, 강원도 춘천시 동면과 홍천군 두촌면에 걸쳐 있는 '가리산加里山'이 이에 해당한다.

이처럼 다양한 해석 가운데 어느 쪽 해석이 더 타당한가는 결국 그 땅이나 산의 모양이 실제로 어떻게 생겼는가를 보고 판단하는 수밖에 없다.

이와는 또 다르게 '갈~'을 풍수지리와 연결 지어 해석하는 경우도 적지 않다.

땅의 형세가 풍수지리학에서 말하는 '목이 마른 말이 물을 마시는 형세', 곧 '갈마음수형渴馬飮水形'이어서 '갈' 자가 들어갔다고 해석하는 것이다. 경기도 구리시에 있는 '갈매동葛梅洞'이나 대전광역시 서구의 '갈마동葛馬洞' 등이 이에 해당한다. 이 동네에 있는 산의 모습이 갈마음수형이어서 동네 이름이 '갈마' 또는 '갈매'가 되었다는 것인데, 한자는 '渴(목마를 갈)'이 아닌 '葛(칡 갈)' 자를 쓰고 있다.

또는 경기도 광주시에 있는 '갈고개'나 '갈마치渴馬峙'처럼 산이나 고개가 높아서 사람이나 말이 그곳에 오르다 보면 목이 말라지기 때문에, 즉 갈증이 생기기 때문에 '갈' 자가 들어갔다고 설명하는 경우도 있다.

풍수지리학적 해석은 전문 지식이 없어 잘 알 수가 없는 일이지만, 목이 말라지기 때문에 '갈' 자가 들어갔다고 하는 해석은 아무래도 너무 억지스럽다는 인상을 지울 수 없다. 그보다 훨씬 높고 험해서 넘으려면 목이 말라질 만한 고개나 산은 수없이 많기 때문이다.

이 중 '갈마치'라는 이름은 아마도 '갈뫼'가 바뀐 형태일 것이다. 산山을 뜻하는 옛말 '뫼'와 '갈'이 어우러져 '갈뫼'였던 것이 발음이 바뀌어 '갈마'가 되자, 그 원뜻과 관계없이 '葛馬'라는 한자가 붙었고, 이 때문에 산山이라는 뜻이 없어지니 다시 고개를 뜻하는 한자 '치峙'가 덧붙었을 것이다.

'갈라진' 곳에서 '칡'이 많은 땅으로

지금까지 살펴보았듯이 '갈~' 또는 '가리~'가 들어가는 이름들은 주로 '땅이 이리저리 갈라져 있다'거나 '높다' 또는 '곡식 더미 같다'는 뜻에서 붙은 것들이 대부분이다.

어느 쪽으로 보든 그 이름은 순우리말에서 나온 것이다.

그런데 이런 이름들이 한자로 바뀌는 과정에서 원뜻과는 전혀 다른 내용으로 변신을 하게 된다.

가장 흔한 것이 '갈~'을 '葛(칡 갈)' 자로 받은 경우다.

우리말 '갈~'과 발음이 같은 한자 중에 '葛' 자를 갖다 붙이고 나니, 뒤늦게 "이 산에 칡이 많아서 갈산이라 불리게 되었다"는 식의 이야기가 생기곤 한다.

인천광역시 부평구에 있는 갈산동葛山洞, 서울시 은평구 갈현동에 있는 갈고개, 경상북도 청도군 금천면에 있는 갈고개 등에 모두 이런 얘기가 붙어 있다. 하지만 이들 지역에 실제로 칡이 많았는지는 고증되지 않으며, 이름을 보고 나중에 갖다 붙인 이야기일 가능성이 훨씬 크다.

경상북도 의성군에 있는 '갈라산葛羅山'도 "산꼭대기에 두 갈래 길이 있다"는 기록이 남아 있는 것으로 미뤄 '갈라졌다'는 뜻에서 붙은 이름임을 알 수 있는데, 이름에는 '葛' 자를 쓰고 있다. 경상북도 안동시에도 같은 한자 이름을 가진 '갈라산'이 있는데 이 산은 "산에 칡이 많아서 붙은 이름"이라고 한다. 하지만 이 역시 '갈라졌다'는 뜻에서 붙은 이름일 가능성이 크다. 강원도 삼척시에 있는 '갈야산葛夜山'도 '가야산伽倻山'이라는 다른 이름을 갖고 있는 것으로 보아 '칡'과 관계없이 갈라졌다는 뜻의 이름일 것이다.

재미있는 것은 이처럼 우리말 '갈~'을 한자 '葛'로 받아 쓴 이름이 생기자, 이 글자를 보고 다시 우리말 이름으로 '츩~'을 쓴 땅 이름들이 생겼다는 것이다.

이를테면 '츩골', '치실' 같은 곳이 그것이다.

원래는 '갈골'이라는 우리말 이름을 가진 동네였는데, 이것이 한자 이름 '葛골'로 바뀌었다가 다시 우리말 이름으로 바뀌면서 '갈골'이 아닌 '츩골'이 되는 순서다. 이는 순우리말과 한자말이 서로 소리와 뜻을 주고받으면서 여러 가지 땅 이름을 만들어왔음을 보여주는 좋은 사례다. 하지만 이들 이름은 모두 원래의 출발점인 '갈~'의 뜻과는 전혀 다른 뜻을 갖고 있는 것이니 '의미의 와전訛傳'이라 하겠다.

앞에서 '강江'을 뜻하는 중세국어 'ᄀᆞ름'을 설명하면서 이 단어가 'ᄀᆞᄅ'에서 나온 말로 볼 수도 있고, 이는 '가로지르다'라는 뜻의 한자 '橫(가로 횡)'에 해당한다고 했다. 이런 뜻에서의 '橫'을 쓴 땅 이름 중에 강원도의 '횡성군橫成郡'이 있다.

『고려사 지리지』에 보면 횡성군의 당시 이름인 '횡천현橫川縣'에 대해 이렇게 나와 있다.

본래 고구려의 횡천橫川으로 어사매於斯買라고도 한다. 신라 경덕왕 때 이름을 황천潢川으로 고쳐 삭주朔州의 영현領縣으로 삼았다. 고려에 들어 다시 횡천橫川으로 부르면서 소속은 그대로 두었다가 뒤에 원주原州에 소속하게 했다.

여기 나온 '횡천橫川'을 해석하면 '가로지르는 물'이라는 뜻이다.

횡성군의 가운데로 '섬강蟾江'이 비스듬히 흐르며 지역을 갈라놓기 때문에 생긴 이름이다. '어사매於斯買'라는 다른 이름은 우리말 '엇매'를 한자로 표현한 것으로 보인다. '엇'은 지금도 '엇갈리다'라는 말에 쓰이는 것처럼 '빗나가다'라는 의미를 갖는 말이고, '매'는 '미'와 더불어 '물[水]'을 뜻하는 우리 옛말 중 하나이다. 결국 '어사매', 즉 '엇매'는 '빗겨 지나가는 물'이라는 뜻으로 '횡천'과 같은 말이다.

갈재에 전해오는 홍길동 이야기

'갈~'을 '秋(가을 추)'나 '蘆(갈대 로)'로 받은 한자 땅 이름은 '葛'이나 '橫' 계통보다 원래의 의미에서 한층 더 멀리 벗어난 것이다.

대표적인 곳으로 전라북도 정읍시 내장동과 순창군 북흥면의 경계를 이루는 내장산의 '추령秋嶺', 전라남도 장성군의 방장산과 입암산 사이에 있는 '노령蘆嶺'을 꼽을 수 있다.

이 중 추령은 "가을 단풍이 워낙 좋아서 붙은 이름"이라는 설명이 있지만 이는 이름을 보고 갖다 붙인 해석일 뿐이다. 추령이 지금도 '갈재' 또는 그 발음이 조금 바뀐 '가을재'로도 불리고 있는 것을 통해 이를 알 수 있다. 이곳이 두 지역을 나누는 고개(=재)라는 뜻에서 '갈재'라는 이름이 붙었을 것이다. 그리고 그 '갈재'를 '가을재'라고도 부르다가 '추령(가을 고개)'이라는 이름을 만들어내게 되었을 것으로 본다.

한편 노령은 '노령산맥'이라는 이름이 생기게 한 고개로, 원래 우리말 이름은 역시 '갈재'였다. 이 고개를 경계로 전라남도와 전라북도가 나뉘고, 말씨와 풍습도 달라진다고 한다. 이처럼 양쪽을 가르는 고개이기 때문에 '갈재'라는 이름을 갖게 되었을 것이다. 그런데 이 갈재를 한자 이름으로 바꾸면서 '갈~'을 '갈대'로 생각해 '蘆'자를 쓴 것이다.

이곳 노령에는 의적 홍길동에 관한 전설이 전해온다.

그가 지금의 장성군 황룡면 아곡1리 아치실에서 태어났고, 이곳 노령 일대에서 활동을 했다는 얘기다. 이 때문에 장성군청에서는 '홍길동 공원'을 만들어 운영 중이기도 하다.

허균의 소설로 유명한 홍길동은 실존 인물이며, 조선조 연산군 시대에 활동한 도적패의 우두머리였다. 집권층에서 볼 때는 도적이지만 백성들 입장에서는 의적이었을 것이다. 허균이 나중에 이 인물을 모델로 삼아 소설을 쓴 것이다.

그의 이름은 『조선왕조실록』의 『연산군일기』 6년(1500년) 10월 22일자 기사에 처음 등장한다.

영의정 한치형, 좌의정 성준, 우의정 이극균이 아뢰기를 "듣건대 강도 홍길동을 잡았다 하니 기쁨을 견딜 수 없습니다. 백성을 위하여 해독을 제거하는 일이 이보다 큰 것이 없으니, 청컨대 이 시기에 그 무리를 다 잡도록 하소서" 하니 그대로 좇았다.

이 뒤로도 홍길동이라는 이름은 『조선왕조실록』의 '연산군·중종·선조' 조 기사에 10여 차례 등장한다.

이에 따르면 홍길동은 정삼품 이상인 당상관의 차림을 하고 무리와 함께 대낮에 관아에 드나들며 도적질을 했다. 고을 수령들도 그가 진짜 높은 벼슬아치인 줄 알아 어쩌지 못하고 쩔쩔맸다고 한다. 집권층의 입장에서 보면 정권 유지에 심각한 위협이 되는, 엄청난 골칫거리였던 것이다. 그런 홍길동이 마침내 붙잡힌 것인데 실록에 그를 문초했다거나 '홍길동의 옥사獄事'라는 말은 있어도, 맨 나중에 어떻게 처벌되었다는 내용은 나오지 않는다. 세 정승이 입을 모아 "기쁨을 견딜 수 없다"고 했을 만큼 '큰 도적'을 잡았는데 그를 어떻게 처벌했는지 전혀 기록이 남아 있지 않다는 것은 이상한 일이 아닐 수 없다.

폭정暴政의 시대에 그는 집권층에게 '큰 도적'이었던 만큼 백성들에게는 '의적'이고 나아가 '구세주' 같은 존재였을 것이다. 그런 인물인 만큼 그는, 기록에는 없지만, 당시 상황으로 보아 사형을 당했을 가능성이 크다. 하지만 백성들에게 그는 집권자들의 손에 그렇게 허망하게 죽어서는 안 되는 존재였다. 사실이야 어떻든 그는 죽지 않고, 힘 있는 자들이 못된 짓을 할 때면 언제든 다시 나타나 그들을 처단하는 영웅이 되어주어야만 한다는 것이 백성들의 마음이었을 것이다.

소설 속에서 홍길동이 율도국의 왕이 되어 이상향을 만들어가는 것으로 끝을 맺는 것도 민중들의 이런 마음을 헤아린 데서 나온 허균의 설정이었을 것이다.

이 같은 사람들의 마음이 모두 옛일일 뿐, 오늘날에는 더 이상 있을 만한 일이 아니라고 과연 말할 수 있을까.

새롭고 신성한 마을이 생기다

조령에서 삽교까지

새~

새재 • 조치원읍 • 효성동 • 서울 • 신라新羅 • 소부리所夫里
조선朝鮮 • 철원군 • 신촌 • 새터 • 신기촌 • 신대들
간촌 • 샘말 • 소야도蘇爺島 • 신도信島
철령鐵嶺 • 금곡동金谷洞 • 우현령牛峴嶺 • 삽다리 • 삽치

조선왕조가 급격히 무너져 내리던 19세기 말 혼마 규스케本間久介
라는 일본인이 조선의 정세를 정탐하고 돌아가 쓴 『조선잡기朝鮮雜
記』라는 책이 있다. 조선인에 대한 경멸과 비웃음이 가득한 글 154편
으로 이뤄진 책이다. 이 중 '조령鳥嶺' 편에 이런 내용이 나온다.

조령은 충청도와 경상도 경계에 걸쳐 있는 높은 산으로 산길이 좁고,
구부러지고, 수목이 울창하며, 승냥이와 이리가 왕래하는 곳이다. (중
략) (산중에 있는) 정자 가운데 묵으로 쓴 흔적이 넘치는데 모두 여행
객의 원통함을 호소하는 필적이다. 그 내용은 대개 이러하다. '제주목
사 이억길은 도적이다. 매달 백성의 재산을 오천 냥씩 징수하니, 백성

이 어떻게 생활하겠는가', '김해부사 민영유는 하층민을 학대하여 이르지 않는 곳이 없다'.

불행하게도 이 내용은 과장한 것이 아니라 오히려 사실에 훨씬 못 미치는 것이었다. 당시 임금 고종과 그의 부인인 민비의 일족은 무능한 주제에 부패하기까지 했다. 더욱이 그 정도가 말로 표현할 수 없이 심한 수준이었기 때문이다.

경술국치庚戌國恥로 나라를 잃자 "인간 세상에 글 아는 사람 노릇이 어렵기만 하구나" 하는 절명시絶命詩를 남기고 스스로 목숨을 끊은 매천 황현(黃玹, 1855~1910년) 선생이 『매천야록梅泉野錄』에 이에 대한 내용을 많이 남겨두어 볼 때마다 가슴을 치게 만든다.

이때 벼슬을 파는 일이 너무 많아서 갑오경장 이전보다도 훨씬 더했다. 관찰사는 십만이나 이십만 냥이었고, 일등 수령은 아무리 적어도 오만 냥 아래로 내려가지 않았다. 관직에 부임해도 빚을 갚을 길이 없어서 마침내 공금을 끌어다 쓰게 된다. 아전이나 서리들도 그를 본받아 공금을 끌어다가 많은 땅과 재산을 마련하며, 또는 벼슬을 얻을 계획을 꾸미기도 했다. 관리들이 범하는 것은 모두 공금이므로, 국고國庫는 자연히 새어나갔다. 그러나 임금은 국고가 자기 것이 아니므로 신경 쓰지 않았다. 벼슬을 팔아서 만든 돈은 자기 개인 돈이므로 그것이 없어지는 것만 걱정했다.

민영위, 민영규, 민영상 등이 요직을 줄줄이 차지하여 밖으로 방백수

령에 이르기까지 좋은 자리는 모두 민씨가 차지했다. 또 명성후(민비)
는 자신 집안 돌보기에 빠져 성이 민씨라면 가깝고 멀고를 따지지 않
고 한결같이 보았다. 몇 년 사이에 먼 시골까지 미쳐서, 무릇 민씨 성
을 가진 자들은 의기양양하게 일어서서 사람들을 물어뜯을 기세였다.

명성후가 명산名山 사찰에 두루 기도를 드렸는데 세자의 복을 빌기 위
함이었다. 금강산은 세상에서 일만이천봉이라 하는데, 봉우리마다 바
치는 제물이 만 꿰미에 이르렀다.

성택聖澤과 억길億吉은 모두 가마 메는 일로 업業을 삼고 있었는데 임오
년(1882년 '임오군란'을 말함)에 중궁(민비)이 충주로 피신할 때 이 두
사람이 가마꾼으로 공로가 있었다. 중궁이 궁궐로 돌아온 다음 두 사
람에게 벼슬자리를 주어 성택은 전라병사에 이르렀고, 억길은 낙안군
수에까지 이르렀다. 벼슬을 남용함이 이 정도에 이르렀던 것이다. 그
밖에 연줄을 타고 틈을 뚫어 벼슬을 얻은 자가 헤아릴 수 없이 많았다.

임금과 왕비부터 말단 관리들까지 이렇게 썩고 엉망인 정권이
망하지 않았다면 오히려 이상한 일이었을 것이다. 오죽하면 황현
선생이 맹자孟子의 글을 빌려 이렇게 써놓았겠는가.

옛말에도 '나라는 반드시 제 손으로 망하게 된 뒤에라야 남이 망하게
한다' 했는데……. 아! 슬프다.

혼마 규스케에게 조선의 치부恥部를 또 한 번 여실히 보여주었던 조령鳥嶺은 경상북도 문경군과 충청북도 괴산군 경계에 있는 고개다. 예로부터 경상남·북도 지역을 '영남嶺南'지방이라 부르는데 이 말에서의 '영嶺'이 바로 조령을 말하는 것이니, 영남지방이란 조령 남쪽 지역이라는 뜻이다.

임진왜란이 터지고 영남 지역에 상륙한 왜군이 한양을 향해 파죽지세로 밀고 올라올 때 이곳은 왜군의 진격을 막아낼 수 있는 가장 좋은 장소로 꼽혔다. 고갯길이 좁고, 그 양쪽 높은 곳에 군사들을 배치할 수가 있어서 매복 공격 등의 전술로 손쉽게 적을 무너뜨릴 수 있는 지형이기 때문이다. 하지만 당시 조선군을 이끌던 삼도 순변사三道巡邊使 신립申砬 장군은 이를 무시하고, 인근 탄금대 벌판에서 기마 전술騎馬戰術로 왜군과 싸우는 길을 택했다. 이 잘못된 작전 때문에 조선군은 대패했고, 신립 장군 자신도 자결로써 삶을 마감했으니 이제 생각해도 무척 안타까운 또 다른 사연이 이곳에 얽혀 있다 하겠다.

풀, 동쪽, 그리고 새롭다

이곳 조령은 '조령'보다 '새재'라는 이름으로 더 많이 불리는 듯하고, 그것도 대개 '문경새재'라 불리곤 한다.

그런데 그 한자 이름에 '鳥(새 조)' 자가 들어 있다 보니 '조령'이라는 이름에 대해 흔히 "새도 넘기 힘들 만큼 높은 고개여서 새재 또는 조령이라 부르게 되었다"라고 해석한다.

하지만 새재는 그 높이가 해발 642미터여서 새도 넘기 힘들 만큼 높은 고개라 부르는 데는 다소 무리가 있다.

우리말 땅 이름에서 '새~'는 무척 다양하게 해석된다.

어떤 땅들의 사이(새), 새로운 곳, 풀[草], 새[鳥], 동쪽, 해(태양), 쇠[金] 등 상황에 따라 여러 가지 의미를 갖기 때문이다. 이 중 어느 것이 가장 타당한가는 그 땅의 지형이나 상태, 역사, 옛 자료에 나와 있는 내용 등을 두루 따져보고 결론 내리는 수밖에 없다.

그렇다면 조령은 어떻게 해석하는 것이 가장 타당할까.

이에 필요한 결정적인 근거를 『세종실록 지리지』나 『신증동국여지승람』에서 찾을 수 있다. 이곳 조령에 대해 『세종실록 지리지』는 '문경현 초점草岾'이라 표현했고, 『신증동국여지승람』도 "세상에서 '초점草岾'이라 부른다"라고 밝혀놓은 것이다.

'草'는 풀을 말한다.

'岾'은 땅이나 사람의 이름에 쓰일 때는 '점'으로 읽지만 고개라는 뜻일 때는 '재'로 읽는다. '草岾'은 이름이면서 고개이기도 하니 '초점'이나 '초재' 중 어느 쪽으로 읽어도 될 것이다.

이를 볼 때 조령, 즉 새재는 '풀이 많은 고개'라는 뜻에서 생긴 이름일 가능성이 가장 크다고 하겠다. '새'는 벼 종류에 속하는 여러해살이풀이다. 때로는 '억새'처럼 볏과에 속하는 모든 풀을 뭉뚱그려 '새'라 부르기도 한다. 이렇게 '풀이 많은 고개'라는 뜻에서 '새재'라 불리던 곳에 한자 이름을 붙이면서 '새(풀)'를 하늘을 나는 짐승 새로 잘못 이해하는 바람에 '조령鳥嶺'이라는 이름이 생긴 것이다.

'조령'처럼 원래 우리말 이름은 '새(풀)'라는 뜻이었는데 한자로 이름이 바뀌면서 전혀 다른 뜻을 갖게 된 예는 세종특별자치시의 조치원읍鳥致院邑이나 인천광역시 계양구 효성동曉星洞에서도 찾을 수 있다.

충청남도 연기군에 속해 있다가 2012년 세종특별자치시로 들어온 '조치원'은 그 이름 유래에 대해 세 가지의 설說이 있다.

첫째는 통일신라시대의 대학자였던 고운 최치원 선생과 연관 짓는 것이다.

이에 따르면 그가 만년에 이곳에서 잠시 농사를 지으며 산 적이 있어서(또는 그가 이곳에 와서 농사를 장려하고 시장을 열었기 때문이라는 얘기도 있다) 동네 이름을 '최치원'이라 불렀다고 한다. 그러다가 고려시대 이후 이곳에 나라에서 운영하는 여관인 '원院'이 생기자 고운 선생의 이름을 함부로 부르지 않기 위해 '崔'를 '鳥'로 바꾸고, '遠'을 '院'으로 바꿔 조치원이라는 이름이 생겼다는 얘기다.

하지만 이는 전혀 확인되지 않는 내용일 뿐 아니라 그냥 들어도 너무 억지스럽다는 느낌이 드는 얘기여서 받아들일 수가 없다. 단지 '조치원'과 '최치원'의 발음이 비슷하다 보니 갖다 붙인 얘기일 것이다.

둘째는 조치원이 이곳에 흐르는 개천 '조천鳥川' 때문에 생긴 이름이라는 것이다.

1905년 경부선 철도가 개통될 당시 일본인들이 이곳 조천의 이름을 따서 역 이름을 '조천원'이라고 붙였다가 그 발음이 조선인을 가리키는 일본말 발음과 비슷하다고 해서 다시 '조치원'으로 바꿨다는 얘기다. '조치원'이라는 이름이 생긴 시기가 실제로 그 무렵이니 이 설명은 상당한 타당성이 있다고 하겠다. 그런데 그 기원이 된

'조천'은 우리말 '새내'를 한자로 바꾼 것이다. 이곳 물가에 갈대와 같은 풀이 많아 '새내'라 불렀던 것이다. 그런데 이를 한자로 바꿀 때 '새 조鳥' 자를 써서 '鳥川'이 된 것이니 앞의 '조령鳥嶺'과 같은 경우다.

이와 달리 조치원이 남쪽의 언덕지대에서 북쪽의 차령산맥으로 넘어가는 사이에 있어 '샛재(사잇재)'라 불리다가 '새(샛)'를 한자 '鳥'로 바꾸어 조치원이 되었다는 설명도 있다.

한편 인천의 효성동은 구한말 부평군 마장면에 속해 '새벌' 또는 '새벌리'라 불리던 곳이다.

여기서 '새'는 역시 '풀'을 말하고, '벌'은 벌판이라는 뜻이다.

이곳은 예로부터 물이 적어 농사를 짓기 힘든 땅이라 나라에서 목장을 만들고 말을 기른 곳이다. 그래서 동네 전체가 '마장馬場뜰'이라 불렸으니, 말의 먹잇감인 풀이 많아 '새벌'이라 했음을 쉽게 받아들일 수 있다.

그런데 '새벌' 또는 '새벌리'라 하던 것이 세월이 지나면서 발음이 조금 바뀌어 '새별이'나 '새별리'라고도 불리게 되었다. 1914년 일제가 전국의 행정구역을 개편할 때 이 새별리를 하늘에 빛나는 '샛별'로 잘못 알고 한자로 붙인 이름이 '효성리'이다. '효성'은 금성金星을 말하고, 이 금성이 새벽에 동쪽 하늘에서 반짝이는 것을 '샛별'이라 하기 때문이다. 이 1914년의 행정구역 개편 때 전국적으로 '새벌리→효성리'와 같은 식의 지극히 잘못된 땅 이름 변경이 무척 많았다. 이는 일제가 우리말 내용을 잘 몰라서 생긴 일일 수도 있지만, 일부러 완전히 잘못된 행정구역 이름을 새로 갖다 붙임으로써 지역 주민들의 정체성을 뒤흔들어놓는 식민 통치의 전형적 수법이기도 했다.

'샛별(새+ㅅ+별)'이라는 말에서도 알 수 있듯 '새~'는 동쪽을 뜻하기도 한다.

그래서 동풍東風, 즉 동쪽에서 부는 바람을 순우리말로 '샛바람'이라 한다.

동쪽은 해가 뜨는 곳, 즉 새로운 하루를 여는 곳이기 때문에 '새롭다'거나 '처음'이라는 뜻도 갖는다. '새'가 아예 '해[太陽]'를 뜻하기도 함은 현대어 '닷새, 엿새' 할 때의 '새'가 '해(날짜)가 바뀌는 하루'를 뜻한다는 점에서도 알 수가 있다. 아침이 밝아올 때 "동이 튼다"는 말을 쓰는데, 이때의 '동'도 동쪽을 말하는 것이다. "동이 튼다"는 말은 곧 "새로 해가 뜨면서 동쪽이 환하게 트인다"는 뜻이다. 같은 의미에서 '새벽'이라는 단어도 '새롭게 밝아온다'는 뜻의 '새붉'이 변한 말로 추정된다.

이런 의미에서의 '새~'를 쓴 땅 이름 중에 우선 꼽을 수 있는 것이 '서울'이다.

서울은 잘 알려져 있는 것처럼 삼국시대 신라의 수도였던 경주의 옛 이름 '서라벌徐羅伐' 또는 '서벌徐伐'에서 나온 말이다. 15세기 문헌에 서울을 뜻하는 단어로 '셔블(ㅸ+·+리을)'이 나오니, 서라벌이나 서벌(실제로는 '싀벌')이 '셔블(ㅸ+·+리을)'을 거쳐 서울이 된 것이다. 이에 맞춰 그 뜻도 처음에는 경주(서라벌)라는 한 도시를 가리키던 것이 차츰 한 나라의 수도를 말하는 쪽으로 확대되었다.

서울의 원이름인 서라벌 또는 서벌이란 '새벌', 곧 '새로운 마을

316

(벌판)'이라는 뜻이다.

서벌, 서울의 '서'를 '수리'의 변형으로 보아 '높다, 고귀하다'라는 뜻으로 해석하는 학자들도 있으나 아직은 '새롭다'라는 뜻이라는 게 정설이다.*('수리'에 대해서는 이 책「6 조금 더 높은 곳이면」참고)

'신라新羅'라는 나라 이름도 '새벌'이라는 뜻을 한자로 바꾼 것이니, 서라벌이나 서벌 등으로 불리던 도시(경주)의 이름이 나라 이름이 된 것이다.

'신라'라는 이름이 생기게 된 것에 대해서는『삼국사기』「신라본기」'지증마립간智證麻立干 재위 4년(서기 503년)' 기록에 이렇게 나온다.

(4년 겨울 10월) 여러 신하가 아뢰기를 "시조께서 창업한 이래 국명國名을 정하지 못하고 사라斯羅, 혹은 사로斯盧, 혹은 신라新羅라 하였는데 신臣들은 신新은 덕업德業을 일신日新한다는 뜻이요, 라羅는 사방四方을 망라網羅한다는 뜻이 있는 것이니 그로써 국호를 정하는 것이 마땅한 줄로 생각됩니다. 또 예로부터 국가를 지닌 분은 모두 제왕帝王이라 칭하였는데 우리 시조께서 나라를 세워 22대代에 이르도록 다만 방언方言만 칭하고 존호尊號를 바로잡지 못했으니 지금 여러 신하의 뜻에 따라 삼가

*국어학자 김영만 교수는『지명산고』에서 서라벌이나 서벌의 '서'가 '새롭다', '동쪽', '처음' 등의 추상적이고, 고차원적인 뜻을 나타내는 것으로 보기에는 무리가 있다는 의견을 보이고 있다. 땅 이름이 생기는 과정을 따져볼 때 이보다는 땅의 위치나 상태 등을 나타내는 훨씬 단순한 뜻이었을 것이라는 얘기다. 상당히 타당성이 있는 주장이다. 하지만 그 뜻이 무엇이었을지는 알 수 없다 했고, 아마도 한 작은 부락의 이름이 발전한 것이리라는 입장을 보였다.(『지명학 1』, 한국지명학회, 1998년, 131~134쪽)

신라국왕新羅國王이라는 존호를 올리시옵소서” 하니 왕이 응낙하였다.

이를 보면 ‘신라’라는 나라 이름이 확정되기 전까지는 사라, 사로, 신라 등의 이름이 섞여 사용되었음을 알 수 있다. 그리고 이 중 ‘신라’가 최종적으로 선택된 것이다. 그런데 여기서 사라斯羅, 사로斯盧, 신라新羅는 모두 우리말을 적당한 한자로 바꿔 쓴 ‘한자 차용 표현’이다. 그리고 그 우리말이란 앞서 나온 ‘서라벌徐羅伐’이나 ‘서벌徐伐’처럼 ‘새벌’을 가리킨다. 이렇게 ‘새롭다’는 뜻의 ‘새’를 ‘新(새 신)’ 자로 쓰고, ‘땅’이나 ‘고을’이라는 뜻의 ‘벌’을 ‘羅(벌일 라)’ 자로 받아 쓴 이름이 ‘신라’인 것이다.

따라서 ‘신라’는 원래 ‘새벌’이라는 뜻의 우리말을 한자어로 바꿔 쓴 것이었는데, 지증왕 때의 신하들이 이 이름에 ‘德業日新 網羅四方(어진 정치가 날마다 새롭고, 사방에 미친다)’이라는 뜻을 새롭게 더해 만든 나라 이름임을 알 수가 있다.

이는 백제의 수도였던 충청남도 부여夫餘의 옛 이름 ‘소부리所夫里’도 마찬가지다.

소부리는 ‘소+부리’로, 이 역시 ‘새+벌’을 한자로 표현한 것이라 분석되기 때문이다. 여기서 ‘벌’이나 ‘부리’는 원래 벌판이라는 뜻이지만 시간이 가면서 사람들이 모여 사는 마을이나 촌락이라는

---

*단재 신채호 선생은 ‘벌’이 원래 ‘불[火]’에서 시작해 벌판이라는 뜻을 갖게 되었다고 해석한다. 인류가 농업을 할 때 처음에는 대개 불로 산이나 들을 태워서 개간한 다음에 경작지를 만들기 때문에 ‘불’과 ‘벌’이 같은 뜻을 갖게 되었다는 것이다. 또 나라 이름인 부여夫餘나 땅 이름에 많이 쓰인 ‘부리夫里’라는 말도 모두 ‘불’이라는 뜻으로 보았다.(『조선상고사』, 신채호, 박기봉 옮김, 비봉출판사, 2013년, 90~91쪽)

뜻으로 더 많이 쓰이게 된다.* 이 '소부리'는 '사비泗沘'라고도 했으니, 백제가 신라와 당나라의 연합군에 의해 멸망할 당시 수도였던 사비성泗沘城이 바로 그곳이다. 결국 '사비'란 '소부리', 즉 '새벌'이라는 뜻이다.

한편 지난 2007년에는 한 서지학자가 조선 영조 임금 때 편찬된 『증보문헌비고』라는 책자에서 서울을 '徐菀'이라는 한자로 나타낸 사실을 찾아내 뉴스거리가 되었던 일이 있다. 이에 따라 지금도 중국인들이 우리나라 서울을 나타낼 때 쓰는 한자 표기 '首爾(수이 : 중국 발음 '쇼우얼')' 대신에 이 글자를 써야 한다는 제안이 나오기도 했다. 하지만 '서울'은 '새벌'에서 나온 순우리말이다. 따라서 이를 '徐菀'로 쓰든, 이전처럼 '徐羅伐(서라벌)'이나 '徐伐(서벌)'로 쓰든 한자 자체는 아무 의미도 없는 것이다. 그런 만큼 우리는 그냥 우리 이름 '서울'로 쓰면 그뿐이며, 중국식 한자 표기는 중국 정부와 논의해 그들이 편하고 알기 쉽게 쓸 수 있는 단어로 정하면 될 것이다.

예로부터 우리나라를 나타내왔던 '조선朝鮮'이라는 말을 이와 연관 지어 해석하는 학자들도 있다.

'조선'이란 우리말 '붉샌'을 한자의 뜻을 빌려 나타낸 것인데, 이는 '붉[明]+새[東]+ㄴ(관형형 어미)'이라는 해석이다. 이에 따른다면 조선은 '동쪽의 밝은 나라' 정도의 뜻이 된다.**('붉'에 대해서는 이 책 「8 밝은 빛을 숭배하다」 참고)

** '조선'의 뜻에 대해서는 이 밖에도 '아침을 시작하는 곳', '아침이 빛나는 나라' 또는 '차지한 땅'이라는 뜻의 만주어에서 비롯된 말로서 우리 민족이 예전에 차지하고 있던 중국의 만주 땅을 이르는 단어'라는 등의 여러 해석이 있다.

서울과는 전혀 다른 글자를 쓰고 있지만 지금의 강원도 철원군鐵原郡도 사실은 '새벌'에서 생긴 이름으로 본다.

철원군은 고구려가 '철원군鐵圓郡'이라 불렀던 곳이고, 후삼국시대에 궁예가 세운 태봉국의 수도였다. 그리고 '철원'이라 불리기 전 순우리말 이름은 '새벌'로, 역시 '새로운 마을'이라는 뜻이었던 것으로 추정한다. 그런데 이 우리말 이름을 한자로 바꿀 때 '새~'를 '쇠[鐵 : 쇠 철]'로 받아들여 '철원(鐵圓, 鐵原)'이라는 이름이 생긴 것이다.*

이처럼 '새~'가 '새롭다'는 뜻으로 흔하게 쓰인 땅 이름이 '새벌' 또는 '새말(새마을)'이다. 그리고 이를 한자로 바꾼 이름 중에서 가장 흔한 것은 '신촌新村'이다.

신촌이라는 이름을 가진 곳은 서울의 신촌을 비롯해 전국에 숱하게 많다. 옛날부터 어떤 마을 근처에 새로 마을이 생기는 것은 끝없이 계속되어온 일이니 당연한 결과다.

그런데 한 가지 눈여겨보아야 할 것은 새벌 또는 새말이 '새[新]+마을[村]', 즉 신촌이라는 한자 이름으로 바뀐 경우에는 단순히 '새로 생긴 마을'이라는 뜻만 갖는다는 점이다. 반면 먼저 말한 '서벌'이나 '소부리' 등의 경우에는 '새로 생긴 마을'이라는 뜻 외에 한 나라의 수도로서 '신성하다'는 뜻도 아울러 가져 '신촌'과는 차이를

---

*철원의 '쇠[鐵]'를 산山이나 '높은 곳' 등을 뜻하는 우리말 '수리'의 변형으로 보는 견해도 있다.(『한국 고대 국명지명의 어원 연구』, 이병선, 이회문화사, 2012년, 31쪽) 하지만 철원은 산지뿐 아니라 평야도 많이 발달한 지역이고, 이곳을 도읍의 중심으로 삼았다는 점에서 '수리'보다는 '새~'로 해석하는 것이 더 타당하다고 본다.

보인다.

때로는 새벌이나 새말 대신 '새로 터를 잡은 마을'이라 해서 '새터'나 '새터말'이라 불리는 경우도 있다. 이것이 한자로 바뀌면 서울 마포구나 인천광역시 남구에 있는 것과 같은 '신기촌新基村', 또는 충청북도 청주시의 '신대新垈들'과 같은 이름이 된다.

두 지역 사이에 있는 땅

'새~'가 '두 지역의 사이'라는 뜻으로 쓰인 땅 이름들은 '새말'로 불리다 대부분 한자 지명인 '간촌間村'으로 바뀌었다. 이 이름은 서울 노원구 상계동과 동대문구 전농동, 경기도 안양시 동안구 관양동, 강원도 강릉시 성산면 등 우리나라 곳곳에 퍼져 있다.

이 '새말'은 종종 '샘말'로 발음되기도 한다. 그래서 원래는 '사이 마을'이라는 뜻의 '샘말'인데 이를 '샘[泉]이 있는 마을'이라 잘못 해석하는 경우도 생긴다.

'새~'가 '사이'라는 뜻을 갖는 땅 이름 중에서 아주 특이하게 바뀐 경우는 인천 앞바다에 있는 옹진군 소야도蘇爺島와 신도信島에서 찾을 수 있다.

소야도蘇爺島는 『삼국사기』에 '史冶島(사야도)'라는 이름으로 보이기 시작해 『고려사』에는 '沙也串島(사야곶도)'라는 이름으로 나오고, 「대동여지도」에는 '士也島(사야도)'라는 이름으로 나와 있다. 『세종실록 지리지』 '남양도호부南陽都護府' 조에는 "새곶이(사야곶), 나라에서 말을 놓아먹인다士也串 國馬入放"라는 내용이 나온다.

이들 자료를 종합해보면 소야도는 순우리말 이름이 '새곶이'였고, 이를 한자로 나타낸 것이 '사야도' 또는 '사야곶도'였음을 알 수 있다.

여기서 '새곶이'는 '사이(새)+곶'으로, '사야도'는 '사이섬'으로 해석된다.

인천항에서 서남쪽 바다로 계속 나가면 무의도에 이어 자월도가 나오고 자월도를 지나면 덕적도가 나오는데, 덕적도와 이작도 사이에 소야도가 있다. 그렇게 두 개의 섬 사이에 끼어 있기 때문에 '사이섬'이라고 불러왔는데, '사이'의 발음이 조금 바뀌어 '사야'가 되었고, 이를 한자의 발음만 빌려 붙인 이름이 사야도史冶島라 볼 수 있다. 이렇게 본다면 '사야'는 우리말 '사이'를 나타내는 것이기 때문에 이를 적는 한자는 발음만 같으면 되고 뜻은 관계가 없어 '史冶島'뿐 아니라 '土也島'라는 이름도 생길 수 있었다. 그런데 이 말의 발음이 점차 다시 바뀌어 오늘날 소야도라는 이름이 생기게 된 것이다.

『세종실록 지리지』에 나오는 '새곶이'는 '사이곶'이 줄어든 말로 볼 수 있다. 이 섬의 남쪽이 바다로 삐죽이 뻗어 나온 '곶串'의 모양이고, 덕적도와 이작도 사이에 끼어 있으니 '사이곶(새곶이)'이라 불린 것이다.

'신도'는 『세종실록 지리지』에 "신도와 거도(居島 : 시도)는 강화도호부江華都護府에 속해 있다"는 기록이 나오는 것으로 보아 이미 조선 초기부터 이 이름을 갖고 있었음을 알 수 있다.

그 이름에 '信(믿을 신)' 자가 들어 있다 보니 "섬 주민들이 착하고 신의信義가 있어 붙은 이름"이라는 해석을 하곤 한다. 고려시대에 삼별초가 이 섬을 근거지로 삼아 지낸 적이 있는데 그때부터 섬사람들이 신의가 있다고 해서 '신도'라 불렀다는 것이다. 하지만 이는 별로 설득력이 없는 얘기다. 주변에 비슷한 여건의 섬이 숱하게 많고, 그곳마다 주민들이 비슷한 방식으로 살아왔는데 이 섬의 주민들만이 유독 착하고 신의가 있어 신도라는 이름이 생겼다고 보기는 어렵기 때문이다. 삼별초가 이곳을 근거지로 삼았다는 얘기도 뒷받침할 자료가 없어 믿을 수 없는 얘기다.

우리말 땅 이름이 한자 이름으로 바뀌는 일반적 과정을 생각해볼 때 이 섬의 원래 우리말 이름은 '새섬'이었을 가능성이 크다. 이를 뒷받침해줄 자료가 없어 추측에 불과하지만, 이 섬이 영종도와 장봉도라는 큰 섬 사이에 끼어 있는 만큼 '사이섬'이라 했던 것이 줄어들어 '새섬'이 되었으리라 보는 것이다. 그런데 이 새섬의 '새'를 한자로 바꿀 때 뜻으로 받아 '新(새 신)' 자를 쓴 '신도新島'라 했고, 이것이 어느 때부터인가 조금 더 좋은 뜻을 가진 '信島'로 바뀌었다고 본다. 인천광역시 강화도江華島의 '華(영화 화)'가 '花(꽃 화)' 대신 쓰였듯이, 우리 땅 이름에서 한자를 쓸 때 당초의 뜻과는 달리 좀 더 좋은 뜻을 가진 한자를 붙여서 이름을 바꾸는 일은 흔한 일이기에 이렇게 추정해볼 수가 있다.

한편 조선왕조가 태어나는 데 큰 관련이 있었던 '철령鐵嶺'도 '사이에 있는 고개'라는 뜻의 우리말 '새재'가 한자로 바뀐 것일 가능성이 적지 않다.

철령은 조선시대에 강원도와 함경도의 경계에 있었고, 북한의 행정구역 개편에 따라 지금은 북한 땅 강원도에 속해 있다. 고려 우왕 재위 14년째 되던 1388년, 새로운 국가로 세력을 떨치기 시작한 중국의 명나라가 "철령 이북以北은 원래 원나라 땅이니 (자신들의) 요동遼東 관할에 두겠다"고 통보해온다. 고려 조정은 이에 반발해 명나라를 치는 '요동 정벌'을 계획했고, 이에 반대한 이성계 장군이 '위화도회군'을 일으켜 조선이 태어난 것이다. 이처럼 우리나라 역사에서 중요한 의미를 갖고 있는 철령은 이후 광해군 때 인목대비 폐위에 반대하다가 함경도 북청으로 유배된 백사 이항복(李恒福, 1556~1618년) 선생이 귀양길에 이곳을 지나면서 지은 이 시조 때문에도 널리 알려져 있다.

철령 높은 봉에 쉬어 넘는 저 구름아
고신원루孤臣寃淚를 비 삼아 띄워다가
임 계신 구중심처九重深處에 뿌려본들 어떠리.

철령은 이처럼 고려시대부터 이미 쓰이고 있던 이름이지만 그 이름 유래를 설명해주는 자료는 찾기 어렵다. 다만 『신증동국여지승람』에 보면 철령에 대해 설명하는 글 가운데 남곤南袞이 절도사 이장곤李長坤을 보내는 부賦에 쓴 내용을 인용하던 중에 "새[鳥]나 넘는 이 길을 찾아 뚫었단 말인가" 하는 대목이 나온다. 이대로라면 철령의 원래 이름으로 추정되는 '새재'의 '새'를 하늘을 날아다니는 새로 해석해야 할 것이다. 철령의 높이는 685미터로 앞서 나온 '조령鳥嶺'과 별 차이가 없다. 다만 여기서는 "(새도 넘기 힘든 고개가 아니라) 새나 넘는 고개"라고 한 점이 다른데, 이 때문에 '새재'

라는 이름이 생겼다고 보아야 할지 판단하기 어렵다.

따라서 이보다는 철령의 지리적 위치를 따져 해석하는 것이 더 타당할 것으로 보인다.

이곳 철령을 경계로 북쪽은 관북지방, 동쪽은 관동지방이라고 부른다. 또한 이곳은 1914년 경원선이 개통되기 전까지 관북지방에서 중부지방을 거쳐 서울로 이어지는 중요한 교통로 역할을 했다. 이 같은 점들을 따져보면 철령은 관북과 관동 양쪽 지방의 경계가 되고, 관북과 중부지방을 이어주기도 한다는 점에서 '새재(<사잇재)'라고 불렸을 가능성이 크다. 그런데 이 이름이 한자로 바뀌는 과정에서 앞에서 본 철원鐵原처럼 '새'를 '鐵' 자로 받아 '철령'이 되었다고 보는 것이다. 이 경우에는 철원과 똑같이 우리말 '새'를 발음이 비슷한 '쇠'로 받기는 했지만 '사이'라는 뜻이어서 '새롭다'는 뜻으로 쓴 철원과는 차이를 보인다.

이와 비슷한 경우로 인천광역시 동구의 금곡동金谷洞도 있다.

금곡동은 구한말에 '쇠골/쇳골' 또는 '샛골'이라 불렸던 동네다. 이에 대해서는 여러 가지 해석이 있지만 동네가 송림산(수도국산)과 쇠뿔고개(우각현) 사이에 있어서 '사이골/샛골'이라 불렸고, 그 발음이 바뀌어 '쇠골/쇳골'이라고도 했다는 해석이 가장 타당해 보인다. 그런데 이 이름을 한자로 바꿀 때 '새(사이)'를 '쇠'로 받아 '金(쇠금)'을 쓰고 '골'은 '谷(골 곡)'을 써서 금곡동이라는 이름이 생긴 것이다.

이런 식으로 땅 이름이 생긴 경우는 북한의 평안북도 향산군이나 운산군에 있는 '우현령牛峴嶺'에서도 찾을 수 있다. 이 이름을 그대로 해석하면 쇠고개인데, 옛날 이 근방 사람들이 소[쇠 : 牛]를 사러 이 고개를 많이 넘어 다녔기 때문에 생긴 이름이라고 해석한다. 하지만 이는 이름을 보고 지어낸 얘기일 것이고, 사실은 '사이 고개'가 '새고개>쇠고개'로 발음이 바뀐 뒤 이를 한자로 바꾼 이름이 '牛峴'이라 보는 것이 한결 타당하다. 지도를 보면 향산군의 우현령은 묘향산 줄기로서, 가마봉과 늘떼기산 사이에 있다. 또 운산군의 우현령은 적유령과 그 주변 산줄기가 만나는 중간 지역이기 때문이다.

'삽다리'가 다리 이름이라고?

(어떤 땅의) 사이에 있는 곳을 뜻하는 땅 이름으로 '새~'와는 조금 다르게 '삿/삽~'을 쓰는 경우도 적지 않다.

'삿'은 '사이'를 뜻하는 순우리말로, '삿'에 접미사 '~이'가 붙어 '사시>사싀>사이>새'로 바뀐 것이다. 그리고 '삽'은 이 '삿'의 발음이 바뀐 형태다. 둘 다 결국은 '사이'라는 뜻이니, '새~'와 다를 바가 없다.

이 '삿~'이 쓰인 일반 단어로는 우선 두 다리 사이를 뜻하는 '사타구니'를 들 수 있다.

'사타구니'는 '사타귀'에서 나온 말이고, '사타귀'는 '삿/샅+아귀'의 형태이다. '~아귀'는 지금도 '손아귀'라는 말에 쓰이는 것처럼 '갈라진 곳'을 뜻한다. 결국 사타구니는 '(다리) 사이의 갈라진 곳'이라는 뜻이다. 이와 같은 뜻을 갖는 말이 소고기의 한 부위를 말하는 '(아롱)사태'이다. 이는 소의 오금에 붙은 고기를 말한다.

오금도 갈라진 곳(삿/샅)이니, 거기에 붙은 고기라는 뜻이다. 씨름을 할 때 다리 사이에 걸어 손잡이로 쓰는 '샅바'의 '샅'도 마찬가지다. '바'는 '발을 친다'고 할 때의 '발'에서 'ㄹ'이 떨어진 형태로, 줄이나 끈을 뜻하는 말이다. 따라서 '샅바'는 '다리 사이에 거는 줄'이라는 뜻이 된다.

'샅샅이 살핀다' 할 때의 '샅샅이'도 여기서 나온 말로, 다리 사이처럼 구석진 곳을 여러 차례 살펴볼 만큼 빠짐없이 한다는 뜻을 갖고 있다.

'새끼'라는 말도 '삿기'에서 발음이 변한 말이다. '삿기'는 '삿'에 접미사 '~기'가 붙은 것이니, '어미의 삿(다리 사이)에서 나온 것'이라는 뜻을 갖는다.

이처럼 '사이'라는 뜻의 '삿~', 또는 이 말의 발음이 변한 '삽~'이 들어간 땅 이름으로 전국 곳곳에 삿들, 삽재, 삽현 등이 있다.

이 중 가장 유명한 곳은 아마도 충청남도 예산군의 '삽교', 즉 '삽다리'일 것이다.

가수 조영남 씨가 부른 노래 「삽다리」 때문에 그 이름이 더욱 널리 알려졌다.

내 고향 삽교를 아시나요, 맘씨 좋은 사람들만 사는 곳, 시냇물 위에 다리를 놓아 삽다리라고 부르죠.

그 노래의 가사 중 일부이다.

여기에는 "시냇물 위에 다리를 놓아 삽다리라 부른다"고 했다.

사진 제공 · 삽교축제추진위원회

예산군이 해마다 열고 있는 '섶다리 곱창 축제'에서 참가자들이 새로 만든 삽다리를 건너고 있다. 삽다리를 '섶으로 만든 다리'라고 해석하지만 그 뜻은 다른 데 있는 것으로 보인다.

또 예산군청 홈페이지에 나와 있는 지명 유래에 보면 '삽교리挿橋里'에 대해 "본래 삽다리의 이름을 따라 삽교라 했다. 삽다리는 삽교천에 가설된 다리로, 삽교挿橋·삽교교라고도 하며, 전에 섶으로 다리를 놓았다고 한다"라고 나와 있다.

이를 따른다면 '삽다리'는 '섶으로 만든 다리'라는 뜻이다. '섶'은 '땔감으로 쓰는 나무'를 이르는 말로, 중세어에서는 '섭'으로 썼다. 이 섶으로 만든 다리인데, '섭'의 발음이 바뀌어 '삽'이 되었다는 것이다. 여기에는 옛날 지금의 삽교 옆에 살던 새색시가 친정어머니가 돌아가셨다는 얘기를 듣고 집에 가야 하는데 다리가 없어 애만 태우자 동네 사람들이 섶으로 다리를 놓아주어 건너게 했다는 얘기도 딸려 있다. 또는 1860년경에 흥선대원군이 아버지 남연군의 묘를 만들 때 이곳으로 행차했는데, 그때 원래 있던 다리가 좁아서

328

섶으로 다리를 더 놓았기 때문에 생긴 이름이라고도 한다.

이에 예산군청에서는 이 나무로 만든 다리를 재현해놓고, 지역의 유명한 음식인 곱창과 합쳐 '섶다리 곱창 축제'라는 관광용 행사를 해마다 열고 있다.

하지만 '삽다리'나 '삽교'의 이름 유래에 대해서는 이와 다르게 해석하는 경향이 강하다. 옛날 이곳에 나무로 만든 다리가 있었던 것은 사실이라 할지라도 이곳 땅 이름이 그 다리 때문에 생긴 것은 아니라는 얘기다.

언어학자들 사이에서는 우선 '삽다리'를 '삿(사이)+다리(들)', 즉 '사이에 있는 들'이라는 뜻으로 해석하는 입장이 있다.

우리 중세어에서 들[坪, 野]을 '드르(ㅎ)'라고 했다. 그런데 이 말은 지역에 따라 발음이 조금씩 달라져 '드리, 다리, 더리'라고도 했다. '삽다리'에서의 '다리'를 이 '드르'의 변형으로 보는 것이다.

또 '삽'은 '삿'의 변형으로 본다.

원래 삽다리가 있던 지역은 지금의 삽교리 일대이다. 이곳은 예당평야의 일부로 '들'이 펼쳐져 있는 곳이다. 그리고 그 양쪽에는 지금의 시동리 쪽에 천태산과 봉명산이 있고, 신정리 쪽에 제룡산과 수리봉 등의 낮은 언덕지대가 있다. 이처럼 양쪽의 산과 언덕지대 '사이에 있는 들'이라는 뜻에서 '삽다리(<삿드르)'라는 이름이 생겼다. 그런데 이를 한자로 바꾸면서 '삽'은 두 곳 사이에 (끼어) 있다는 뜻에서 '揷(끼울 삽)'을 쓰고, 다리는 물을 건너다니는 다리로 생각하고 '橋(다리 교)' 자를 써서 '揷橋'라는 이름이 생겼다는 해석이다.

이렇게 해석하는 입장에서는 충청남도 태안군에 있는 '삽티고개'도 같은 경우로 본다. 이 고개는 한자로 '삽치현揷峙峴'이라 한다. 신양면과 예산읍을 연결하는 고개로, 두 지역의 사이에 끼어 있기 [揷] 때문에 생긴 이름이라는 것이다. '峙'와 '峴'은 모두 고개를 뜻하니 '역전앞'처럼 같은 말을 겹쳐 쓴 셈이다. 전라남도 나주시에 있는 '삽치揷峙'도 마찬가지다. 지금의 보산동 용치마을과 신광리 문암 사이에 끼어 있는 고개여서 생긴 이름으로 본다.

이와 달리 '삽다리'가 이곳을 흐르는 '삽내' 때문에 생긴 이름이라고 보는 해석도 있다. 예천군에서 발행한 『삽교읍지』가 이런 해석을 하고 있다.

이에 따르면 기원전 108년 한나라의 침입으로 고조선이 멸망한 뒤 이 일대에 한나라의 직할 군현인 '진번군眞番郡'이 설치되었다. 그리고 그 진번군의 행정 중심지, 이른바 치소治所가 바로 이곳 삽교 일대였다. 중국 쪽 기록에 따르면 "치소를 삽현霅縣에 두었다"라고 나오는데, 이 삽현霅縣이 바로 지금의 삽교揷橋 일대라는 것이다. 당시 중국인들이 이곳 이름에 '霅(비 내릴 삽)'이라는 특이한 글자를 갖다 붙인 것은 지금의 삽교천을 당시 사람들이 '삽내'라 불렀기 때문에 그와 비슷한 소리를 가진 한자를 끌어다 쓴 것으로 본다. 그 뒤 사람들이 이 이름을 계속 쓰는 과정에서 '霅'이 '揷'으로 바뀌었다. 따라서 '삽교' 또는 '삽다리'라는 이름이 생기기 이전에 이곳에 흐르는 물을 '삽내'라는 우리말로 부르고 있었다. 그리고 그 삽내에 생긴 다리여서 삽교 또는 삽다리라는 이름이 생기게 되었다는 것이 이 해석의 첫째 요지다.

이 해석은 이어 '삽내'라는 이름의 '삽'은 '붉은색'을 말하며, 이는 '황톳물이 넘치는 하천'을 뜻한다고 본다. 이에 따르면 앞에 말한 진번군 이전 시절부터 19세기 말까지도 이 일대 평야 지역은 갈대가 우거지고 너비 1,000미터가 넘는 낮은 지대였다. 여름 홍수 때면 아산만에서 흘러드는 물 때문에 이곳 강바닥에 있던 황토가 넘치면서 온통 붉은 황톳물이 지역을 뒤덮었다. 이 때문에 이곳은 '붉은색을 가진 물길'이라는 뜻에서 '삽내'라는 이름을 얻게 되었다는 것이 둘째 요지다.

그런데 문제는 '삽'이 '붉은색'을 뜻한다는 근거가 부족하다는 점이다.

『삽교읍지』의 이 글에서는 별다른 근거가 없이 '삽'이 백제어에서 '붉은색'을 뜻한다고만 말하고 있다. 하지만 우리 고대어는 받침을 거의 쓰지 않는, 특히 'ㅂ'처럼 입을 꼭 다물게 해 소리를 입속에 가둬놓는 받침은 쓰지 않는 개음절어 체계였다. 따라서 당시에는 '삽'이라는 발음이 없었을 것이라는 점이 이 해석의 첫째 문제다.

따라서 당시에는 '삽'이 아니라 '사ㅂ'나 그와 비슷한 어떤 발음을 가지고 있었을 것이다. 그런데 마한어馬韓語와 이를 이은 백제어 계통의 땅 이름 '駟盧(사로)', '沙羅(사라)', '斯羅(사라)', '徐羅(서라)' 등에서 '駟', '沙', '斯', '徐'처럼 '사'와 같거나 비슷한 발음을 가진 글자들은 '붉은색'이 아니라 '새롭다[新]' 또는 '동쪽'과 같은 뜻을 갖고 있다는 것도 문제가 된다.*

---

* '駟盧(사로)' 등의 '사'가 '새롭다' 또는 '동쪽'의 의미를 갖는다는 점은 『삼한어 연구』(도수희, 제이앤씨, 2008년, 282쪽) 등을 참고할 수 있다.

이 밖에 '삽교揷橋'의 '揷'이 '꽂는다'는 뜻을 갖고 있고, 이는 우리 땅 이름에서 삐죽하게 튀어나온 땅을 말하는 '곶'을 나타낼 때 쓴 글자라는 해석 등이 따로 있어 '삽다리'라는 이름에 대한 해석이 간단치 않음을 보여준다.

순우리말인 '서방'과 '시집'

앞에서 '새~'가 갖는 여러 뜻 가운데 '새롭다'는 뜻이 있음을 보았다.

그런데 오늘날 우리가 결혼과 관련해 쓰고 있는 '서방'이나 '시집'이라는 단어가 한자어가 아니라 이 '새~'에서 나온 순우리말이라는 해석이 있다. 무척 타당하고 재미도 있는 내용이어서 소개한다.*

남편을 가리킬 때 많이 쓰는 말 '서방'은 일반적으로 '書房'이라는 한자로 쓴다. 그리고 이에 따라 '새신랑이 글[書]을 읽는 방'을 가리키던 말이 아예 신랑을 가리키는 말로 바뀌었다고 설명하곤 한다. 또는 새신랑이 살던 방을 주로 한 집의 서쪽에 마련했기 때문에 '西房'이라 부르던 것이 '書房'으로 바뀌었다는 해석도 있다.

하지만 '서방'이 순우리말에서 나온 것이라는 해석에 따르면, 이는 '새+방'에서 발음이 바뀐 것이다.

여기서 '새'는 앞서 말한 대로 '새롭다'는 뜻이다.

또 '방'은 한자가 아니라 옛날에 남자를 가리킬 때 썼던 순우리말이다. 지금 우리말에 '가난뱅이', '주정뱅이'처럼 '~뱅이'라는 말

*『우리말 어원 연구』(최창렬, 일지사, 1991년, 147~185쪽)에서 이에 대한 내용을 좀 더 자세히 볼 수 있다.

을 쓰는 단어들이 있다. 또 '울보', '바보' 등에는 '~보'라는 말이 쓰인다. 이 '~뱅이'나 '~보'가 바로 우리 옛말 '방'에서 발음이 바뀌어 생긴 것이라는 얘기다. 따라서 '서방'은 '새방', 즉 '(장가를 들어) 새로 들어온 남자'라는 뜻을 갖는다.

'시집'이나 '시댁', '시어머니', '시누이' 등에 쓰이는 '시'도 원래는 새롭다는 뜻의 '새'였다가 발음과 뜻이 바뀐 것으로 본다. 이렇게 본다면 시집이란 원래 '여자(며느리)가 결혼을 해서 들어간 새로운 집'이라는 뜻이 된다. 갓 결혼한 여자를 흔히 '새댁'이라 부르는데 이 말이 '새집', 곧 '시집'인 것이다. 또 시어머니나 시누이는 여자가 결혼을 해서 '새로 생긴 어머니나 누이'라는 뜻이 된다. 그런데 조선시대에 들어와 유교적 사고의 영향으로 여자가 결혼을 하면 남편의 집에 살면서 남편의 가족을 공손하게 모셔야 한다는 관념이 점차 강해졌다. 그리고 이에 맞춰 '媤(시)'라는 한자가 생겨 우리말 '새'를 대신하게 되었다. 이 '媤'라는 한자는 원래 중국에는 없는 글자이며, "여자[女]가 마음[思]을 다해 남편의 가족을 섬겨야 한다"는 뜻으로 우리나라에서 만든 한자라고 한다.

이대로라면 결국 사회 분위기가 유교적으로 바뀌면서 우리말 '새'는 사라지고, 그 자리를 대신한 한자 '媤'가 '새롭다'가 아닌 '남편의 집'이라는 뜻을 갖게 된 것이다. 이 때문에 이제는 산뜻한 느낌의 원말 '새집'은 간 곳이 없고, 여자들의 머리를 무겁게 만드는 한자어 '시댁媤宅'과 '시媤집'만 남게 되었다.

이름은 달라도 '크다'는 뜻은 같다

한뫼에서 노고단까지

한~

한산도 • 한산(일산) • 홍산면(부여군) • 한강 • 한탄강 • 한치
한라산 • 함박마을 • 함백산 • 항동 • 황골 • 황매산 • 황구지천 • 노고산

옛날옛날 아주 먼 옛날, 하늘나라에 아기를 무척 좋아하는 삼신할머니가 살았다.

옥황상제는 삼신할머니가 아이를 좋아하는 것을 알고, 인간 세상에 사는 부부들에게 아기를 점지해주는 역할을 맡겼다. 이에 삼신할머니는 새벽마다 세상에 내려와 아기를 갖고 싶어 하는 부부들에게 아기를 점지해주었다.

또 산달이 다 되었는데 아기가 빨리 나오지 않아 엄마가 고생을 하면 엄마의 배를 손으로 쓸어주었다. 그러면 아이가 금세 쑥 하고 빠져나왔다.

엄마 뱃속에서 나온 아기가 꼼짝 않고 있으면 아기의 엉덩이를 손바

닥으로 찰싹 때렸다. 그러면 아이가 "응애" 하고 울음을 터뜨리며 숨을 쉬기 시작했다. 그런데 삼신할머니가 아기들 엉덩이를 너무 세게 때려 엉덩이에 푸른 멍이 생겼다. 우리들 엉덩이에 있는 멍(몽고반점)은 이래서 생긴 것이다.

우리 전래 동화에서 아기가 태어나는 얘기가 나오면 꼭 함께 나오는 존재가 삼신할매, 삼신할미라고도 불리는 삼신할머니다.

보통 '삼신三神'이라는 한자를 쓰고, 아기의 출산을 관장하는 '세 명의 신'이라 해석한다.

독립운동가 박은식(朴殷植, 1859~1925년) 선생은 『한국통사韓國痛史』에서 "조선 풍속에 아들이나 딸을 낳으면 반드시 삼신三神에게 제사를 드리고 '삼신께서 낳으셨으니 삼신께서 보살펴주소서'라고 축원하는데, 이때 삼신은 환인桓因·환웅桓雄·단군檀君을 말한다"라고 해석하기도 했다.

하지만 사실 '삼신'의 '삼'은 엄마 뱃속의 태아를 싸고 있는 막膜과 태반胎盤을 말하는 순우리말이다. 그래서 아이를 낳은 뒤 탯줄을 자르는 일을 우리말로 "삼을 가르다"라고 한다. 이 말이 신령神靈 사상과 결합하면서 '신神' 자를 끌어와 '삼신三神'이라는 말을 만든 것이다. 따라서 '삼'은 태아, 즉 생명을 상징하는 말이지 숫자 셋을 뜻하는 말이 아니다. 새 생명을 낳게 하고, 돌보아주는 신령이 삼신인 것이다.

그런데 한 가지 의문이 생길 수 있다.

아기를 점지하고, 생명을 불어넣는 존재라면 엄마가 할머니보다

336

훨씬 제격일 텐데 옛이야기에서는 왜 할머니를 주인공으로 삼았을까. 이는 아마도 '할머니'라는 말이 우리들 마음속에서 일으키는 감정 때문일 것이다. 사랑하지만 커가는 과정에서 종종 갈등을 빚기도 하는 엄마와는 뭔가 다르게, 왠지 한결 더 푸근하고 아련한 그 감정…….

그 감정은 우리 땅 이름에도 큰 영향을 미쳤다. 전국 곳곳에 흩어져 있는 할미산, 할미고개 등 '할미~' 계열 또는 노고산老姑山 등 '노고~' 계열 이름들이 여기서 나온 것이다.

크고 많은 것을 뜻하는 글자

'할미산'은 경기도 부천시 소사구, 경상북도 상주시 등 전국 여러 곳에 있다.

그리고 여기에는 어김없이 "산의 모양이 할머니의 구부러진 등 모양을 닮았다"는 식의 해석이 뒤따르곤 한다.

하지만 실제로 그런 모양인 경우는 거의 없다고 해야 할 것이다. 왜냐면 '할미'라는 땅 이름이 우리말 '한뫼' 또는 이 발음이 조금 바뀐 '한미/한메'에서 나온 것일 뿐 할머니와는 아무 관계가 없기 때문이다.

'한뫼'나 '한미'에서 '한'은 '크다, 많다, 바르다'라는 뜻을 갖고 있는 우리 옛말이다. 여기서 뜻이 좀 더 넓어져 '지도자'나 '왕王'을 가리킬 때도 있다.

이 단어는 우리말이 속해 있는 알타이어의 옛말*에서 공통적으로 사용되다가 각 민족별로 조금씩 모양과 발음을 달리해온 말로,

몽골어에서는 '칸kan'으로 발음되었다. 세계 역사상 최고의 정복 군주로서 유라시아 대륙에 걸쳐 세계적 대제국을 일궈낸 테무친, 곧 칭기즈칸의 '칸'이 바로 이 말이다.

우리말에서도 이 말이 처음에는 'ᄀᆞᆫ' 또는 'ᄀᆞᆫ'으로 발음되다가 차츰 '한'으로 바뀐 것으로 보인다.**

신라시대에 왕을 뜻하던 말인 '거서간居西干'이나 '마립간麻立干', 가장 높은 관직 이름인 '각간角干', 『삼국유사』「가락국기」에 나오는 '구간(九干 : 아홉 명의 부족 지도자)' 등의 '간'이 바로 이 뜻이다.

이 '한'은 다시 '크다, 많다'는 뜻을 가진 우리 중세어 '하다'로 이어진다. 이 단어가 사용된 유명한 예로 『용비어천가』 제2장을 들 수 있다.

불휘 기픈 남ᄀᆞᆫ ᄇᆞᄅᆞ매 아니 뮐씨, 곶 됴코 여름 하ᄂᆞ니(뿌리가 깊은 나무는 바람에 움직이지 않으므로 꽃이 좋고 열매가 많으니라)

이 구절에 나오는 '하ᄂᆞ니(많으니라)'가 바로 이 말이다.

한편 '뫼'는 산山을 뜻하는 순우리말이고, '미/메'는 '뫼'의 발음이 바뀐 것이다.

---

*이를 같은 계열에 속하는 언어들의 공통되는 조상말이라 해서 '공통조어(共通祖語)'라 부른다.

**우리 고대어의 개음절어 현상에 대해서는 이 책의 「일러두기」에서 먼저 설명했다. 이런 점에서 이 '한'은 고대에 'ᄀᆞᄂᆞ로 발음되다가 우리말의 폐음절어 현상에 맞춰 발음이 'ᄀᆞᆫ'으로 바뀌었고, 그 발음이 다시 '한'으로 바뀐 것으로 보인다. 이에 대해서는 『한국 고대 국명지명의 어원 연구』(이병선, 이회문화사, 2012년, 43~77쪽)를 참고할 수 있다.

따라서 '한뫼'는 '큰 산'이라는 뜻이다. 그런데 이 말의 발음이 바뀌어 '할미(한뫼>한미>할미)'가 되자 원래의 뜻을 모르고 여기에 다시 '산'을 붙여 '할미산'이라는 이름이 생긴 것이다.

지금 우리가 쓰고 있는 '할아버지', '할머니'라는 말도 '한아비'와 '한어미'의 발음이 바뀌어서 생긴 것이다. '한+아비/어미', 곧 '큰 아버지'와 '큰 어머니'라는 뜻이다.

그런데 앞서 말했듯 할머니, 할미라는 단어가 우리에게 주는 감정이 워낙 강하다 보니 '한뫼/한미'에서 '할미'라는 이름이 아주 쉽게 만들어지고 퍼져서 전국 곳곳에 할미산이 생긴 것이라 하겠다.

걱정이 있을 때 내쉬는 '한숨'의 '한'이나 넓은 길을 말하는 '한길'의 '한'도 모두 '크다'는 뜻을 갖는다. 이 중 '한길'은 발음이 바뀌어 '행길'이라는 말로 훨씬 많이 쓰이고 있다. '행길'이라 하면 많은 사람들이 한자 '行(다닐 행)'을 떠올려 '사람들이 다니는 길'이라는 뜻으로 생각하기 쉽다. 하지만 이는 '큰길'이라는 뜻의 우리말 '한길'에서 나온 것이다.

'황소'나 '황새'라는 단어도 중세국어 '한쇼'와 '한새'가 바뀐 말이다.

'한쇼'는 '큰 소'라는 뜻인데, 오늘날에는 '수컷 소'를 가리키는 말로 뜻이 바뀌었다. 처음에는 그냥 몸집이 큰 소를 '한쇼'라고 했는데, 일반적으로 수소가 암소보다 몸집이 크고 힘도 세다 보니 차츰 '몸집이 큰 수컷 소'를 '한쇼'라 했고, 그 발음이 바뀌어 '황소'가 된 것이다.

'누런[黃] 색깔의 소'여서 '황黃소'라 불린다고 생각하는 사람이 많지만 원래 뜻은 이처럼 전혀 다른 곳에 있다. 같은 수컷 소여도 몸집이 작은 경우는 '부룩소'라는 다른 이름으로 부른다.

'한새' 역시 '큰 새'라는 뜻인데, 이는 '한새>환새>황새'의 단계로 발음이 바뀌었다.

두 단어 모두가 '크다'는 뜻의 '한~'을 출발점으로 했다가 뜻은 그대로 두고 발음이 바뀐 것이다.

"그는 허구헌(허구한) 날 싸움질이다"와 같은 문장에서 '허구헌/허구한'도 '많고 많은'이라는 뜻으로 역시 '하다'에서 나온 말이다. 이처럼 말이란 살아 있는 생물이어서 늘 변화하기 때문에 땅 이름뿐 아니라 일반 단어에서도 지금의 형태만으로는 그 유래를 짐작하기 어려운 경우가 많다.

'한뫼'가 그저 '큰 산'이라는 뜻이니 이런 이름을 가진 산은 예전에 무척 많았을 것이다. 그러다가 발음이나 글자가 조금씩 바뀌기도 하는데, 이 중 우선 꼽을 수 있는 곳이 경상남도 거제시 앞바다에 있는 섬 '한산도閑山島'이다.

이곳은 임진왜란 당시 삼도수군통제영이 자리 잡았던 곳이고, 이순신 장군이 그 앞바다에서 학익진鶴翼陣을 펴고 왜군 장수 와키자카 야스하루가 이끄는 일본 수군을 완전히 궤멸한 '한산대첩'으로 널리 알려져 있는 곳이다.

'한산대첩'은 역사가들에 의해 세계 역사상 '4대 해전' 중 하나로 꼽히는 엄청난 승리였다.

세계 4대 해전은 기원전 480년 테미스토클레스가 이끈 그리스 연합 함대가 페르시아 제국의 대군을 무찌른 '살라미스 해전', 서기

1588년 엘리자베스 여왕의 지원을 등에 업은 해적왕 프란시스 드레이크가 이끈 영국 함대가 당시 최강 해양국이었던 스페인의 무적함대를 꺾은 '칼레 해전', 임진왜란이 일어난 1592년의 '한산도해전', 1805년 영국의 넬슨 제독 함대가 나폴레옹 제국의 프랑스 해군을 격파해 프랑스의 바다 진출 계획을 좌절시킨 '트라팔가르 해전'을 말한다. 이들 해전은 모두 역사의 흐름을 바꿔놓은 전투인데, 여기에 바로 한산대첩이 들어가는 것이다. 한산대첩에서의 참패로 일본은 육지와 바다 양쪽을 통해 조선을 재빨리 점령한 뒤 명나라까지 진출하겠다는 '수륙병진水陸竝進' 전략을 포기해야 했고, 이는 당시 중국을 포함한 동아시아의 정세 변화에 엄청난 영향을 미쳤기 때문이다.

한산도라는 이름은 '(거제도 서쪽에 있는 여러 섬들 가운데) 가장 큰 섬'이라는 뜻에서 생긴 것이다. 따라서 그 이름의 한자 '한閑'은 그저 '크다'는 뜻의 우리말 '한'을 나타낸 것에 불과하다. 이 섬은 가운데 있는 망산과 북쪽에 있는 고동산을 비롯해 대부분이 해발 200미터 안팎의 산지로 이뤄져 있다. 이처럼 이 일대에서 가장 큰 섬이면서, 산지로 이뤄져 있기 때문에 '한뫼섬' 정도로 불리던 것이 한자로 바뀌면서 '閑山島'가 되었으리라 추론할 수 있다.

한자 '閑'에는 '한가하다'는 뜻 외에 '막는다'는 뜻도 있다. 이 때문에 일부 사람들은 임진왜란 때 이 섬이 왜군들의 침입을 막은 곳이라 한산도라는 이름이 생겼다고 해석하기도 한다. 그러나 한산도라는 이름은 임진왜란보다 훨씬 이전의 기록에 이미 등장하기 때문에 이는 전혀 맞지 않는 얘기다.

일례로 『조선왕조실록』 세종 원년 8월 21일자 기사에 보면 이런 내용이 나온다.

경상도 관찰사가 보고하기를 '유구국(琉球國 : 지금의 일본 오키나와 현 일대에 있던 독립국가)에서 우리나라에 친선사절親善使節을 보냈는데, 오는 길에 풍랑을 만나 배가 깨져 예물을 잃고 물에 빠져 죽은 자가 70여 명이며, 살아남은 자들도 또한 병들고 다친 사람이 많은데, 한산도閑山島에 와서 머물고 있습니다' 하니, 임금이 명하여 의복과 음식을 주고 전체傳遞하여 서울로 올려 보내라고 하였다.

다른 한편에서는 이 섬이 통영과 거제 앞바다를 방패처럼 '막고 있기' 때문에 '閑' 자가 쓰였다고도 한다. 이 섬이 거제도 앞바다에 '한가롭게[閑] 떠 있어' 이런 이름이 붙었다고 해석하는 경우도 있다. 하지만 그 어느 쪽이든 '큰 섬'이라는 뜻으로 해석하는 것보다는 타당성이 훨씬 떨어진다고 하겠다. 한자 '閑'은 그 자체의 뜻과는 아무 관계없이 '크다'는 우리말을 나타내기 위해 소리만 빌려준 것이다.

이는 한산도와 한자는 다르지만 같은 우리말 이름을 갖고 있는 충청남도 서천군 한산면韓山面이나 경기도 고양시 일산一山의 예전 이름인 '한산韓山', 또는 충청남도 부여군 홍산면鴻山面의 옛 이름인 '한산현翰山縣' 등을 통해서도 좀 더 확실하게 알 수가 있다.

먼저 『고려사 지리지』에 보면 서천군 한산면의 당시 이름인 한산현韓山縣에 대해 이런 설명이 나온다.

본래 백제의 마산현馬山縣으로 신라에서 그대로 이어받아 가림군嘉林郡의 영현領縣으로 삼았다. 고려에 들어 지금 이름으로 바꾸고 그대로 가림군에 소속시켰다.

이 기록을 보면 '한산韓山=마산馬山'이니, '韓=馬'라는 관계를 알수 있다. 그런데 마산馬山의 '馬(말 마)'는 '크다'는 뜻의 우리말 '말'을 같은 발음을 가진 한자를 써서 나타낸 것이다.('말'이 '크다'는 뜻을 갖는 것에 대해서는 이 책「1 더없이 크고 높고 귀하다」참고)

따라서 '한산'은 '큰 산'이라는 뜻이고, 이는 한산도의 경우와 똑같다. 다만 이 우리말 '한'을 나타내는 한자로 한산도가 '閑'을 쓴반면 한산면은 '韓'을 쓴 것이 다를 뿐이다.

고양시 일산一山의 예전 이름도 '한산韓山'이었다.

이곳에 있던 한산마을(송포면 덕이리)을 '한뫼' 또는 '한메'라고 불렀는데, 이를 한자로 바꾼 것이 '韓山'이다. 한편에서는 이곳에 있는 고봉산高峯山 때문에 한산이라는 이름이 생겼다고도 한다. '고봉산'이 '높은 산'이라는 뜻이니 엉뚱한 얘기로 볼 수만은 없다. 여하튼 '한뫼'라 불렸던 이곳은 일제 식민지 시절인 1914년 전국적인 행정구역 개편 때 '일산'이라는 지금의 이름을 얻었다. '한뫼/한산'을 '일산一山'으로 바꿨으니, '한'을 원래의 뜻과 다르게 '하나[一]'로 풀이한 셈이다. 이는 일제가 우리나라 땅 이름들을 바꿀 때 의도적으로 많이 사용한 방법이다.

한편 홍산면의 옛 이름인 한산현에 대해서는 『삼국사기 지리지』에 이런 내용이 나온다.

한산현翰山縣은 본래 백제 대산현大山縣인데 경덕왕 때 고친 이름이다. 지금의 홍산현鴻山縣이다.

『고려사 지리지』에도 "본래 백제의 대산현大山縣으로 신라 경덕왕 때 이름을 한산翰山으로 고쳐 가림군嘉林郡의 영현으로 삼았다. 고려 초에 지금 이름으로 고쳤다"는 내용이 그대로 나온다.

이를 보면 '한산翰山＝대산大山＝홍산鴻山'이니, '翰＝大＝鴻'이라는 관계를 알 수가 있다.

여기서 '翰'은 원래 편지나 새의 깃털 등을 뜻하는 글자이다. 하지만 여기서는 글자의 원래 뜻과는 관계없이 '크다'는 뜻의 우리말을 나타내기 위해 소리만 빌려 쓴 것이다. 앞에 나온 '韓山'의 '韓'과 똑같은 경우다.

반면 '鴻'은 주로 하늘을 날아다니는 큰 새 기러기를 말하는 글자이지만 '크다'는 뜻도 갖고 있으며, 홍산면에서는 이 뜻으로 쓰였다.

이곳 홍산면은 고려 말 우왕 때인 서기 1376년 최영崔瑩 장군이 왜구들을 크게 무찌른 '홍산대첩'으로 유명한 곳이다.

당시 고려를 침공한 왜구들이 충청남도 공주를 함락시키고 계속 약탈을 일삼자 60대의 노장老將인 최영 장군이 스스로 왕에게 출전할 것을 청한다. 『고려사』 열전 '최영 장군' 편에 그 내용이 이렇게 나와 있다.

최영이 출정을 자청했다. 우왕이 최영의 나이를 들어 만류하니 최영은 다시 간청했다.

"보잘것없는 왜구들이 이처럼 방자하고 난폭하니 지금 제압하지 않으면 뒤에 반드시 다스리기가 어려울 것입니다. 만약 다른 장수를 보내면 꼭 이길 것이라고 보장할 수 없으며, 군사들도 평소에 훈련되지 않은지라 전투에 투입할 수 없을 것입니다. 신이 비록 늙었으나 종묘사직을 안정시키고 왕실을 보위하려는 뜻은 결코 쇠하지 않았으니 빨리 휘하의 군사를 거느리고 놈들을 격퇴하게 허락하여 주소서."

두세 차례 간청한 끝에 우왕이 허락하자 최영은 즉시 출정했다. 당시 왜적들은 노약자를 배에 태워 돌아갈 것처럼 꾸미고는 몰래 정예군 수백 명을 내륙 깊숙이 보내 약탈을 감행하니 놈들이 통과하는 곳에서는 풍문만 듣고도 대적하기를 포기해버렸다. 홍산鴻山에 이르러서는 우리 백성을 마구 죽이고 포로로 잡아 그 세력이 우려할 정도로 강해졌다. 이에 최영이 양광도 도순문사都巡問使 최공철崔公哲, 조전원수助戰元帥 강영康永, 병마사兵馬使 박수년朴壽年 등과 함께 홍산으로 급히 가 전투에 임했다.

최영이 먼저 좁은 험로를 점거했는데 삼면이 모두 절벽이고 통행로는 외길밖에 없으므로 장수들이 겁을 집어먹고 진격하지 않았다. 이에 최영 자신이 사졸士卒들의 선두에 서서 정예병을 총동원해 돌진하니 적들이 바람 앞의 풀같이 쓰러졌다. 적 한 명이 수풀 속에 숨어 있다가 활로 최영의 입술을 쏘아 맞히는 바람에 피가 낭자하게 흘렀으나 태연자약하게 적을 쏘아 거꾸러뜨린 다음 입술에 박힌 화살을 빼냈다. 최영이 더욱 역전力戰해 마침내 적들을 대파하니 침입한 적은 거의 죽거나 사로잡혔다. (중략)

궁궐에 들어와 왕을 알현하는 자리에서 우왕이 술을 내려주며 적병의 숫자를 묻자 최영은 "그 수를 정확하게 알 수 없으나 많지는 않았습니다"라고 답했다. 다시 재상들이 묻자 최영은 "적병이 많았다면 이 늙은이가 아마 살아 돌아오지 못했을 것이오"라고 대답했다. 전공戰功을 기려 시중侍中과 나란한 벼슬을 주었으나 최영은 "시중이 되면 자유롭게 지방으로 나갈 수 없으니 왜구가 평정된 후에 받겠습니다"라며 굳이 사양했다. 이에 철원부원군鐵原府院君으로 봉하고 모든 장졸들에게도 차등 있게 상을 내렸다.

이 '홍산대첩'은 나세羅世·최무선崔茂宣 등의 진포대첩, 이성계의 황산대첩, 정지鄭地의 남해대첩과 함께 고려 말 왜구 토벌 전투의 4대 승리로 꼽히는 빛나는 싸움이었다. 『고려사』에는 당시 왜적들이 "우리가 늘 두려워할 사람은 오직 머리가 허옇게 센 최만호(崔萬戶: 최영)뿐이다. 홍산鴻山 싸움에서 최만호가 오기만 하면 사졸들이 앞을 다투어 말을 달려 우리를 차고 밟으니 매우 두렵더라"라고 말했다는 기록이 남아 있다.

'한~'을 쓴 이름 중에서 가장 유명한 것은 아무래도 '한강'일 것이다.

백두대간 태백산맥에서 발원해 한반도의 허리를 관통하고 황해로 흘러들어가는 514킬로미터의 한강은 한자로 '漢江'이라 쓴다. 하지만 한강의 '한'은 '크다'는 뜻의 우리말일 뿐 한자 '漢'과는 아무 관계가 없는 이름으로 본다. 『삼국사기』「백제본기」 '시조 온조왕' 편에는 '한수漢水'라는 이름으로 나오는데, 이 한자 역시 의미가 없는 것이다.*

한강의 원래 이름은 '아리ᄀᆞᄅ'였던 것으로 추정된다.

'아리'는 '길다'는 뜻을 가진 우리 옛말이고, 'ᄀᆞᄅ'는 '강'의 옛말이다.** 결국 '긴 강'이라는 뜻이니, 옛날에는 긴 강을 모두 '아리ᄀᆞᄅ'라 불렀다. 그리고 'ᄀᆞᄅ'는 나중에 'ᄀᆞ름(가람)'으로 형태를 바꾼다.

이에 대해 단재 신채호 선생은 『조선사 연구 (草)』에서 이렇게 밝히고 있다.

조선 고어古語에 '장長'을 '아리'라 하였으니, 장백산의 옛 이름인 '아이민상견阿爾民商堅'의 '阿爾'가 이를 입증하며, '압鴨'도 'ᄋᆞ리'라 하였으니 '압수鴨水' 일명 아리수阿利水가 이를 증명하는 것이다. 대개 옛사람이 모든 장강長江을 'ᄋᆞ리가람'이라 칭하였다. (중략) 조선족 분포의 순서에 따라 각 아리가람의 이름 지은 선후를 추상하여 보자. 1차로 완달산 아래 하얼빈에 조선을 세우고 송화강을 'ᄋᆞ리가람'이라 하였으니…… (중략) 제2차로 남하하여 요하를 보고 또한 'ᄋᆞ리가람'이라 하였으니…… (중략) 제3차로는 동쪽으로 진출하여 현 압록강을 보고 또한 'ᄋᆞ리가람'이라 하였으니…… (중략) 제4차로는 서쪽으

---

*이와 달리 '한수漢水'나 '한강漢江'은 우리말 '크다'는 뜻이 아니라 중국과 한자의 영향을 받아 중국에서 따온 이름이라고 보는 견해도 있다. 북방에서 온 고구려나 백제의 지배층은 한자 문화와 일찍 접촉했기 때문에 한반도에 들어온 뒤 산천山川을 포함한 땅 이름들을 한자로 지어 붙였다는 것이다.(『우리 地名의 이모저모』, 김영만, 한국지명연구-지명학 논문집 1, 한국지명학회, 한국문화사, 2007년, 264쪽 등 참고)

**'ᄀᆞᄅ'에 대해서는 이 책 「14 길과 물이 갈리다」에서 좀 더 자세히 설명했다.

로 진출하여 영평부永平府의 난하를 보고 또한 '으리가람'이라 하였으니…… (중략) 제5차로 경기도의 한강을 보고 또한 '으리가람'이라 하였으니…… (중략) 제6차로 경상도에 이르러 낙동강을 보고 또한 '으리가람'이라 하였으니…….*

이처럼 긴 강은 모두 '으리가람'이라 불렀던 것인데, 한자가 들어오고 난 뒤 압록강, 낙동강 등으로 차츰 이름이 나뉜 것이다. 한강도 이 과정에서 새로 생긴 이름이다. 그리고 그 뜻은 '큰 강'이다.

경기도 연천군 전곡읍의 '한탄강漢灘江'도 '큰 여울[灘]'이라는 뜻이다.

『신증동국여지승람』을 비롯한 여러 옛 자료에 '대탄大灘'이라는 이름으로 나와 있는 것만 보아도 이를 알 수 있다. 따라서 그냥 순우리말로 '한여울'이라고 부르면 되었을 곳이다. 그런데 이를 굳이 '한탄'이라는 한자말로 바꿔 부르다 보니 모르는 사람들은 한숨을 쉬며 탄식한다는 뜻의 '한탄恨歎'으로 오해하기 십상인 이름이 되어버렸다. 실제로 한탄강에는 후삼국시대 태봉국을 세운 궁예가 이곳에서 세월의 무상함을 한탄했다거나, 6·25전쟁 때 이곳에서 수많은 군인들이 죽어 사람들이 한탄한 곳이기 때문에 이런 이름이 붙었다는 얘기가 딸려 있다. 물론 사실이 아니다.

충청남도 청양군에 있는 '한치고개'는 한자로 '대치大峙' 또는 '대현大峴'이라 부르는 것만 보아도 '큰 고개'라는 뜻임을 알 수 있다.

---

*『조선사 연구 (草)』, 신채호, 범우사, 2004년, 25~27쪽.

'큰 여울'이라는 뜻을 갖고 있던 '한탄강'은 그 한자 이름 때문에 마치 '어떤 일이 안타까워 한탄한다'는 뜻으로 들리게 되었다.

이와 한자는 다르지만 강원도 정선군에 있는 '한치汗峙'도 분명 '큰 고개'라는 뜻에서 생긴 이름일 것이다. 한편에서는 이 고개가 해발 400미터 이상 되는 곳에 있고, 경사가 급해서 이를 넘으려면 한겨울에도 땀[汗]을 흘리게 되기 때문에 생긴 이름이라고 설명한다. 하지만 이는 지금의 한자 이름을 보고 꿰어 맞춘 설명일 것이고, '汗(땀 한)' 자는 우리말 '한'을 나타내기 위해 소리만 빌려준 것으로 보는 것이 한결 타당할 것이다.

남한에서 가장 높은 산인 제주도 '한라산漢拏山'의 '한漢'을 우리말 '크다'는 뜻을 나타내기 위해 쓴 것이라고 해석하는 학자들도 있다. 이 경우 '라拏' 자는 나라 이름 신라新羅의 '羅'처럼 '땅'을 나타내는 것으로 본다. 이렇게 해석하면 한라산은 대략 '큰 (땅에 있는) 산'

정도의 뜻이 된다.

'한뫼'가 '할미'로 발음되어 노고산이 되다

이 '한~'은 종종 '함~' 또는 '항~'으로 발음이 바뀌어 땅 이름에 나타나는데, 가장 흔한 것이 '함박산' 등의 '함박~' 계열과 '항굴/황굴' 등의 '항/황~' 계열이다.

이런 이름은 전국 곳곳에 퍼져 있는데 우선 '함박~'의 경우 대부분 "그 모양이 함지박 같아서 생긴 이름"이라거나 "함박꽃이 많아서 생긴 이름"이라는 식으로 풀이하곤 한다.

부산광역시 기장군에 있는 함박산이나 인천광역시 연수구에 있는 함박마을에는 앞의 설명이 따라붙는다. 반면 경상남도 창녕군에 있는 함박산에는 뒤의 설명이 붙어 있다.

하지만 실제로는 이들 대부분이 '한+붉'에서 나온 이름으로 해석된다. '한~'은 물론 '크다'는 뜻이고, '붉'은 태양을 숭배하는 '붉 사상'에서 나온 말이거나 '(어느 지점으로부터의) 바깥쪽'을 뜻하는 말로 해석된다.('붉'에 대해서는 이 책「8 밝은 빛을 숭배하다」참고) 이렇게 보면 그 뜻은 '크고 밝은 산'이나 '동네 바깥쪽에 있는 큰 산' 정도가 된다. 강원도 태백시에 있는 함백산咸白山도 마찬가지다.

이 중 경상남도 창녕군에 있는 함박산은 '영산 쇠머리대기'라는 민속놀이를 생기게 한 산이라는 점에서 풍수지리에 얽힌 사연을 갖고 있다.

중요무형문화재로 지정되어 있는 '영산 쇠머리대기'는 창녕군 영산면에 전해오는 민속놀이로, 주민들이 양쪽으로 패를 갈라 소의 머리 모양으로 엮어 만든 나무를 어깨에 메고 서로 맞부딪쳐서 승패를 가르는 것이다. 이곳 영산마을에는 북쪽에 마을을 지켜주는 영취산靈鷲山이 있고, 그 맞은편에 이 함박산이 마주 서 있다. 그런데 풍수지리적으로는 두 산이 이렇게 서로 마주 서 있는 것을 두 마리의 소가 겨루고 있는 모양으로 해석한다고 한다. 이렇다 보니 마을 사람들에게 좋지 않은 기운이 생기기 때문에 이를 없애기 위해 정월 대보름날 주민들이 모여 이 놀이를 함으로써 나쁜 기운을 없애게 되었다는 얘기다.

'항~' 계열 땅 이름으로는 인천광역시 부평구 일신동日新洞의 원래 이름인 '항굴'을 들 수 있다.

이 동네는 이전에 부개산富開山 능선을 따라 골짜기에 길게 들어앉아 있던 동네였다. 그래서 향토사학자들 사이에서는 그 기다란 동네의 모양이 마치 항해하는 배처럼 생겼기에 '배 항航' 자가 이름에 들어갔다고 해석하곤 한다. 하지만 이보다는 '큰 골짜기 마을'을 뜻하던 '한골(한굴)'에서 발음이 바뀌어 '항골'이 되었다고 보는 것이 한결 타당할 것이다.

'한~'은 앞서 말한 황소나 황새처럼 '황~'으로 바뀌기도 한다.

전국 곳곳에 있는 '황골/황굴' 같은 땅 이름은 대부분 '한골'이 바뀐 것이다. 경상북도 합천군에 있는 황매산黃梅山도 '누런 매화산'이라는 한자의 뜻과는 관계없이 '큰 산'이라는 뜻의 '한뫼'가 '황뫼'를 거쳐 '황매'로 발음이 바뀐 뒤에 다시 '산'이 붙어 생긴 이름일 것이다.

경기도 군포시 삼성산에서 시작해 의왕·수원·화성시를 거쳐 평택시 진위천으로 이어지는 '황구지천黃口池川'도 같은 경우로 볼 수 있다.

황구지천이라는 이름은 이 물줄기가 진위천과 만나는 곳에 있는 동네 '황구지리'(평택시 서탄면) 때문에 생긴 것으로 전해온다. 이곳에는 일제 강점기까지만 해도 아산만을 통해 바닷물이 들어왔다. 그래서 썰물 때면 바닥이 드러났고, 비가 내리면 곳곳에 누런[黃] 웅덩이가 생겨 황구지천이라는 이름을 갖게 되었다고 한다. 또는 이곳을 한자로 '항곶포亢串浦' 또는 '항곶진項串津'이라 불렀고 이 하천은 '항곶천亢串川'이라 했는데, 이 항곶천의 발음이 바뀌어 황구지천이 된 것이라고도 설명한다.

하지만 이런 내용들이 제대로 고증되지 않기 때문에 언어학적 입장에서는 황구지리를 '한구지리'에서 바뀐 이름으로 본다.

한구지리는 '한+구지+리'의 형태이다. '한'은 '크다'는 뜻인데 이것이 시간이 지나면서 '황'으로 발음이 바뀌었다. '구지'는 삐죽하게 생긴 땅을 말하는 '곶串'의 변형이다. 따라서 황구지리는 '커다란 곶 모양의 동네'라는 뜻으로 풀이한다. 아마도 옛날 이 동네의 포구가 육지에서 강 안쪽으로 비쭉하게 뻗어 나간 곶의 형태여서 이런 이름이 붙었을 것이다. 그리고 이에 따라 황구지천은 황구지리로 이어지는 물줄기라서 생긴 이름이라고 본다. 『신증동국여지승람』 수원도호부 '산천山川' 조에 나오는 '대천大川'이 바로 이 황구지천을 말하는 것으로 보인다. 그렇다면 '황=大=한'의 관계가 성립되기 때문에 황구지천의 '황'이 '크다'는 뜻의 '한'이 바뀐 것임을 증명할 수가 있다.

그런데 처음에 '한뫼/한미/한메' 등으로 불렸을 산들은 한자로 이름이 바뀌면서 상당수가 '노고산老姑山' 또는 '노고단老姑壇'이라는 이름을 갖게 된다.

'노고老姑'는 '늙은 여인', 즉 '할머니'라는 뜻이다. '한뫼'가 발음이 바뀌어 '할미'가 되자 이를 '老姑'로 옮긴 것이다. 그래서 서울 마포구, 경기도 고양시, 강원도 홍천군, 경상북도 영천시, 전라북도 무주군, 북한 황해북도 신평군 등 전국 곳곳에 노고산이 퍼져 있다.

그중에서도 가장 유명한 곳은 지리산의 노고단일 것이다.

이곳에서는 신라시대부터 이미 산신에게 제사를 지냈다고 하며, 지금도 이어지고 있다. 이처럼 이 봉우리에서 제단을 쌓아놓고 산신에게 제사를 지냈기 때문에 이름에 '제단 단壇' 자가 붙은 것이다. 하지만 그 뜻은 여전히 '큰 산'일 뿐이다.

한나라글, 크고 바른 글

지금까지 이야기한 '한~'과 관련해 한 가지 더 기억해둬야 할 것이 우리글 '한글'이다.

모두 알고 있듯이 1443년(세종 25년)에 훈민정음이 창제됨으로써 우리에게도 우리말을 쉽고 편하게 옮겨 적을 수 있는 자랑스러운 글자가 생겼다. 하지만 그 뒤로도 수백 년 동안 훈민정음은 양반층에 의해 '언문(諺文: 속된 글자라는 뜻)', '암글(암ㅎ+글: 여자들이나 쓰는 글자라는 뜻)' 등으로 불리며 천대받았다. 그러다가 갑오개혁(1894년 갑오경장) 때 비로소 나라글, 즉 '국문國文'이라는 이름을 얻게 된다.

'한글'이라는 이름은 그 뒤 국어학자 주시경(周時經, 1876~1914년)

선생이 만들어 붙인 것이다.

그는 1910년 6월에 쓴 「한나라말」이라는 글에서 갑오개혁 뒤 국문國文이라 불리던 한글을 '한나라글'이라 불렀다. 그 뒤 1913년 3월 23일에 열린 조선언문회의 창립총회에서 '한글'이라는 이름이 처음 사용된다. 이 창립총회에서 주시경 선생은 임시회장을 맡았고, '한나라글'을 줄여 '한글'이라 부른 것으로 알려져 있다. 이어 1927년 한글사에서 《한글》이라는 잡지를 펴내면서부터 이 말이 본격적으로 쓰이기 시작한다.

이 '한글'이라는 말에서 '한'이 무엇을 뜻하는가에 대해서는 의견이 갈린다.

앞서 살펴본 한글이라는 단어의 탄생 과정을 보면 국문國文, 즉 '나라 글자'라는 뜻이라 볼 수 있다.

이와 비슷하면서도 조금 다른 입장에서 한글의 '한'이 우리나라를 뜻한다고 보는 학자들도 있다. 일례로 국어학자 조항범 교수는 이렇게 주장한다.

주시경 선생이 말하는 한글의 '한'은 '三韓(삼한)'의 '韓' 또는 '大韓帝國(대한제국)'의 '韓'과 관련된다. 이 '韓'은 우리나라를 뜻한다. '한글'이라는 이름이 만들어지기 바로 이전에 '배달말글'이라는 이름이 있었는데, 두 이름을 비교해보면 '한'이 '배달', 즉 '우리나라'와 같은 뜻이라는 사실을 짐작할 수 있겠다. '한'을 '오직 하나의', '큰' 등으로 해석하기도 하나 이는 뒷날 학자들이 부연한 설명에 불과하다. '한글'의 '글'은 문자와 더불어 언어도 포함하는 개념이다. '배달말글'의 '말글'

과 같은 것이다. 이렇게 보면 '한글'은 좁게는 '우리나라 글', 곧 '한국 문자'를 가리키고, 넓게는 '우리나라 언어·문자' 전반을 가리킨다고 볼 수 있다.*

하지만 이 같은 주장들이 꽤 타당성을 갖고 있음에도 불구하고 오늘날 한글의 '한'은 이 글에서 얘기해온 것처럼 '크다', '하나' 등의 뜻으로 해석하는 것이 거의 정설로 굳어져 있다. 이는 한글의 가치가 워낙 크기 때문일 것이다.

우리가 살고 있는 '한반도韓半島'도 마찬가지다.

이 말을 누가 언제부터 만들어 쓰기 시작했는지는 분명치 않다. 다만 대한민국이나 고대 삼한三韓시대를 떠올리게 하는 '韓' 자를 쓰고 있다는 점에서 우선은 '한'이 우리나라를 뜻한다고 볼 수 있을 것이다. 북한이나 일본 등에서는 한반도를 '조선반도'라 부르고 있다. 이와 맞춰본다면 '한=조선'이라 할 수 있다. 하지만 '한글'이 그렇듯 굳이 그렇게만 해석할 필요는 없을 것으로 본다. '한반도'는 우리가 살고 있는 '큰 반도'나 '큰 땅'이라고 해석할 수 있는 것이다.

---

*『다시 쓴 우리말 어원 이야기』, 조항범, 한국문원, 1997년, 242쪽.

17

작은 돌섬은 이제 외롭지 않다

독도

조선조 숙종 19년(1693년) 봄의 어느 날, 경상도 울산에 살던 어부 40여 명이 울릉도에 들어가 고기잡이를 하고 있었다.

그때 갑자기 왜인倭人*들이 섬에 들이닥쳐 이 중 안용복安龍福과 박어둔朴於屯이라는 두 사람을 잡아갔다. 왜인들은 그해 겨울 이들

---

* 일본日本을 뜻하는 한자어 '왜倭'가 왼쪽을 뜻하는 우리말 '외'를 나타낸 것이라는 해석이 있는데, 재미있고 타당성도 적지 않다. 이에 따르면 옛날 임금이 북쪽을 등지고 남쪽을 향해 앉아 있는 것을 남면南面이라 했는데, 주역周易의 법칙에 따르면 사람은 가운데에서 남면을 하고 있다고 한다. 우리나라 입장에서 이렇게 보면 일본은 우리의 왼쪽에 있기 때문에 '외'라 불렸는데, 이 말이 한자 '倭'로 바뀐 것이라는 해석이다. '일본'이라는 이름은 7세기에 생겼는데, 그 땅이 이렇게 왼쪽에 있고, 왼쪽은 동쪽으로 해[日]가 뜨는 곳이기 때문에 일본이라는 이름을 갖게 되었다고 본다. 이와 달리 일본 사람들의 몸집이 대개 작기 때문에 왜소倭小하다는 뜻에서 '倭'가 나왔다고 해석하는 경우도 있다.

을 돌려보내면서 "이들이 일본 땅인 죽도竹島에 들어와 고기잡이를 했기 때문에 두 사람을 인질로 잡아놓았다가 돌려보내니 앞으로는 죽도에 어민들이 더 이상 들어오지 못하게 해달라"는 편지를 조선 조정에 보냈다.

이에 조선 조정에서는 "우리 어민들이 그대들의 땅인 죽도에 들어가 고기잡이를 한 것에 대해 엄하게 징계하겠다"는 내용의 답장을 보내려 했다. 하지만 대마도 사신들과 이 같은 외교문서 내용을 논의하는 과정에서 그들이 말한 죽도가 우리 땅인 울릉도를 가리키는 것임을 알게 된다. 이에 일본인들이 울릉도를 점거하고 방자하게 구는 일을 책망해야 하며, 우리 땅인 그 섬에 일본인들이 살 수 없게 해야 한다는 입장이 정리된다.

한편으로 조정에서는 안용복 등을 한양으로 끌고 와서 들어가지 말라고 한 섬(울릉도)에 들어간 이유와 일본에 끌려갔다 오게 된 과정을 심문했다. 안용복은 이렇게 대답했다.

저는 본래 동래東萊에 사는데 울산에 사는 어머니를 보러 갔다가 거기서 만난 승려 뇌헌雷憲 등과 함께 해산물이 많은 울릉도에 가게 되었습니다. 그런데 그곳에 왜선倭船이 많이 정박해 있기에 그들에게 "울릉도는 본디 우리 땅인데 왜인倭人들이 어찌 침범하였느냐, 너희를 모두 포박하겠다"고 꾸짖었습니다. 그러자 왜인들은 "우리는 본디 송도松島에 사는데 고기잡이를 나왔던 것이니 돌아가겠다"고 했습니다. 이에 저는 다시 "송도는 자산도子山島로서, 그것도 우리 땅인데 너희가 감히 거기에 사는가" 했습니다. 그리고 다음날 배를 몰고 자산도로 가보니 왜인들이 가마솥을 걸어놓고 고기 기름을 달이고 있기에 막대기로 그것을 쳐서 깨뜨리고 다시 큰 소리로 꾸짖었더니 왜인들이 거두어 배에 싣고서 돛을 올리고 돌아가므로 제가 곧 배를 타고 뒤쫓았습니다. 그런데 갑자기 광풍을 만나 표류하여 옥기도玉岐島에 이르렀는데 도주島主가 들어온 까닭을 물으므로, 제가 말하기를 "근년에 내가 이곳에 들어와서 울릉도, 자산도 등을 조선朝鮮의 지경으로 정하고, 관백關白의 서계書契까지 있는데, 이 나라에서는 정식定式이 없어서 이제 또 우리 지경을 침범하였으니, 이것이 무슨 도리인가?" 하자, 마땅히 백기주伯耆州에 전보轉報하겠다고 하였으나 오랫동안 소식이 없었습니다. (이하 생략)

이에 조정에서는 안용복의 처벌을 놓고 의견이 갈린다.

좌의정 윤지선尹趾善 등은 그가 울릉도에 들어가지 못하게 한 나라 법을 어겼고, 다른 나라에 끌려가서 외람되게 나라의 일을 말하였으니 죽여야 한다고 주장했다.

반면 지사知事 신여철申汝哲은 "그의 일이 매우 놀랍기는 하지만 나라에서 못하는 일을 그가 능히 하였으므로 공로功勞와 죄과罪過가 서로 덮을 만하니 죽일 수는 없다"고 맞섰다.

이에 숙종 임금은 고심 끝에 안용복을 사형시키지 않고 유배 보내는 것으로 사건을 마무리 짓는다.

『조선왕조실록』에 실려 있는 이 내용을 보면 그 시대와 지금의 시각 차이가 확연하게 드러난다.

당시에는 무엇보다 나라의 법을 어겼다는 점이 강조되었음을 알 수 있다. 물론 일본인들에게 울릉도가 우리 땅임을 깨닫게 하고, 그들을 모두 내쫓은 공로가 완전히 무시된 것은 아니었다. 그러나 안용복을 사형시키려 했고, 겨우 이를 면하게 해 귀양 보낸 것을 보면 조정은 안용복의 공보다 죄가 훨씬 크다고 보았음에 틀림이 없다. 실록에 기록이 남아 있지 않아 알 수는 없지만, 사형을 겨우 면해주고 귀양을 보낸 만큼 안용복은 꽤 오랜 세월 동안 귀양살이를 했을 가능성이 크다. 또 귀양을 보낼 경우에는 먼저 장杖 100대를 때리고 보내는 것이 규정으로 정해져 있었으니 매도 심하게 맞았을 것이다.

그가 만약 오늘날과 같은 상황에서 비슷한 일을 했다면 어땠을까.

아마도 법을 어겼다는 비난보다는 우리 땅과 우리 주권을 당당히 지켜낸 영웅으로 칭송받았을 가능성이 훨씬 클 것이다. 당시 그의 활동 덕분에 울릉도와 독도에 무심했던 조정의 정책이 새롭게 방향을 잡았고, 이로 인해 오늘날 「독도는 우리 땅」이라는 노래를 부를 수 있게 되었다고 할 수 있다. 하지만 정작 그 자신은 이 때문에 고달픈 유배 생활을 오래 했을 테니 시대를 잘못 만난 사람이라 해야 할 것 같다.

섬에 사람이 살지 못하게 하다

독도는 울릉도에서 가장 가까운 직선거리로 따져 87킬로미터쯤 떨어진 섬이다.

화산 폭발로 생긴 이 섬은 지금 울릉도에 딸린 섬으로 되어 있다. 하지만 사실은 울릉도보다 무려 200만 년 정도 앞서 생긴 것으로 추정된다고 한다.

풀이나 나무가 거의 없이 돌로 이루어진 섬 독도. 원래 돌섬이라는 뜻이었는데 한자 이름이
달라지면서 동해 바다에 외롭게 떠 있는 섬이라는 뜻으로 바뀌었다.

이 독도가 우리 땅이 된 것은 신라 지증왕 때인 서기·512년이다.
당시 우산국于山國이라 불리던 지금의 울릉도를 이사부異斯夫 장군이
정복하면서부터이다.

『삼국사기』「신라본기」 '이사부 열전'과 '지증 마립간' 조에 이에
대한 내용이 나와 있다.

이사부가 아슬라주阿瑟羅州 군주軍主가 되어 우산국을 병합하려 하였는
데, 그 나라 사람들이 미련하고 사나워 위력威力으로 항복받기는 어려
우니 꾀로 항복받을 수밖에 없다고 여겼다. 이에 나무를 깎아 사자獅子
의 형상을 만들어 전선에 싣고 그 나라의 해안으로 접근해가서 거짓
으로 말하기를 "너희가 만약 항복하지 않는다면 이 맹수를 풀어놓아

너희를 밟아 죽이게 하리라" 하였다. 그 나라 사람들이 겁내어 바로 항복하였다.

지증 마립간 11년 여름 6월 우산국이 항복하고 해마다 토산물을 바치기로 했다. 우산국은 명주溟州 동쪽 해도海島인데 혹은 울릉도라고도 한다. 땅은 사방 100리로 땅이 험한 것을 믿고 항복하지 않았다. (이다음 내용은 윗글과 같다.)

이렇게 해서 울릉도가 신라 영토가 되고, 우리 땅이 되면서 독도도 함께 우리 땅이 된 것이다. 하지만 당시 사람들에게 독도는 육지에서 너무나 먼 곳에 떨어져 있고, 사람이 살지도 못하는 작은 돌섬에 불과했기에 그 존재가 거의 드러나지 않았을 것이다. 아마도 당시 육지에 살던 사람들 대부분이 이 섬이 있다는 사실조차 몰랐을 것이다.

이는 고려를 거쳐 조선시대에도 계속된 '공도空島 정책' 때문에 더욱 그럴 수밖에 없었다.

섬을 비워놓는 '공도 정책'. 즉 섬에 사람이 살지 못하게 한 이 정책은 신라시대부터 기승을 부리기 시작해 고려 말·조선 초에 가장 극성을 부린 왜구의 피해를 줄이려는 목적이 주된 것이었다. 이들이 섬마다 돌아다니면서 약탈을 하고, 우리 백성들을 잡아가는 일을 멈추지 않으니 아예 섬을 텅 비워놓는 방안을 쓴 것이다. 이는 국가가 외적들로부터 섬 주민들까지 모두 보호해줄 수 있는 여건을 못 갖추다 보니 생긴 일이다. 먼 바다로 나가는 일이 쉽지 않았던 시절인 만큼 바다에서의 국가 경계境界 문제나 해양자원에 대한 인식이 부족할 수밖에 없었던 당시의 시대 상황도 원인이 되었을 것이다. 그 대신 일부 섬들의 경우는 국가가 정책적으로 말을 키우는 목장으로 쓰거나 때로는 죄인을 유배시키는 장소로 썼다. 이런 경우를 뺀 나머지 섬들에 대해서는 사람들이 들어가지 못하도록 했으니 안용복이 울릉도에 들어간 것이 죄가 된 이유도 바로 이 '공도 정책' 때문이었다.

이런 이유들 때문에 독도는 우리 옛 문헌에 거의 나타나지 않는다.

울릉도가 나올 때 아주 간혹 끼어드는 정도인데,『조선왕조실록』중『태종실록』16년 9월 2일자 기사에 나오는 다음 내용이 처음인 것으로 보인다.

김인우金麟雨를 무릉武陵 등지 안무사安撫使로 삼았다. 호조참판戶曹參判 박습朴習이 아뢰기를 "신이 일찍이 강원도 도관찰사都觀察使로 있을 때 들었는데 무릉도武陵島의 둘레가 7식息이고, 곁에 소도小島가 있고, 전지가 50여 결結이 되는데, 들어가는 길이 겨우 한 사람이 통행하고 나란히 가지는 못한다고 합니다. 옛날에 방지용方之用이란 자가 있어 열다섯 가구를 거느리고 들어가 때로는 왜적 행세를 하며 도둑질을 했다고 합니다. 그 섬을 아는 자가 삼척三陟에 있으니, 청컨대, 그 사람을 시켜서 가서 보게 하소서". (중략) 김인우가 또 아뢰기를 "무릉도가 멀리 바다 가운데에 있어 사람이 서로 통하지 못하기 때문에 군역軍役을 피하는 자가 혹 도망하여 들어갑니다. 만일 이 섬에 머물러 사는 사람이 많으면 왜적이 끝내는 반드시 들어와 도둑질하고, 이로 인해 강원도를 침범할 것입니다" 하였다. 임금이 옳게 여기어 김인우를 무릉 등지 안무사로 삼고 병선兵船 두 척과 화약, 양식 등을 주어 그 섬에 가서 그 두목頭目에게 일러서 오게 했다.

이 글에서 나오는 '무릉도'는 울릉도를 가리킨다. 그리고 그 곁에 있다는 작은 섬(소도)은 독도를 말한 것으로 보는 것이 일반적이다. 하지만 이는 확실치 않으며, 이 소도는 울릉도 저동항에서 북동쪽 최단 직선거리로 4킬로미터쯤 떨어진 곳에 있는 작은 섬 '죽도竹島'를 말하는 것일 수도 있다.

한편 앞의 '안용복 이야기'에서 그가 배를 몰고 가 왜인들을 내쫓았다고 한 '자산도'도 독도일 가능성이 있다. 아니면 이 역시 '죽도'를 말하는 것일 수도 있다.

이는 큰 섬인 울릉도를 '모산도母山島', 곧 엄마섬으로 보고, 작은 섬인 독도나 죽도를 이에 딸린 아들섬, 즉 자산도子山島라 부른 것으로 해석된다.

확실하게 독도를 말한 것으로 보이는 예로는 『세종실록 지리지』 '강원도 삼척도호부 울진현' 편에 나오는 다음 내용을 들 수 있다.

우산于山과 무릉武陵 두 섬이 현의 정동正東 해중海中에 있다. 두 섬이 서로 거리가 멀지 아니하여 날씨가 맑으면 가히 바라볼 수 있다.

여기서 '무릉'은 울릉도이며, '우산'은 독도를 가리키는 것으로 본다.

"두 섬이 서로 멀지 않아 날씨가 맑으면 볼 수 있다"고 했는데, 실제로 지금도 맑은 날이면 울릉도에서 맨눈으로 독도의 형체를 볼 수 있다. 반면 앞서 말한 죽도는 가까운 거리에 있어 안개가 아주 심하게 끼지 않는 한 거의 1년 내내 볼 수 있는 만큼 굳이 "날씨가 맑으면 가히 바라볼 수 있다"라고 표현할 대상이 아니기 때문이다.

그런데 이 글에서 눈여겨볼 것은 이전에 '우산국'으로 불리던 울릉도가 '우산'이 아닌 '무릉'으로 불리고, 독도가 '우산'으로 불리고 있다는 점이다. 『신증동국여지승람』에도 울릉도는 '울릉'이라는 이름 외에 '무릉武陵'이나 '우릉羽陵'이라는 이름을 갖고 있는 것으로 나오고, 독도는 '우산도于山島'라 나와 있다. 더욱이 조선 초기의 지도에는 지금의 독도가 울릉도의 동쪽이 아닌 서쪽에 '우산于山'이라는 이름으로 표시된 경우도 있다.

이런 내용들을 『삼국사기』에 나와 있는 이사부 장군의 '우산국' 정벌 기록과 함께 살펴보면 '우산'이라는 이름이 울릉도와 독도 양쪽으로 오락가락했다는 것을 알 수 있다. 이는 앞서 말한 것처럼 당시 조정이 독도에 대해 별 관심이 없다 보니 그 위치 등에 대해 정확한 정보를 가질 수 없었기 때문에 생긴 일로 보인다.

그러다가 조선 중기인 1700년대에 들어오면 지도상 울릉도의 동쪽에 독도가 표시된다. 위치를 제대로 알고 지도에 표시했다는 것은 그만큼 조정에서 울릉도나 독도에 대해 관심을 가졌기 때문에 생긴 일이라 설명할 수 있다. 다만 이때도 독도의 이름은 그대로 '우산'이라 적었다. 이는 1,000년이 넘도록 울릉도(우산)가 우리 땅의 동쪽 맨 끝에 있다고 생각해왔던 만큼 뒤늦게나마 실제로 동쪽 끝에 있다는 사실이 확인된 땅 독도에 '우산'이라는 이름을 넘겨준 것이라 해석할 수 있겠다.

풀이 자라지 않는 '독섬'

앞서 보았듯 조정에서는 섬을 비워놓으려는 정책을 강하게 폈지만 그럼에도 많은 백성들이 섬으로 들어가지 않을 수가 없었다. 집권층의 가혹한 세금 징수와 횡포, 잦은 전란, 흉년과 기근 등이 그들로 하여금 멀리 떨어진 섬으로 달아나게 만든 것이다. 물론 이 중에는 죄를 짓고 달아나 숨는 사람이나 앞의 실록 기사에 나온 것처럼 병역을 피해 들어간 사람도 적지 않았을 것이다.

이렇게 해서 섬에 사는 사람은 늘어났고, 시간이 지나면서 조정도 섬들이 갖고 있는 천연자원의 가치 등에 차츰 눈을 뜨기 시작했다. 무엇보다 우리가 섬을 비워놓자 일본인들이 대신 섬에 들어와 소중한 자원을 마구 가져가는 문제가 점점 심각해졌다. 이에 조정은 결국 '공도 정책'을 버릴 수밖에 없었다.

이에 따라 1880년대에 들어서면서는 울릉도에 대해서도 새로이 개척 방침을 세우고, 이곳으로 육지 주민들을 이주시킨다. 이당시 울릉도에 살고 있던 주민들은 80퍼센트 정도가 전라도 지방에서 이주해온 사람들이었던 것으로 조사되어 있다. 이어 1900년 10월에는 대한제국이 칙령 제41호를 발표하는데 여기서 "울릉도를 울도鬱島로 개칭하고, 관할구역은 울릉 전도全島와 죽도竹島, 석도石島를 관할한다"라고 밝힌다. 여기서 말한 석도가 바로 지금의 독도다. 이때에 이르러서야 비로소 '우리 땅'으로서 독도의 가치

366

나 존재가 우리 정부에게 제대로 인정받기 시작한 것이라 할 수 있겠다.

'석도石島'는 '돌섬'이라는 뜻이니, 독도가 온통 돌로 이루어진 섬이기에 붙은 이름이다.

그런데 '석도'는 대한제국 정부가 이때 공식적으로 새로 지어 붙인 이름일 뿐이고, 당시 울릉도에 사는 주민들끼리는 이 섬을 석도가 아니라 '독섬'이라 불렀을 것이다. 앞에서 울릉도 주민들의 상당수가 전라도 출신이었다고 했는데, 전라도 사투리에서 '돌[石]'을 '독'이라 발음했기 때문이다.*

그리고 이 독섬이 지금의 이름 '독도獨島'로 이어진다.

'獨島'라는 한자 이름이 우리 문헌에 처음 등장하는 것은 1906년이다.

당시 울도(울릉도)군수였던 심흥택이 이해 3월 28일 강원도 관찰사에게 보낸 보고서에서다.

심 군수는 이 보고서를 쓰기 전날인 3월 27일 일본 시네마 현의 독도조사단을 울릉도에서 만났다. 이 조사단은 이날 자신들이 죽도竹島라고 부르던 독도를 여러 방면에서 조사한 뒤 물개 몇 마리를 잡아 배에 싣고는 울릉도에 도착해 심 군수를 만난 것이다.

이에 앞서 일본은 1905년 을사조약乙巳條約을 맺어 우리의 국권을 실질적으로 빼앗자마자 독도를 자기네 시네마 현 영토로 불법 편

---

* '돌'을 '독'으로 나타낸 다른 단어로 '바둑'을 들 수 있다. 이는 중세국어 '바독'의 발음이 바뀐 것이고, '바독'은 '밭독'에서 나온 말이다. '밭독(밭돌)', 즉 네모난 밭에다 흰 돌과 검은 돌을 번갈아 놓는다는 뜻에서 생긴 단어가 '바둑'이다.

입시켰다. 하지만 이 같은 사실을 우리에게는 알리지도 않았다. 그런데 이날 일본 조사단 일행이 심 군수를 만나 이야기를 나누는 과정에서 "당신네 섬(울릉도)과 우리 관할에 있는 죽도가 가까이 있다"는 등의 말을 했다. 이에 일본이 독도를 자기네 영토로 가져가려 함을 눈치챈 심 군수가 정부에 그런 내용을 알리고 대응을 요구하는 보고서를 보냈다. 이 '심흥택 보고서'에 '獨島'라는 이름이 처음 등장하는 것이다.

심 군수는 당시 52세였고, 서울 사람이었다. 그런 그가 이렇게 '獨島'라는 이름을 쓴 것은 섬 주민들이 부르던 '독섬'이라는 이름의 뜻을 잘 몰라서 '독'과 발음이 같은 한자를 대충 끌어다 붙임으로써 생긴 일일 수도 있다. 하지만 그가 이곳 군수였고, 사는 사람도 많지 않았던 만큼 주민들과의 접촉이 잦았으리라는 점을 생각해보면 '독섬'의 뜻을 모르지는 않았을 것으로 보인다. 다만 보고서를 작성하는 과정에서 '독섬'이라는 이름을 좀 더 그럴듯한 한자로 쓰기 위해 '獨' 자를 끌어왔으리라 보는 것이 한결 타당할 것이다. 독도가 울릉도로부터 꽤 먼 곳에 외롭게[獨] 떠 있으니 한학漢學을 많이 공부했을 그로서는 이 글자가 상황에 더욱 잘 들어맞는다고 생각했을 수가 있다. 이처럼 우리말로 된 땅 이름을 한자 이름으로 바꿀 때 기왕이면 좀 더 좋은 뜻을 가진 글자를 가져다 쓰는 것은 무척 흔한 일이다.*

이와는 달리 독도가 우리말 '대섬'에서 나왔을 것으로 분석하는 학자들도 있다.

'대섬'의 '대'는 '대머리'에 쓰인 '대'와 같은 것으로, '털이나 풀

같은 것이 없다[不毛]'는 뜻을 갖는다. 그래서 독도처럼 풀이 없는 섬을 흔히 '대섬'이라고 했고, 이를 한자로는 '禿(독)섬' 또는 '禿島(독도)'라 했다. '禿'은 대머리를 말하는 글자로, 독수리의 '독'이 바로 이 글자를 쓴다. 하늘을 높이 나는 '수리'들 가운데 머리털이 별로 없는 수리라 해서 독수리라 부른다. 따라서 독수리의 종류 가운데 '대머리독수리'라는 이름은 말이 겹친 것이다.** 대머리는 한자로 '독두禿頭'라고 한다. 서울 구로구에 있는 '독산동禿山洞'은 이 동네에 있는 산의 봉우리가 뾰족하고 나무가 없어 마치 대머리처럼 벗겨진 모양이라 대머리산, 즉 '독산'이라는 이름을 갖게 되었다고 한다. 제주도 서귀포시 앞바다에 있는 '문섬'은 '독도禿島'라는 한자 이름도 갖고 있다. 이 섬은 온통 돌로 이루어져 예전에는 풀이나 나무 같은 것이 잘 자라지 못하는 민둥섬이었기 때문에 '민섬'이라 하던 것이 발음이 바뀌어 문섬이 된 것이라고 한다. 이런 사례들과 함께 놓고 보아 독도도 풀이 없는 섬이라 하여 대섬, 즉 '禿島'라 불렸으나 이보다 좀 더 좋은 뜻의 글자를 써서 지금의 '獨島'가 되었다고 해석하는 것이다.

독도는 우리에게 무슨 말을 하고 있는가

한편 일본 사람들은 17세기 이후 '울릉도'를 '죽도(竹島 : 다케시

---

*이 책에서도 강화도江華島에 '華' 자가 쓰이게 된 것(이 책 「7 삐죽하게 튀어나오다」 참고)을 비롯해 뜻이 좋은 한자를 가져다 쓰는 '가자표현佳字表現'에 대해 여러 곳에서 이야기했다.

**독수리를 '돍(닭)+수리'로 해석하는 학자도 있다. 닭처럼 생긴 수리라는 뜻인데, 이 역시 상당한 타당성이 있다.(『다시 쓴 우리말 어원 이야기』, 조항범, 한국문원, 1997년, 300쪽)

마)'로, '독도'를 '송도(松島 : 마쓰시마)'로 불러왔다. 울릉도를 '죽도'
로 부른 것은 이 섬에 대나무가 많았기 때문이었을 것이다. 지금도
울릉도에는 대나무가 많다. 그런데 잡풀이나 조금 있을 뿐 온통 돌
덩어리인 독도를 '송도'로 부른 이유는 뭘까.

이는 아마도 일본을 비롯한 동양의 사고나 관습에서 소나무와
대나무, 즉 '松竹(송죽)'은 늘 붙어 다니는 한 쌍으로 보았기 때문일
것이다. 우리나라에서도 예를 들어 조선 인조 때 윤선도가 지은 시
조 「오우가五友歌」에 보면 "내 벗이 몇이냐 하니 수석水石과 송죽松竹
이라, 동산에 달[月] 오르니……" 하여 '송죽'이 붙어 다닌다.

이와는 다르게 일본인들이 크고 작은 섬이나 암초들이 모여 있
는 곳을 관습적으로 '송도'라 부르기 때문에 독도를 송도라 불렀다
는 해석도 있다.

어떻든 일본은 제국주의적 팽창을 시작한 1880년대에 울릉도와
독도 일대에서 정밀 측량 작업을 하다가 자신들의 지도에 '松島'라
고 표시해놓은 섬이 독도가 아닌 울릉도임을 알게 된다. 이에 앞에
서 말한 대로 1905년 독도를 자기네 시네마 현 영토로 불법 편입시
키고, 그 뒤부터는 이전과 반대로 울릉도를 '송도'로, 독도를 '죽도'
로 부르고 있다.

미국 정부를 비롯해 영어권에서 독도를 부르는 이름인 '리앙쿠
르 암초Liancourt Rocks'는 1849년 이곳을 지나던 프랑스의 고래잡이
어선 '리앙쿠르' 호가 독도를 발견한 뒤에 자신들의 배 이름을 따서
붙인 것이다. 그 당시 독도는 해도海圖에 정확하게 나타나 있지 않았
기 때문에 지나는 배들마다 이를 발견하면 제 나름대로 이름을 붙

이고, 해도에 표시했기에 생긴 일이다.

앞서 보았듯 일본 정부에게 독도는 울릉도와 헷갈려서 이름까지 오락가락했던 섬이다. 이런 섬을 끊임없이 자신들의 땅이라고 우기는 그들의 행태는 참으로 우스운 일이다.

하지만 그들을 욕하기 전에 먼저 우리를 돌아봐야 할 것이다. 우리가 얼마나 만만한 존재로 보이기에 그들이 계속 그런 자세로 나올 수 있는 것일까. 개인이든 국가든 어려운 상대에게는 함부로 대하지 못하는 것이기에 말이다. 우리의 사회와 문화 또는 정치와 외교가 일본은 물론 국제사회나 우리 스스로에게도 제대로 돌아가고 있는 것이라 인정받을 만한지 깊이 반성해보라고 독도가 말하고 있다.

■ 그 밖의 땅 이름

큰 인물들이 태어나다

안방처럼 아늑하다

성이 있던 곳임을 암시하다

가장자리에 있거나 조금 가깝거나

산속에 자리하다

큰 인물들이 태어나다

큰/클~

인천仁川 • 덕적도 • 덕수현(개풍군)

앞의 「16 이름은 달라도 '크다'는 뜻은 같다」에서 '크다'는 뜻을 나타내는 주제어로 '한~'에 대한 것을 보았다. 그런데 '한~' 말고도 '크다'는 뜻을 나타낸 말로 '큰/클~'이 따로 있다. '큰말', '큰골' 하는 식으로 어디서나 흔히 만날 수 있는 이름이다. 그런데 이런 땅 이름이 한자로 바뀌는 과정에서 '韓', '閑'과 같은 '한'이 아니라 '仁(클 인)'이나 '德(큰 덕)'을 쓴 경우가 있다. '크다'는 뜻은 같지만 '한~' 계열의 한자들은 우리말 '한'을 나타내기 위해 소리만 빌려준 것인 반면, 이들은 그 한자 자체에 '크다'는 뜻이 들어 있다는 점에서 차이가 있다.

이렇게 해서 생긴 땅 이름 가운데 가장 유명한 곳이 인천광역시이다.

'인천仁川'이라는 이름이 생긴 것은 조선 태종 13년(1413년) 때의 일이다. 당시 조정이 전국적으로 지방행정구역의 이름을 새로 정할 때 인천이라는 이름이 태어났다.

『조선왕조실록』태종 13년 10월 15일자 기사에 당시의 일이 기록되어 있다.

각 도 각 고을의 이름을 고쳤다. 임금이 하륜河崙에게 이르기를, "전주全州를 이제 완산부完山府라고 고치고서도 오히려 전라도라고 칭하고, 경주慶州를 이제 계림부鷄林府라고 고치고서도 오히려 경상도라고 칭하니 고치는 것이 마땅하겠다" 하니, 하륜이 말하기를 "유독 이곳만이 아니라 동북면東北面·서북면西北面도 이름을 고치는 것이 마땅하겠습니다" 하므로 임금이 말하기를 "옳도다" 하였다. 드디어 완산을 다시 전주라 칭하고, 계림을 다시 경주라 칭하고, 서북면을 평안도로 하고, 동북면을 영길도永吉道로 하였으니, 평양平壤·안주安州·영흥永興·길주吉州가 계수관界首官이기 때문이다. 또 각 도의 단부單府 고을을 도호부都護府로 고치고, 감무監務를 현감縣監으로 고치고, 무릇 군현郡縣의 이름 가운데 주州 자를 띤 것은 모두 산山 자·천川 자로 고쳤으니, 영주寧州를 영산寧山으로 고치고, 금주衿州를 금천衿川으로 고친 것이 그 예이다.

이 같은 방침에 따라 '인주仁州'가 '인천仁川'이 된 것이다.

당시 '주州' 자가 들어간 고을 이름을 고칠 때 그 땅이 물에서 가까운 곳에는 '천川' 자를, 산이 많은 곳에는 '산山' 자를 붙이는 식으로 바꾼 경우가 많다. 인주는 바다를 끼고 있기 때문에 인천이 되었다.

이를 통해 알 수 있듯이 인천은 '인주仁州'에서 비롯된 이름이다.

'인주'에서 '주州'는 사람들이 사는 고을을 말하는 것일 뿐 특별한 뜻이 있는 것은 아니다.

결국 문제는 '인仁'의 뜻인데, 흔히 이를 '어질 인'으로 해석해 인천을 '어진 고을'이라 풀이하곤 한다. 그리고 이는 고려시대 문종에서 인종까지 7대에 걸쳐 인주 이씨李氏 집안이 임금의 외가이거나 왕비의 친정인, 이른바 '7대 어향七代御鄕'이었기 때문에 붙은 이름이라고 설명한다. '인주'라 불리기 전에는 '경원군慶源郡'이라 불렸는데, '경사의 근원'이라는 뜻이다. 이 역시 7대 어향이었기에 붙은 것이다.

이에 대해 『고려사』에 다음과 같은 기록이 나온다.

인주仁州는 본래 고구려의 매소홀(買召忽 : 미추홀이라고도 함)현으로 신라 경덕왕이 이름을 소성邵城이라 고쳐 율진군栗津郡의 영현領縣으로 삼았고, 현종 9년에 수주樹州 임내任內에 소속하였다가 숙종 때에 이르러 황비皇妃 인예태후 이씨의 내향內鄕이므로 올려 경원군慶源郡으로 삼았다. 인종 때 황비 순덕왕후 이씨의 내향이므로 지금 이름으로 고쳐 지주사知州事로 삼았으며, 공양왕 2년에 올려 경원부慶源府로 삼았다.

이 기록을 보면 지금의 인천이 당시 왕비들의 고향이었기 때문에 그 이름을 높여서 '경원군·경원부' 또는 '인주'라 불렸다는 것을 알 수 있다.

그런데 '경원부'는 조선 개국 뒤 다시 '인주'로 바뀐다.

이는 조선 건국의 설계자라 할 정도전이 함경도 두만강 일대 땅을 '경원부慶源府'라 이름 지은 데 따른 것이다. 이곳은 태조 이성계의 선조들이 뿌리를 내리고 살았던 곳이니, '조선을 세우게 한 경사스러운 땅'이라는 뜻에서 붙인 이름이다. 이곳이 경원부가 되자 원래 경원부였던 인천은 다시 '인주'로 돌아가야 했다. 고려를 무너뜨리고 새로 조선을 세운 세력의 입장에서 보면 고려시대에 왕실과 친·인척 관계를 맺으며 '잘나갔던' 고을은 당연히 배척 대상이 될 수밖에 없었던 것이다.

그 인주가 태종 때 '인천'이 되어 지금까지 그 이름을 지녀오고 있다.

앞서 말했듯 인천은 7대에 걸쳐 왕비를 배출한 곳이라 하여 '仁州', 곧 '어진 고을'이라 불리게 되었다는 것이 일반적인 해석이다.

하지만 이보다는 왕비라는 큰 인물들이 태어난 '큰 고을'이라 해석하는 것이 한결 타당하다. '仁'은 보통 '어질 인'으로 해석하지만 우리 중세국어 때까지는 '어질다'는 뜻 외에 '크다'는 뜻으로 많이 쓰였고, 땅 이름에서는 더욱 그랬기 때문이다.

이는 『훈몽자회』에 '仁'을 '클 인'이라고 설명해놓고, '賢' 자에 대해서는 '어딜(어질) 현'이라 풀이해놓은 것으로도 알 수가 있다. '仁'이 '어질다'는 뜻보다 '크다'는 뜻으로 흔히 사용되었기에 이런 풀이가 붙은 것이다.

이를 보여주는 다른 땅 이름으로 인천 앞바다에 있는 '덕적도德積島'를 들 수 있다.

덕적도德積島는 이미 삼국시대부터 중국과의 해상 교통에서 중요한 경유지 역할을 했다. 그래서 『삼국사기』 등에 그 이름이 등장하는데, 당시 기록에는 '덕물도德物島' 또는 '득물도得物島'라 나와 있다.

조선조 세종 때 나온 『용비어천가』에는 '덕적德積'이라는 이름이 나오고, 그 밑에 '덕물'이라는 주註를 달아놓았다. 그 뒤에 나온 『고려사 지리지』에는 '인물도仁物島'라 적혀 있다.

그런데 여기서 '덕물', '득물', '인물'은 모두 '큰물'이라는 우리말 이름을 한자의 뜻과 소리를 이용해 옮긴 것에 불과하다. '큰'은 한자의 뜻을 따서 '德(큰 덕)' 또는 '仁(클 인)'으로 쓰고, '물[水]'은 소리만 따서 '物(물)'로 쓴 것이다. '득물'은 '덕물'의 발음이 조금 바뀐 것을 적당한 한자어로 바꿔 쓴 것에 지나지 않으며, 옛날 땅 이름에서 '德'과 '得'은 흔히 바꿔 쓰곤 했다.

따라서 덕적도의 원래 우리말 이름은 '큰물섬'이고, '깊은 물(바다)에 있는 섬' 정도의 뜻을 갖는다고 할 수 있다.

또 『고려사 지리지』에 보면 지금의 북한 개성직할시 개풍군을 말하는 '덕수현德水縣'을 설명하는 글에 "본래 고구려의 덕물현(德勿縣: 인물현仁物縣이라고도 함)으로, 신라 경덕왕 때 지금 이름으로 고쳤다"라는 설명이 나온다. "덕물현德勿縣을 인물현仁物縣이라고도 했다"고 하니 덕적도의 경우와 똑같다.

이들 사례에서 보듯 한자 '仁'은 '크다'는 뜻으로 많이 쓰였다.

지금도 덕망德望이 있는 사람을 '큰사람'이라 부르듯, '인천'은 '(왕비가 여럿 나온) 덕이 있는 큰 고을'이라는 뜻이다. '어진 고을'이라는 해석이 꼭 틀렸다고 할 수만은 없겠지만 '仁'이라는 글자의 당시 뜻이나 '크다'는 말이 주는 느낌을 생각할 때 '큰 고을'로 해석하는 것이 한결 타당할 것이다.

도장~
도장산 • 도장곡 • 도장골 • 도장고개

'도장골', '도장곡'처럼 '도장~'이라는 말을 쓴 땅 이름이 전국 곳 곳에 퍼져 있다. 한자로는 '道場', '道藏', '倒葬', '道壯', '圖藏' 등으로 다양하게 나타난다.

그리고 이들 한자에 맞춰 다양한 전설이나 설명이 붙어 다닌다.

예를 들어 인천광역시 연수구 선학동仙鶴洞은 원래 '도장마을'이라 불리던 곳이었는데, 이곳 '도장'은 '倒葬'이라는 한자를 쓴다. 그대로 해석하면 "장례[葬]를 뒤집는다[倒]"는 뜻이다. 이 해석에 따르면, 옛날 이 동네에 부평 이씨가 많이 살았는데 이 집안에서는 조상들의 묘지를 쓸 때 다른 가문들처럼 항렬行列 순서대로 쓰지 않고 벼슬의 높낮이에 따라 묘지의 순서를 정했다고 한다. 그러다 보니 윗대보다 더 높은 벼슬에 오른 자녀들의 묘지가 조상보다 윗자리에 오르는 일이 여럿 생겼다. 이 때문에 장례[葬]의 순서를 뒤바꾸어

[倒] 지내는 일이 잦았고, "자손의 묘지를 조상의 묘지 윗자리에 정한다"는 뜻의 '倒葬'이 동네 이름이 되었다는 얘기다.

반면 경상북도 문경시의 '도장산道藏山'은 한자 그대로 해석하면 '도가 감춰진 산'이라는 이상한 뜻을 갖고 있다. 이에 대해 이 산의 모양이 공자의 제자인 안자顔子와 증자曾子가 스승을 모시고 서 있는 것처럼 생겨서 나온 말이라고 한다.

전라북도 김제시에 있는 '도장리都莊里고개'에는 이 고개가 장군이 앉아 있는 모양새인 '장군대좌형將軍對坐形'으로 장군의 칼[刀]을 감춰둔[藏] 곳이라 '도장刀藏'이라 했는데, 이 이름을 좀 더 예쁜 뜻으로 바꿔 '都莊'이 되었다고 한다.

하지만 이들은 어떤 이야기이든 무척 억지스럽고, 객관적으로 받아들일 수가 없는 내용뿐이다. 여기에는 그럴 수밖에 없는 이유가 있다.

이런 땅 이름에 공통적으로 쓰인 '도장'이라는 말은 집의 '안방'이나 여자들이 쓰던 '규방閨房'을 뜻하는 순우리말이기 때문이다. 이는 『훈몽자회』에 '도장 규閨', '도장 합閤'이라 나와 있는 것으로도 분명히 알 수 있다.

이 말이 땅 이름에서는 흔히 산 같은 것에 둘러싸여 안방처럼 아늑한 느낌을 주는 마을이나 골짜기에 붙었다. 따라서 '倒葬'이든 '道藏'이든 이런 이름에 붙어 있는 한자는 모두가 우리말 '도장'을 나타내기 위해 발음만 빌려 갖다 붙인 것에 불과하다. 이를 모르고 한자의 뜻을 풀어 설명하려다 보니 앞서 나온 것처럼 엉뚱한 이야기들이 만들어진 것이다.

잣

잣뫼 • 잣고개 • 자앞마을(척전리) • 백산栢山고개
백현栢峴 • 배산盃山 • 이현梨峴

우리 중세어에서 성城을 나타내는 말로 '잣'이라는 말이 있었다.

이 책 「8 밝은 빛을 숭배하다」에서 삼국시대 나라 이름 백제百濟
가 원래 '붉(<明)+잣[城]', 즉 '신성한 나라'라는 뜻의 우리말을 한
자로 바꿔 적은 것으로 분석되기도 한다고 밝혔는데 여기서의 '잣'
이 바로 이 말이다. 이 '잣'은 발음이 조금 바뀌어 '자'라고도 했다.

학자들의 연구에 따르면 이런 뜻의 '잣'은 삼국시대부터 이미 쓰
였는데, 대부분 중소 규모의 산성山城이나 절벽을 이용한 성城이 있
는 곳을 가리켰다. 이런 곳에 성을 쌓고 그 지역을 다스리는 지배자
가 살면서 외적의 침입도 막아내곤 했던 것이다. 지금은 그런 성이
없어져 흔적조차 찾을 수 없는 곳이 대부분이다. 하지만 땅 이름에
는 그 흔적이 남아 있어 '잣뫼', '잣고개'와 같은 땅 이름들이 전국
에 많이 퍼져 있다. 이렇게 그 이름에 '잣'이 들어간 땅은 옛날 그곳

이나 바로 주변에 산성 같은 것이 있었을 가능성이 크다는 것이다.

　이를테면 인천광역시 연수구 동춘동에 있는 '자앞마을'의 경우 '자(잣)의 앞에 있는 마을'이라는 뜻으로 해석된다. 이곳이 문학산 文鶴山의 앞쪽(남쪽)에 있는 마을이기 때문이다. 문학산은 고구려를 세운 주몽의 아들 비류가 이곳에 성을 쌓고 자리를 잡아 도읍을 정했다는 비류백제의 전설이 얽혀 있는 산이다. 그리고 당시 쌓은 것인지는 알 수 없지만 실제로 성벽의 일부가 남아 있다. 이처럼 성의 앞마을이기에 '자앞마을'이라 불리게 된 것이다.

　그런데 이 '잣'을 가진 땅 이름이 한자로 바뀌는 과정에서 원래의 뜻과는 전혀 다른 변화가 일어난 곳이 많다. 원래의 뜻에 맞춰 한자로 바꾼다면 '城(성)'이 들어간 이름이 되어야 한다. 하지만 우리 중세어에서 '잣'은 성 말고도 지금처럼 '잣나무'를 뜻하기도 했다. 또 '자'는 길이를 재는 '자'의 뜻도 갖고 있었다. 그러다 보니 한자 이름으로 바꿀 때 '잣'을 '城'이 아닌 '栢(잣나무 백)'으로 바꿔 쓰고, '자'를 '尺(자 척)'으로 바꿔 쓴 경우가 적지 않다.

　앞서 말한 '자앞마을'도 한자로는 '尺前里(척전리)'라 한다. '성의 앞마을'이 '(길이를 재는) 자의 앞마을'로 둔갑한 것이다.

　경상남도 의령군에 있는 '백산栢山고개'는 "이 일대에 잣나무 숲이 있었기 때문에 생긴 이름"이라고 설명한다. 하지만 이곳에 임진왜란 때 왜적을 무찌른 '백산성'이 있다는 점으로 볼 때 잣나무가 아니라 '잣(성)' 때문에 생긴 이름임을 알 수가 있다.

　'백현栢峴'이라는 한자 이름으로도 불리는 경기도 남양주시의 '잣고개'에는 "울창한 잣나무가 하늘을 가려 대낮에도 인적이 드문 고개여서 붙은 이름"이라는 설명이 있다. 하지만 이 역시 옛날 이 고개 아래에 '풍양고성豊壤古城'이라는 성이 있었다는 사실로 미뤄 앞의 '백산고개'와 같은 경우로 보아야 할 것이다.

이들보다 더 변화가 심한 경우로 부산광역시 연제구에 있는 '배산盃山'을 들 수 있다. 이 산은 술 마시는 잔을 뜻하는 '盃(잔 배)'를 쓰고 있다. 그런데 이 산의 꼭대기 쪽에는 성곽城郭 유적이 남아 있어 이 역시 '잣'과 관계된 곳임을 알 수가 있다. 이 '잣'이 '盃'로 바뀐 것은 '잣'의 발음이 '잔'으로 바뀌자 이를 술잔이라는 뜻으로 생각한 탓이다. 결국 이 산의 원래 이름은 '잣뫼'였으며, 이 이름이 발음 때문에 '잔뫼'로 바뀐 뒤 한자로 쓸 때 '盃山'이 된 것임을 알 수가 있다.

이런 의미에서 전국 여러 곳에 '배산(杯山 : 杯=盃)'이라는 이름을 가진 산들이 있다. 또 이 '배'를 과일 '배'로 생각해 '梨峴(이현 : 배고개)'이라는 식으로 이름을 붙인 땅 이름도 적지 않다.

가장자리에 있거나 조금 가깝거나

갓~

가골 • 갓골 • 가자골 • 가작골 • 가재울 • 가좌동 • 변동邊洞

머리카락이나 종이 등을 자르는 데 쓰는 도구인 가위를 사투리로 '가새'라고 한다.

이 말은 '끊어낸다'는 뜻을 가진 우리 중세국어 'ᄀᆞᆺ다'에서 나온 말이다. 이 'ᄀᆞᆺ다'의 어간 'ᄀᆞᆺ'에 접미사 '~애'가 붙어 '가새'가 된 것이다.

어떤 물건을 잘라내면 모서리, 즉 '갓(ᄀᆞᆺ)'이 생긴다. 이 '갓'은 'ᄀᆞ'라고도 했고, 여기서 '가장자리'라는 말도 만들어졌다.

이 단어의 뜻은 땅 이름에서도 마찬가지여서 '갓'이나 '가'가 들어가면 '(어떤 곳의) 가장자리에 있는 땅'을 말하는 경우가 많다. 이런 뜻에서 전국 곳곳에 '갓골', '가골' 또는 이 말의 발음이 조금 바뀐 '각골' 등의 땅 이름이 많이 퍼져 있다.

그런데 이런 땅 이름의 발음이 좀 더 바뀌면 '가자골', '가작골'

을 거쳐 '가재골', '가재울'의 형태로 가곤 한다. '가재울'의 '울'은 '가재골'의 '골'이 바뀐 것이고, '골'은 주로 마을이나 골짜기를 말한다.

이런 이름을 가진 동네 가운데 가장 유명한 곳이 서울 서대문구 남가좌동과 북가좌동이다. 이들 동네의 원래 이름은 '가재울'이었는데, 이를 비슷한 발음의 한자로 바꿔 '가좌동加佐洞'이라는 이름이 생긴 것이다. 이곳의 원이름 가재울에 대해서는 "동네에 가재가 많아서" 생긴 것이라고 한다.

이는 인천광역시 서구 가좌동의 원이름인 '가재울'도 마찬가지다. 이곳에는 "옛날 이곳 마을에 연못이 하나 있었는데 고려시대에 이 연못에서 아주 큰 가재가 한 마리 나와 그때부터 동네 이름을 가재울이라 부르게 되었다"는 이야기가 전해온다.

하지만 이들 '가재울'은 가재와는 아무 관계없이 '가장자리 동네', 즉 '갓골'의 발음이 바뀌어 생긴 이름일 뿐이다. 서울의 가재울은 조선시대에 한성부(漢城府 : 서울) 북쪽의 성城 바깥 지역에 있는 동네여서 붙은 이름이다. 또 인천의 가재울은 바닷가, 즉 육지의 가장자리에 있어 붙은 이름이다.

이와 달리 '가자골'이나 '가재골/가재울'이라는 땅 중에는 '가장자리 마을'이 아니라 '가까운 마을'이라는 뜻을 갖는 경우도 있다. 이는 '조금 가깝다'는 뜻의 우리말 '가직하다'에서 나온 동네 이름인 경우다. 어떤 마을이 먼저 자리를 잡고 있는 상황에서 근처에 다른 마을이 생겼을 때 '가직한 동네'라는 뜻에서 '가직골'이라 부르던 것이 '가재골/가재울'로 발음이 바뀐 경우도 있기 때문이다.

한편 대전광역시 서구의 '변동邊洞'은 유등천柳等川의 가장자리(둔치)에 있는 마을이라는 뜻에서 '갓골'로 불리던 것을 '邊(가장자리 변)' 자를 써 한자로 바꾼 것이다.

산속에 자리하다

몰~

모란장터 • 모래재 • 모래내시장

경기도 성남시에 5일장으로 유명한 '모란시장'이 있다.

그 이름을 들으면 이곳이 모란꽃과 관계가 있을 것이라는 생각이 든다. 하지만 이곳 이름 '모란'은 꽃과는 관계없이 산山을 뜻하는 옛말 '몰'에 안쪽[內]이라는 뜻의 '안'이 합쳐져 생긴 이름으로 보아야 할 것 같다.

지금은 거의 쓰지 않는 말이 되어버렸지만 '산'은 중세국어까지도 주로 '뫼'라는 말로 불렸다.

"태산이 높다 하되 하늘 아래 뫼이로다. 오르고 또 오르면 못 오를 리 없건마는, 사람이 제 아니 오르고 뫼만 높다 하더라" 하는 조선 중기 문신 양사언(楊士彦, 1517~1584년)의 시조 등에서 이를 쉽게 확인할 수 있다.

'몰'은 이 '뫼'보다도 이전 형태였고, 이 '몰'이 '몰>모리>모

386

이>뫼'와 같은 과정을 거쳐 변했을 것으로 추정된다. 따라서 '모란'은 '몰+안', 즉 '산의 안쪽'이라는 뜻을 갖는다. 이곳 모란시장이 산줄기의 안쪽으로 들어간 곳에 자리 잡았기 때문에 이런 이름이 붙은 것이다.

현재 이곳 모란민속장(모란시장) 홈페이지에는 북한 평양 출신의 예비역 육군 대령이었던 김창숙金昌淑이라는 분이 가난한 제대군인들을 모아 이곳의 버려진 땅을 일구고 1962년경에 시장을 만들었다고 소개되어 있다. 그리고 고향을 그리워하는 마음에서 평양 대동강변에 있는 '모란봉'의 이름을 따 모란시장이라는 이름을 지었다고 설명한다.

그러나 이 이름 유래에 대한 설명이 사실인지는 확인되지 않는다. 당시 상황을 정확히 아는 사람이 없기 때문이다. 오히려 김창숙 씨가 이곳에 모란시장을 만들기 전부터 이 부근에 '모란장'이라 불리는 작은 시장이 있었던 것 같다고 기억하는 사람들도 있다.

이런 사실과 일반적인 '몰~' 계통 땅 이름의 유형을 살펴볼 때 모란시장은 모란봉에서 생긴 이름이라기보다는 '몰+안'이라는 언어학적 방식으로 그 유래를 설명하는 것이 한결 타당할 것으로 본다.

이 같은 유형의 땅 이름은 강원도 평창군의 '모래재'나 인천광역시 남동구 간석동의 '모래내시장'에서도 확인할 수 있다.

이들 이름에 쓰인 '모래~'는 흙이나 돌 같은 것이 부서져 생긴 모래가 아니라 산을 뜻하는 '몰'의 발음이 바뀐 것이기 때문이다. 우리나라에는 곳곳에 '모래마을'과 같은 '모래~' 계통 땅 이름이 많다. 이런 마을이 바닷가나 물가에 있다면 그 이름의 '모래'가 흙 성분의 모래라고 받아들일 수 있다. 하지만 그렇지 않은 경우에는 지형 등을 잘 살펴서 해석해야 하며, '몰(산)' 때문에 생긴 이름으로 보아야 할 곳이 많다.

이 중 평창군 모래재에는 전설이 하나 전해온다.

임진왜란 당시 평창군수였던 권두문權斗文이라는 사람이 있었다. 그가 왜군과의 전투에서 패해 포로가 되었다. 왜군은 그를 포로로 잡아놓고 두 갈래 길로 협공을 해 인근 원주를 함락시켰다. 붙잡혀 있던 권두문은 비가 오는 날 탈출했고, 험한 산길을 넘어 다시 마을로 돌아왔다. 이 소식을 들은 사람들이 기뻐해 노래를 부르며 이 동네 노래재를 넘어 모여들었다. 이 '노래재'가 훗날 변해서 모래재가 되었다.

대략 이런 내용인데, 너무 억지스럽다고 볼 수밖에 없다.

모래재는 이보다는 '몰+애+재'가 '몰애재>모래재'의 과정을 거친 것으로 봄이 타당할 것이다. '애'는 장소를 나타내는 조사 '의'의 기능을 하는 것이니, '모래재'란 그냥 이곳 '산(몰)'에 있는 고개'라는 뜻이다.

인천의 모래내시장도 일반적으로는 예전 이곳에 모래가 많아서 생긴 이름이라 해석하곤 한다. 하지만 이곳 모래내시장도 그 위치를 보면 바닷가에서 멀리 떨어져 있으며, 주변에 바로 만월산滿月山이 있다. 이 때문에 '산마을'이라는 뜻에서 '몰안'이라 불리던 것이 시간이 지나면서 발음의 편의상 자연스럽게 '애'가 덧붙어 '몰안>몰안애>모라내>모래내' 순서로 바뀌었을 것으로 보인다. 한편 흙이 부서져 생기는 모래의 중세국어는 '몰애'였다. 따라서 물가에 있는 '모래마을'은 '몰애마을'이라 불리다 '모래마을'이 된 것으로 볼 수 있다.

■ 참고문헌

『계림유사 고려방언 연구』, 강신항, 성균관대학교출판부, 1991년
『고구려, 전쟁의 나라』, 서영교, 글항아리, 2007년
『고대 왕국의 풍경, 그리고 새로운 시선』, 이근우, 인물과사상사, 2006년
『고려도경』, 서긍, 조동원 등 옮김, 황소자리, 2005년
『구비문학개설』, 한국구비문학회, 일조각, 1983년
『국어 어원론』, 조항범, 도서출판 개신, 2009년
『국어 어원학 통사』, 강헌규, 이회문화사, 2003년
『국어 어휘의 통시적 연구』, 김태곤, 박이정, 2008년
『국어 천년의 실패와 성공』, 남영신, 한마당, 1998년
『국어사 개설』, 이기문, 탑출판사, 1984년
『국어사전 바로잡기』, 정재도, 한글학회·한글재단, 1999년
『논쟁으로 읽는 한국사』(1~2), 역사비평 편집위원회, 역사비평사, 2009년
『다시 쓴 우리말 어원 이야기』, 조항범, 한국문원, 1997년
『독도는 우리 땅』, 김학준, 한줄기, 1996년
『독도와 대마도』, 한일관계사연구회, 지성의샘, 1997년
『뜻도 모르고 자주 쓰는 우리말 1000가지』, 이재운 등, 예담, 2008년
『뜻도 모르고 자주 쓰는 우리말 500가지』, 박숙희, 서운관, 1994년
『뜻도 모르고 자주 쓰는 우리말 어원 500가지』, 이재운 등, 예담, 2008년
『매천야록』, 황현, 임형택 외 옮김, 문학과지성사, 2005년
《명칭과학》(1~8호), 명칭과학연구소, 1994~2002년
『부천의 땅 이름 이야기』, 부천문화원, 2001년
『불함문화론』, 최남선, 정재승 등 역주, 우리역사연구재단, 2008년
『사기』, 사마천, 정범진 외 옮김, 까치, 1996년
『사전 따로 말 따로』, 배우리, 토담, 1994년

『살아 있는 우리말의 역사』, 홍윤표, 태학사, 2009년

『삼국사기』, 김부식, 신호열 역해, 동서문화사, 2009년

『삼국유사』, 일연, 김원중 옮김, 을유문화사, 2003년

『삼한어 연구』, 도수희, 제이앤씨, 2008년

『상식 밖의 한국사』, 남경태, 새길, 1995년

『실록 친일파』, 임종국, 돌베개, 1996년

『알타이 신화』, 박시인, 청노루, 1994년

『역사가 새겨진 우리말 이야기』, 정주리 등, 고즈윈, 2006년

『우리 신화의 수수께끼』, 조현설, 한겨레출판, 2006년

『우리가 정말 몰랐던 고려 이야기』, 김인호, 도서출판 자작, 2001년

『우리말 어원 연구』, 최창렬, 일지사, 1991년

『우리말의 문화 찾기』, 천소영, 한국문화사, 2007년

『우리말의 뿌리를 찾아서』, 백문식, 삼광출판사, 2006년

『우리말의 상상력』(1~2), 정호완, 정신세계사, 1996년

『우리말의 속살』, 천소영, 창해, 2000년

『우리말의 수수께끼』, 박영준 등, 김영사, 2002년

『재미있는 어원 이야기』, 박갑천, 을유문화사, 1998년

『조선사 연구 (草)』, 신채호, 범우사, 2004년

『조선상고사』, 신채호, 박기봉 옮김, 비봉출판사, 2013년

『조선역사 바로잡기』, 이상태, 가람기획, 2000년

『조선잡기』, 혼마 규스케, 최혜주 역주, 김영사, 2008년

『중국인의 금기』, 장범성, 살림, 2006년

『지명어 연구』, 김병욱, 한국국어교육연구회, 1997년

『지명의 지리학』, 한국문화역사지리학회, 푸른길, 2008년

『지명학 1』, 한국지명학회, 1998년

『질문하는 한국사』, 내일을 여는 역사 재단, 서해문집, 2008년

『징비록』, 유성룡, 이민수 옮김, 을유문화사, 2000년

『택리지』, 이중환, 이익성 옮김, 을유문화사, 1997년

『한국 고대 국명지명의 어원 연구』, 이병선, 이회문화사, 2012년

『한국 고대사, 그 의문과 진실』, 이도학, 김영사, 2002년

『한국 고지명 사전』, 전용신 편, 고려대 민족문화연구소, 1995년

『한국 고지명 차자표기 연구』, 이정룡, 경인문화사, 2002년

『한국 민족의 기원과 형성』, 한영희 등, 소화, 1996년

『한국사 상식 바로잡기』, 박은봉, 책과함께, 2007년

『한국사 새로 보기』, 신복룡, 풀빛, 2001년

『한국사, 그 끝나지 않은 의문』, 이희근, 다우, 2002년

『한국사는 없다』, 이희근, 사람과사람, 2001년

『한국어의 역사』, 김동소, 정림사, 2007년

『한국어학의 이해』, 박상규 등, 역락, 2010년

『한국의 지명 변천』, 송호열, 성지문화사, 2006년

『한국의 지명』, 도수희, 아카넷, 2004년

『한국의 지명』, 이영택, 태평양, 1986년

『한국지명연구』, 도수희, 이회문화사, 1999년

『한국지명연구』, 한국지명학회, 한국문화사, 2007년

『한국지명유래집』(중부편, 충청편, 전라·제주편, 경상편, 북한편 1~2), 국토지리정보
  원, 2008~2013년

『한글에 대해 알아야 할 모든 것』, 최경봉 등, 책과함께, 2008년

『한글전쟁』, 김흥식, 서해문집, 2014년

『한양 이야기』, 이경재, 가람기획, 2006년

『화랑세기로 본 신라인 이야기』, 이종욱, 김영사, 2001년

『훈몽자회』, 최세진, 유덕선 편저, 동반인, 1998년